MEMÓRIA DO FOGO
I. OS NASCIMENTOS

Livros do autor publicados pela **L&PM** EDITORES:

Amares
Bocas do tempo
O caçador de histórias
De pernas pro ar: a escola do mundo ao avesso
Dias e noites de amor e de guerra
Espelhos – uma história quase universal
Fechado por motivo de futebol
Os filhos dos dias
Futebol ao sol e à sombra
O livro dos abraços
Mulheres
As palavras andantes
O teatro do bem e do mal
Trilogia "Memória do fogo" (Série Ouro)
Trilogia "Memória do fogo":
   Os nascimentos (vol. 1)
   As caras e as máscaras (vol. 2)
   O século do vento (vol. 3)
Vagamundo
As veias abertas da América Latina

EDUARDO GALEANO

MEMÓRIA DO FOGO
I. OS NASCIMENTOS

Tradução de Eric Nepomuceno

www.lpm.com.br

Coleção **L&PM** POCKET, vol. 907

Texto de acordo com a nova ortografia.
Título original: *Los nacimientos (Memoria del fuego, vol. 1)*
A L&PM Editores agradece à Siglo Veintiuno Editores pela cessão da capa e das ilustrações internas deste livro.
Primeira edição no Brasil: Editora Nova Fronteira, 1985
Primeira edição pela L&PM Editores: 1997, em formato 14x21
Primeira edição na Coleção **L&PM** POCKET: novembro de 2010
Esta reimpressão: outubro de 2022

Tradução: Eric Nepomuceno
Projeto gráfico da capa: Tholön Kunst.
Revisão: Flávio Dotti Cesa, Grazia Pinheiro Machado e Priscila Amaral

CIP-Brasil. Catalogação na Fonte
Sindicato Nacional dos Editores de Livros, RJ.

G15n

Galeano, Eduardo H., 1940-
Os nascimentos / Eduardo Galeano; tradução de Eric Nepomuceno. – Porto Alegre, RS: L&PM, 2022.
384p. : il. – (Coleção L&PM POCKET; v.907)

Tradução de: *Los nacimientos (Memoria del fuego, vol. 1)*
Inclui bibliografia
ISBN 978-85-254-2078-7

1. América Latina - História - Miscelânea. 2. América - História - Miscelânea I. Título. II. Série.

10-4323.	CDD: 980
	CDU: 94(8)

© Eduardo Galeano, 1997, 2010

Todos os direitos desta edição reservados a L&PM Editores
Rua Comendador Coruja 314, loja 9 – Floresta – 90220-180
Porto Alegre – RS – Brasil / Fone: 51.3225.5777

Pedidos & Depto. Comercial: vendas@lpm.com.br
Fale conosco: info@lpm.com.br
www.lpm.com.br

Impresso no Brasil
Primavera de 2022

Sumário

Este livro 19
Gratidões 20
Dedicatória 20

PRIMEIRAS VOZES 23

A criação 25
O tempo 26
O sol e a lua 26
As nuvens 28
O vento 28
A chuva 29
O arco-íris 30
O dia 31
A noite 32
As estrelas 33
A via-láctea 33
O luzeiro 34
O falar 35
O fogo 35
A selva 36
O cedro 37
O guayacán 37
As cores 38
O amor 38
Os rios e o mar 39
As marés 40
A neve 41

O dilúvio	41
A tartaruga	42
O papagaio	43
O colibri	44
O urutau	45
O joão-de-barro	45
O corvo	46
O condor	47
O Jaguar	48
O urso	49
O jacaré	49
O tatu	50
O coelho	51
A serpente	52
A rã	53
O morcego	53
Os mosquitos	54
O mel	55
As sementes	55
O milho	56
O tabaco	56
A erva-mate	57
A mandioca	58
A batata	59
A cozinha	59
A música	60
A morte	61
A ressurreição	62
A magia	63
O riso	64
O medo	64
A autoridade	65
O poder	65
A guerra	66

A festa 67
A consciência 68
A cidade sagrada 69
Os peregrinos 70
A terra prometida 70
Os perigos 71
A teia de aranha 72
O profeta 72

VELHO NOVO MUNDO 73

1492/*O mar oceano* – A rota do sol até as Índias 75
1492/*Guanahaní* – Colombo 76
1493/*Barcelona* – Dia de glória 77
1493/*Roma* – O testamento de Adão 78
1493/*Huexotzingo* – Onde está o verdadeiro, o que tem raiz? 79
1493/*Pasto* – Todos são contribuintes 79
1493/*Ilha de Santa Cruz* – Uma experiência de Miquele de Cuneo, natural de Savona 80
1495/*Salamanca* – A primeira palavra vinda da América ... 81
1495/*A Isabela* – Caonabó 82
1496/*A concepção* – O sacrilégio 82
1498/*São Domingos* – O Paraíso Terrestre 83
1498/*Golfo de Pária* – A língua do Paraíso 84
1499/*Granada* – Quem são espanhóis? 84
1500/*Florença* – Leonardo 85
1506/*Valladolid* – A quinta viagem 86
1506/*Tenochtitlán* – O Deus universal 87
1511/*Rio Guauravo* – Agüeynaba 88
1511/*Aymaco* – Becerrillo 89
1511/*Yara* – Hatuey 90
1511/*São Domingos* – O primeiro protesto 91
1513/*Cuareca* – Leoncico 92
1513/*Golfo de San Miguel* – Balboa 92

1514/*Rio Sinú* – O requerimento 93
1514/*Santa Maria do Darién* – Por amor às frutas 94
1515/*Amberes* – Utopia 95
1519/*Frankfurt* – Carlos V 96
1519/*Acla* – Pedrárias 97
1519/*Tenochtitlán* – Presságios do fogo, da água, da terra
    e do ar 98
1519/*Cempoala* – Cortez 100
1519/*Tenochtitlán* – Montezuma 101
1519/*Tenochtitlán* – A capital dos astecas 103
    Canto asteca do escudo... 104
1520/*Teocalhueyacan* – "A Noite Triste" 105
1520/*Segura de la Frontera* – A distribuição da riqueza 105
1520/*Bruxelas* – Dürer 106
1520/*Tlaxcala* – Rumo à reconquista de Tenochtitlán .. 107
1521/*Tlatelolco* – A espada de fogo 107
1521/*Tenochtitlán* – O mundo está calado e chove 108
1521/*La Florida* – Ponce de León 109
1522/*Caminhos de São Domingos* – Pés 110
1522/*Sevilha* – A mais longa viagem 110
1523/*Cuzco* – Huaina Cápac 112
1523/*Cuauhcapolca* – As perguntas do cacique 114
1523/*Painala* – A Malinche 114
1524/*Quetzaltenango* – O poeta contará às crianças a
    história desta batalha 115
1524/*Utatlán* – A vingança do vencido 117
1524/*Ilhas dos Escorpiões* – Cerimônia de comunhão 117
1524/*Tuxkahá* – Cuauhtémoc 119
1526/*Toledo* – O tigre americano 120
1528/*Madrid* – Para que abram a bolsa 120
1528/*Tumbes* – Dia de espantos 121
1528/*Ilha do Mau Fado* – "Gente muito solta do que
    tem..." 122
1531/*Rio Orinoco* – Diego de Ordaz 123

Canção sobre o homem branco, do povo piaroa 124
1531/*Cidade do México* – A Virgem de Guadalupe........ 124
1531/*São Domingos* – Uma carta 125
1531/*Ilha Serrana* – O náufrago e o outro 126
1532/*Cajamarca* – Pizarro 128
1533/*Cajamarca* – O resgate 130
1533/*Cajamarca* – Atahualpa 130
1533/*Xaquixaguana* – O segredo 132
1533/*Cuzco* – Entram os conquistadores na cidade sagrada 133
1533/*Riobamba* – Alvarado 133
1533/*Quito* – Esta cidade se suicida 134
1533/*Barcelona* – As guerras santas 135
1533/*Sevilha* – O tesouro dos incas 136
1534/*Riobamba* – A inflação 137
1535/*Cuzco* – O trono de latão 137
1536/*Cidade do México* – Motolinía 138
1536/*Machu Picchu* – Manco Cápac II 139
1536/*Valle de Ulúa* – Gonzalo Guerrero 140
1536/*Culiacán* – Cabeza de Vaca 141
1537/*Roma* – O papa diz que são como nós 142
1538/*São Domingos* – O espelho 142
1538/*Vale de Bogotá* – Barba Negra, Barba Vermelha, Barba Branca 143
1538/*Vulcão Masaya* – Vulcano, deus do dinheiro 145
1541/*Santiago de Chile* – Inês Suárez 146
1541/*Peñón de Nochistlán* – Nunca 148
1541/*Cidade Velha da Guatemala* – Beatriz 148
1541/*Cabo Frio* – Ao amanhecer, o grilo cantou 150
1542/*Quito* – El Dorado 150
1542/*Conlapayara* – As amazonas 151
1542/*Rio Iguazú* – A plena luz 152
1534/*Cubagua* – Os pescadores de pérolas 153
1544/*Machu Picchu* – O trono de pedra 153

Canção de guerra dos incas 154
1544/*Campeche* – Las Casas 154
1544/*Lima* – Carvajal 155
1545/*Cidade Real de Chiapas* – De Valladolid chega a má notícia 157
1546/*Potosí* – A prata de Potosí 158
1547/*Valparaíso* – A despedida 158
Canção de saudade do cancioneiro espanhol 160
1548/*Xaquixaguana* – A batalha de Xaquixaguana acabou 160
1548/*Xaquixaguana* – O verdugo 161
1548/*Xaquixaguana* – Sobre o canibalismo na América 162
1548/*Guanajuato* – Nascem as minas de Guanajuato ... 163
1549/*La Serena* – O regresso 164
1549/*Santiago do Chile* – Última vez 165
1552/*Valladolid* – Já está mandando aquele que sempre serviu 165
1553/*Margens do rio San Pedro* – Miguel 166
1553/*Concepción* – Um sonho de Pedro de Valdívia 167
1553/*Tucapel* – Lautaro 168
1553/*Tucapel* – Valdívia 169
1553/*Potosí* – O alcaide e a bela 169
Ao som do realejo, canta um cego à que dorme sozinha 170
1553/*Potosí* – O alcaide e o galã 171
1554/*Cuzco* – O alcaide e as orelhas 172
1554/*Lima* – O alcaide e o cobrador 173
1554/*Cidade do México* – Sepúlveda 174
1556/*Assunção do Paraguai* – As conquistadoras 175
1556/*Assunção do Paraguai* – "O paraíso de Maomé" ... 176
Canção do mulherengo, do cancioneiro espanhol. 177
1556/*A Imperial* – Mariño de Lobera 177
1558/*Cañete* – A guerra continua 178

Canção Araucana do Ginete Fantasma 179
1558/*Michmaloyan* – Os tzitzime 180
1558/*Yuste* – Quem sou, quem terei sido? 181
1559/*Cidade do México* – Os doentes 182
Conselho dos velhos sábios astecas 182
1560/*Huexotzingo* – A recompensa 183
1560/*Michoacán* – Vasco de Quiroga 184
1561/*Vila dos Bergantins* – A primeira Independência da América 185
1561/*Nova Valência do Rei* – Aguirre 187
1561/*Nova Valencia del Rei* – Da carta de Lope de Aguirre ao rei Felipe II 189
1561/*Barquisimeto* – Restabelecem a ordem 189
1562/*Maní* – Se engana o fogo 190
1563/*Forte de Arauco* – A história que será 191
1564/*Plymouth* – Hawkins 192
1564/*Bogotá* – Desventuras da vida conjugal 193
1565/*Caminho de Lima* – A espiã 194
1565/*Yauyos* – Essa pedra sou eu 195
Oração dos incas em busca de Deus 196
1565/*Cidade do México* – Cerimônia 197
1566/*Madrid* – O fanático da dignidade humana 198
1566/*Madrid* – Mesmo perdendo, vale à pena. 198
1568/*Los Teques* – Guaicaipuro 199
1568/*Cidade do México* – Os filhos de Cortez 200
1569/*Havana* – São Simão contra as formigas 201
1571/*Cidade do México* – Delatarás ao próximo 201
1571/*Madrid* – A culpa é do criminoso ou da testemunha? 202
1572/*Cuzco* – Túpac Amaru I 203
1572/*Cuzco* – Acreditam os vencidos: 204
1574/*Cidade do México* – O primeiro auto de fé no México 205
1576/*Guanajuato* – Dizem os frades: 206

1576/*Xochimilco* – O apóstolo Santiago contra a peste.. 207
1577/*Xochimilco* – São Sebastião contra a peste 208
1579/*Quito* – O filho de Atahualpa 208
1580/*Buenos Aires* – Os fundadores 209
1580/*Londres* – Drake 210
1582/*Cidade do México* – De que cor é a pele dos leprosos? 211
1583/*Copacabana* – A mãe Aymara de Deus 212
1583/*Santiago do Chile* – Foi livre por um instante 212
1583/*Tlatelolco* – Sahagún 213
1583/*Á coma* – O pedregoso reino de Cíbola 215
    Canto noturno, do povo navajo 216
1586/*Cauri* – A peste 216
1588/*Quito* – O neto de Atahualpa 217
1588/*Havana* – São Marcial contra as formigas 218
1589/*Cuzco* – Diz que teve o sol 219
1592/*Lima* – Um auto de fé em Lima 219
1593/*Guarapari* – Anchieta 221
1596/*Londres* – Raleigh 222
1597/*Sevilha* – Em um lugar do cárcere 223
1598/*Potosí* – História de Floriana Rosales, virtuosa mulher de Potosí (em versão abreviada da crônica de Bartolomé Arzáns de Orsúa y Vela) 224
    Versos espanhóis de cantar e dançar 226
1598/*Cidade do Panamá* – Horas de sono e sorte 227
1599/*Quito* – Os cafusos de Esmeraldas 228
1599/*Rio Chagres* – Não falam os sábios 229
1599/*La Imperial* – As flechas flamejantes 229
1599/*Santa Marta* – Fazem a guerra para fazer o amor 230
1600/*Santa Marta* – Eles tinham uma pátria 231
    Técnica da caça e da pesca 232
1600/*Potosí* – A oitava maravilha do mundo 233
    Profecias 234
    Cantar do Cuzco 235

1600/*Cidade do México* – As carruagens 235
1601/*Valladolid* – Quevedo 236
1602/*Recife* – A primeira expedição contra Palmares 237
1603/*Roma* – As quatro partes do mundo 238
1603/*Santiago do Chile* – A matilha 238
1605/*Lima* – A noite do Juízo Final 239
1607/*Sevilha* – O morango 240
1608/*Porto Príncipe* – Silvestre de Balboa 241
1608/*Sevilha* – Mateo Alemán 242
1608/*Córdoba* – O Inca Garcilaso 243
1609/*Santiago do Chile* – As regras da mesa 244
1611/*Yarutini* – O extirpador de idolatrias 244
1612/*São Pedro de Omapacha* – O que apanha bate 245
1613/*Londres* – Shakespeare 246
1614/*Lima* – Atas do cabildo de Lima: nasce a censura teatral 247
1614/*Lima* – Proíbem-se as danças dos índios do Peru. 248
1615/*Lima* – Guamán Poma 248
1616/*Madrid* – Cervantes 250
1616/*Potosí* – Retratos de uma procissão 251
1616/Santiago Papasquiaro – O deus dos amos, é o deus dos servos? 254
1617/*Londres* – Fumaças de Virgínia na névoa de Londres 255
1618/*Lima* – Mundo pouco 258
1618/*Luanda* – O embarque 259
1618/*Lima* – Um porteiro de cor escura 260
1620/*Madrid* – As danças do Diabo vêm da América.... 261
1622/*Sevilha* – Os ratos 263
1624/*Lima* – Se vende gente 265
1624/*Lima* – O negro açoita o negro 266
1624/*Lima* – "A endiabrada" 267
1624/*Sevilha* – O último capítulo de "A vida do buscão" 269

1624/*Cidade do México* – O rio da cólera 270
1625/*Cidade do México* – O que o senhor acha desta cidade? 271
1625/*Samayac* – Ficam proibidas as danças dos índios da Guatemala 273
1626/*Potosí* – Um deus castigador 274
1628/*Chiapas* – O bispo e o chocolate 275
1628/*Madrid* – Oferecem-se fidalguias 276
   Rimas de quem foi à Índia, cantadas na Espanha 277
1629/*Caranguejeiras* – Bascuñán 278
1629/*Margens do Bío-Bío* – Putapichun 279
1629/*Margens do rio Imperial* – Maulicán 280
1629/*Comarca de Repocura* – Para dizer adeus 281
1630/*Motocintle* – Não traem seus mortos 282
1630/*Lima* – Maria, matrona da farândula 284
1631/*Guatemala Antiga* – Uma tarde de música no convento da Conceição 285
   Rimas populares do que ama em silêncio 287
1633/*Pinola* – Gloria in excelsis deo 287
1634/*Madrid* – Quem se escondia no berço da tua mulher? 288
1636/*Quito* – A terceira metade 289
1637/*Boca do rio Sucre* – Dioguinho 290
1637/*Baía de Massachusetts* – "Deus é inglês", ... 292
1637/*Mystic Fort* – Da descrição de John Underhill, puritano de Connecticut, sobre uma matança de índios pequot. 294
1639/*Lima* – Martín de Porres 295
1639/*São Miguel de Tucumán* – De uma denúncia contra o bispo de Tucumán, enviada ao Tribunal de Inquisição de Lima 297
1639/*Potosí* – O testamento do mercador 297
   Dizem os índios: 298
1640/*São Salvador, Bahia* – Vieira 299
1641/*Lima* – Ávila 299

1641/*Mbororé* – As missões 300
1641/*Madrid* – A eternidade contra a história 301
1644/*Jamestown* – Opechancanough 302
1645/*Quito* – Mariana de Jesus 303
1645/*Potosí* – História de Estefânia, pecadora mulher de Potosí (em versão abreviada da crônica de Bartolomé Arzáns de Orsúa y Vela) 304
1647/*Santiago do Chile* – Se proíbe o jogo dos índios do Chile 306
1648/*Olinda* – Excelências da carne de canhão 307
1649/*Sainte-Marie des Hurons* – A linguagem dos sonhos 308
1649/*Vale de Mohawk* – Uma história iroquesa 310
    Canto do canto dos iroqueses 311
1650/*Cidade do México* – Os vencedores e os vencidos . 311
    Do canto náhuatl sobre a vida efêmera 312
1654/*Oaxaca* – Medicina e bruxaria 313
1655/*San Miguel de Nepantla* – Juana aos quatro anos 314
1656/*Santiago de la Vega* – Gage 315
1658/*San Miguel de Nepantla* – Juana aos sete anos 315
    Um sonho de Juana 316
1663/*Guatemala Antigua* – Chega a Impressora 316
1663/*Margens do rio Paraíba* – A liberdade 317
    Canção de Palmares 318
1663/*Serra da Barriga* – Palmares 318
1665/*Madrid* – Carlos II 320
1666/*Nova Amsterdam* – Nova York 321
1666/*Londres* – Os serventes brancos 321
1666/*Ilha Tortuga* – Retábulo de piratas 322
1667/*Cidade do México* – Juana aos dezesseis 323
1668/*Ilha Tortuga* – Os cães 325
1669/*Villa de Gibraltar* – Toda a riqueza do mundo 325
1669/*Maracaibo* – Arrebatação 326
1670/*Lima* – "Tenha dó de nós", ... 327

1670/*San Juan Atitlán* – Um intruso no altar 328
1670/*Masaya* – "O Güegüence" 329
1670/*Cuzco* – O Pintado 330
1671/*Cidade do Panamá* – Sobre a pontualidade nos
    encontros 331
1672/*Londres* – A carga do homem branco 332
    Canção do pássaro do amor, do povo mandinga 333
1674/*Port Royal* – Morgan 333
1674/*Potosí* – Cláudia, a feiticeira 334
1674/*Yorktown* – Os corcéis do Olimpo 335
1676/*Vale de Connecticut* – O machado da guerra 336
1676/*Plymouth* – Metacom 337
1677/*Old Road Town* – Morrem aqui, renascem ali 337
1677/*Porto Calvo* – O capitão promete terras, escravos
    e honrarias 338
1678/*Recife* – Ganga Zumba 339
    Sortilégio yoruba contra o inimigo 340
1680/*Santa Fé do Novo México* – A cruz vermelha e a
    cruz branca 340
1681/*Cidade do México* – Juana aos trinta 342
1681/*Cidade do México* – Sigüenza y Gongora 343
1682/*Accra* – Toda a Europa vende carne humana 344
1682/*Remédios* – Por ordem do Diabo 345
1682/*Remédios* – Porém, ficam. 346
1682/*Remédios* – Por ordem de Deus 347
1688/*Havana* – Por ordem do rei 349
1691/*Remédios* – E daqui não saem 349
1691/*Cidade do México* – Juana aos quarenta 350
1691/*Placentia* – Adario, chefe dos índios hurões, fala
    ao barão de Lahontan, colonizador francês de
    Terranova 353
1692/*Salem Village* – As bruxas de Salem 354
1692/*Guápulo* – A nacionalização da arte colonial 355
1693/*Cidade do México* – Juana aos quarenta e dois 356

1693/*Santa Fé do Novo México* – Treze anos durou a
    independência 357
  Canto à imagem que se vai da areia, dos índios do
    novo México 357
1694/*Macacos* – A última expedição contra Palmares ... 358
  Lamento do povo azande 360
1695/*Serra Dois Irmãos* – Zumbi 360
1695/*São Salvador da Bahia* – A capital do Brasil 361
1696/*Regla* – Virgem negra, deusa negra 362
1697/*Cap Français* – Ducasse 363
1699/*Madrid* – O enfeitiçado 364
1699/*Macouba* – Uma demonstração prática 365
1700/*Ouro Preto* – Todo o Brasil rumo ao sul 365
1700/*Ilha de São Tomás* – O que faz com que as coisas
    falem 366
  Canto do fogo, do povo banto 367
1700/*Madrid* – Penumbra de Outono 368

Fontes 371
Sobre o autor 383

Este livro

inicia a trilogia *Memória do Fogo*. Através de três volumes, o autor se propõe a narrar a história da América, e sobretudo a história da América Latina, em um vasto mosaico que chegará até nossos dias.

Este primeiro volume, *Os Nascimentos*, está dividido em duas partes. Na primeira, a América pré-colombiana se desdobra através dos mitos indígenas da fundação. A segunda abrange dos últimos anos do século XV até o ano de 1700. À cabeça de cada texto da segunda parte, indica-se o ano e o lugar em que ocorreu o episódio que se narra.

Para que a história respire e o leitor a sinta viva, o autor recriou, à sua maneira, os dados disponíveis de cada episódio; mas tanto os mitos quanto as vinhetas históricas foram elaborados sobre uma base rigorosa de documentos.

As transcrições literais se diferenciam em itálico. O autor atualizou, total ou parcialmente, a ortografia dos documentos de época.

Ao pé de cada texto, entre parênteses, os números indicam os principais livros que o autor consultou em busca de informação e pontos de referência. A lista dessas fontes numeradas está no final do livro.

Gratidões:

A Jorge Enrique Adoum, Ricardo Bada, José Fernando Balbi, Álvaro Barros-Lémez, Borja e José María Calzado, Ernesto Cardenal, Rosa del Olmo, Jorge Ferrer, Eduardo Heras León, Juana Martínez, Augusto Monterroso, Dámaso Murúa, Manuel Pereira, Pedro Saad, Nicole Vaisse, Rosita e Alberto Villagra, Ricardo Wilson e Sheila Wilson-Serfaty, que facilitaram o acesso do autor à bibliografia necessária; a José Juan Arrom, Ramón Carande, Álvaro Jara, Magnus Mörner, Augusto Roa Bastos, Laurette Sejourné e Eric R. Wolf, que responderam consultas; à Fundação AGKED, da Alemanha Federal, que contribuiu para a realização deste projeto; e especialmente à Helena Villagra, que foi a crítica implacável e íntima destes textos, página por página, à medida em que nasciam.

Este livro
está dedicado à Vovó Ester. Ela soube disso, antes de morrer.

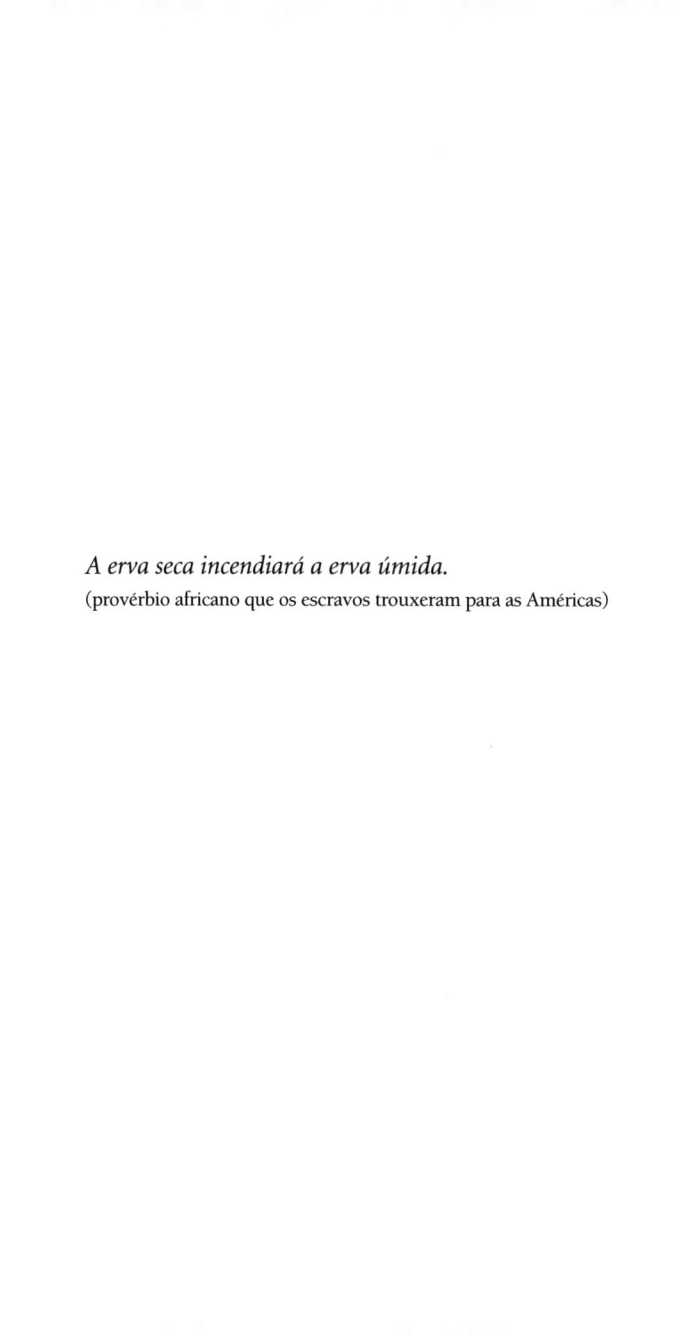

A erva seca incendiará a erva úmida.
(provérbio africano que os escravos trouxeram para as Américas)

Primeiras Vozes

A criação

A mulher e o homem sonhavam que Deus os estava sonhando.

Deus os sonhava enquanto cantava e agitava suas maracas, envolvido em fumaça de tabaco, e se sentia feliz e também estremecido pela dúvida e o mistério.

Os índios makiritare sabem que se Deus sonha com comida, frutifica e dá de comer. Se Deus sonha com a vida, nasce e dá de nascer.

A mulher e o homem sonhavam que no sonho de Deus aparecia um grande ovo brilhante. Dentro do ovo, eles cantavam e dançavam e faziam um grande alvoroço, porque estavam loucos de vontade de nascer. Sonhavam que no sonho de Deus a alegria era mais forte que a dúvida e o mistério; e Deus, sonhando, os criava, e cantando dizia:

– Quebro este ovo e nasce a mulher e nasce o homem. E juntos viverão e morrerão. Mas nascerão novamente. Nascerão e tornarão a morrer e outra vez nascerão. E nunca deixarão de nascer, porque a morte é mentira.

(48)

O tempo

O tempo dos maias nasceu e teve nome quando não existia o céu e a terra ainda não tinha despertado.

Os dias partiram do oriente e começaram a caminhar.

O primeiro dia tirou de suas entranhas o céu e a terra.

O segundo dia fez a escada por onde a chuva desce.

Obras do terceiro foram os ciclos do mar e da terra e a multidão das coisas.

Por desejo do quarto dia, a terra e o céu se inclinaram e puderam encontrar-se.

O quinto dia decidiu que todos trabalhassem.

Do sexto saiu a primeira luz.

Nos lugares onde não havia nada, o sétimo dia pôs terra. O oitavo cravou na terra suas mãos e seus pés.

O nono dia criou os mundos inferiores. O décimo dia destinou aos mundos inferiores quem tem veneno na alma.

Dentro do sol, o décimo primeiro dia modelou a pedra e a árvore.

Foi o décimo segundo quem fez o vento. Soprou vento e chamou-o de espírito, porque não havia morte dentro dele.

O décimo terceiro molhou a terra e com barro modelou um corpo como o nosso.

Assim se recorda, em Yucatán.

(208)

O sol e a lua

O primeiro sol, o sol de água, a inundação levou. Todos os que moravam no mundo se converteram em peixes.

O segundo sol, os tigres devoraram.

O terceiro, uma chuva de fogo, que incendiou as gentes, arrasou.

O quarto, o sol de vento, a tempestade apagou. As pessoas se transformaram em macacos e se espalharam pelos montes.

Pensativos, os deuses se reuniram em Teotihuacán.

– Quem se ocupará de trazer o amanhecer?

O senhor dos caracóis, famoso por sua força e por sua formosura, deu um passo adiante.

– Eu serei o sol – disse.

– Quem mais?

Silêncio.

Todos olhavam para o Pequeno Deus Purulento, o mais feio e desgraçado dos deuses, e disseram:

– Tu.

O Senhor dos Caracóis e o Pequeno Deus Purulento se retiraram para os montes que agora são as pirâmides do sol e da lua. Ali em jejum, meditaram.

Depois os deuses juntaram lenha, armaram uma fogueira enorme e os chamaram.

O Pequeno Deus Purulento tomou impulso e se atirou nas chamas. Em seguida emergiu, incandescente, no céu.

O Senhor dos Caracóis olhou a fogueira com o cenho franzido. Avançou, retrocedeu, parou. Deu um par de voltas. Como não se decidia, tiveram de empurrá-lo. Com muita demora subiu ao céu. Os deuses, furiosos, o esmurraram. Bateram em sua cara com um coelho, uma e outra vez, até que mataram seu brilho. Assim, o arrogante Senhor dos Caracóis se transformou na lua. As manchas da lua são as cicatrizes daquele castigo.

Mas o sol resplandecente não se movia. O gavião de pedra voou até o Pequeno Deus Purulento:

– Por que não andas?

E respondeu o desprezado, o fedorento, o corcunda, o manco:

– Porque quero o sangue e o reino.

Este quinto sol, o sol do movimento, iluminou os toltecas e ilumina os astecas. Tem garras e se alimenta de corações humanos.

(108)

As nuvens

Nuvem deixou cair uma gota de chuva sobre o corpo de uma mulher. Aos nove meses, ela teve gêmeos.

Quando cresceram, quiseram saber quem era o pai.
– Amanhã de manhã – ela disse –, olhem para o oriente. Lá o verão, erguido no céu como uma torre.

Através da terra e do céu, os gêmeos caminharam em busca do pai.

Nuvem desconfiou e exigiu:
– Provem que são meus filhos.

Um dos gêmeos enviou à terra um relâmpago. O outro, um trovão. Como Nuvem ainda duvidasse, atravessaram uma inundação e saíram intactos.

Então Nuvem abriu um lugar ao seu lado para eles, entre seus muitos irmãos e sobrinhos.

(174)

O vento

Quando Deus fez o primeiro dos índios wawenock, ficaram alguns restos de barro sobre o chão do mundo. Com essas sobras, Gluskabe se fez a si mesmo.
– E tu, de onde saíste? – perguntou Deus, atônito, lá das alturas.
– Eu sou maravilhoso – disse Gluskabe. – Ninguém me fez.

Deus parou ao seu lado e estendeu a mão para o universo.
– Olhe minha obra – desafiou. – Já que és maravilhoso, mostra-me que coisas inventaste.

– Posso fazer o vento, se quiser.

E Gluskabe soprou com toda sua força.

E o vento nasceu e morreu em seguida.

– Eu posso fazer o vento – reconheceu Gluskabe, envergonhado – , mas não posso fazer com que o vento dure.

E então soprou Deus, e tão poderosamente, que Gluskabe caiu e perdeu todos os cabelos.

(174)

A chuva

Na região dos grandes lagos do norte, uma menina descobriu de repente que estava viva. Assombrada com o mundo abriu os olhos, e partiu para a aventura.

Perseguindo as pegadas dos caçadores e dos lenhadores da nação menomini, chegou a uma grande cabana de troncos. Ali viviam dez irmãos, os pássaros do trovão, que lhe ofereceram abrigo e comida.

Certa manhã ruim, enquanto a menina colhia água do manancial, uma serpente peluda agarrou-a e levou-a para as profundidades de uma montanha de pedra. As serpentes estavam a ponto de devorá-la quando a menina cantou.

De muito longe, os pássaros do trovão escutaram o chamado. Atacaram com o raio a montanha de pedra, resgataram a prisioneira e mataram as serpentes.

Os pássaros do trovão deixaram a menina na forquilha de uma árvore.

– Aqui viverás – disseram. – Viremos cada vez que cantes.

Quando a rãzinha verde da árvore canta chamando, os trovões acodem e chove sobre o mundo.

(113)

O arco-íris

Os anões da selva tinham surpreendido Yobuënahuaboshka em uma emboscada e tinham cortado sua cabeça.

Aos tropeços, a cabeça regressou à região dos cashinahua.

Embora tivesse aprendido a saltar e a balançar com graça, ninguém queria uma cabeça sem corpo.

– Mãe, irmãos meus, vizinhos – se lamentava. – Por que me rejeitam? Por que têm vergonha de mim?

Para acabar com aquela ladainha e livrar-se da cabeça, a mãe lhe propôs que se transformasse em alguma coisa, mas a cabeça se negava a transformar-se no que já existia. A cabeça pensou, sonhou, inventou. A lua não existia. O arco-íris não existia.

Pediu sete novelos de lã, de todas as cores.

Fez pontaria e lançou os novelos ao céu, um atrás do outro. Os novelos ficaram enganchados além das nuvens. Se desenrolaram os fios, suavemente, para a terra.

Antes de subir, a cabeça advertiu:

– Quem não me reconhecer, será castigado. Quando me verem lá em cima, digam: "Lá está o alto e belo Yobuënahuaboshka!"

Então trançou sete fios que estavam pendurados e subiu pela corda até o céu.

Nessa noite, um talho branco apareceu pela primeira vez entre as estrelas. Uma moça ergueu os olhos e perguntou, maravilhada: "O que é isso?"

Imediatamente uma arara vermelha lançou-se sobre ela, deu uma súbita volta e picou-a entre as pernas com seu rabo pontiagudo. A moça sangrou. Desde este momento, as mulheres sangram quando a lua quer.

Na manhã seguinte, resplandeceu no céu a corda de sete cores.

Um homem apontou com o dedo:

– Olhem, olhem! Que estranho!

Disse isso e caiu.

E essa foi a primeira vez em que alguém morreu.

(59)

O dia

O corvo, que reina agora do alto do totem da nação haida, era neto do grande chefe divino que fez o mundo.

Quando o corvo chorou pedindo a lua, que estava pendurada na parede de troncos, o avô entregou-a. O corvo lançou-a ao céu, pelo buraco da chaminé; e novamente se pôs a chorar, reclamando as estrelas. Quando as conseguiu, disseminou-as ao redor da lua.

Então chorou e esperneou e gemeu até que o avô entregou-lhe a caixa de madeira lavrada onde guardava a luz do dia. O grande chefe divino proibiu-lhe que tirasse essa caixa da casa. Ele tinha decidido que o mundo vivesse no escuro.

O corvo brincava com a caixa, bancando o distraído, e com o rabo dos olhos espiava os guardas que o estavam vigiando.

Aproveitando um descuido, fugiu com a caixa no bico. A ponta do bico partiu-se ao passar pela chaminé e queimaram-se as suas plumas, que ficaram negras para sempre.

Chegou o corvo às ilhas da costa do Canadá. Escutou vozes humanas e pediu comida. Negaram. Ameaçou quebrar a caixa de madeira:

– Se o dia, que tenho guardado aqui, escapa, jamais se apagará no céu – advertiu. – Ninguém poderá dormir, nem guardar segredos, e se saberá quem é gente, quem é pássaro e quem é fera do bosque.

Riram. O corvo quebrou a caixa e a luz explodia no universo.

(87)

A noite

O sol não deixava nunca de iluminar e os índios cashinahua não conheciam a doçura do descanso.

Muito necessitados de paz, exaustos de tanta luz, pediram ao rato que emprestasse a noite.

Fez-se a escuridão, mas a noite do rato bastou apenas para comer e fumar um pouco em frente do fogo. O amanhecer chegou e os índios mal haviam deitado sem suas redes.

Provaram então a noite do tapir. Com a noite do tapir, puderam dormir um sono solto e desfrutaram o sonho tão esperado. Mas quando despertaram, tinha passado tanto tempo que as ervas do monte haviam invadido seus cultivos e esmagado suas casas.

Depois de muito buscar, ficaram com a noite do tatu. Pediram essa noite emprestada e não a devolveram jamais.

O tatu, despojado da noite, dorme durante o dia.

(59)

As estrelas

Tocando a flauta declara-se amor ou anuncia-se o regresso dos caçadores. Ao som da flauta, os índios walwai convocam seus convidados. Para os tukano, a flauta chora; e para os kalina, fala, porque quem grita é a trombeta.

Nas margens do rio Negro, a flauta garante o poder dos varões. Estão escondidas as flautas sagradas e a mulher que as vê merece a morte.

Em tempos muito remotos, quando as mulheres possuíam as flautas sagradas, os homens carregavam lenha e água e preparavam o pão de mandioca.

Contam os homens que o sol se indignou ao ver que as mulheres reinavam no mundo. O sol desceu à selva e fecundou uma das virgens, deslizando sucos de folhas entre suas pernas. Assim nasceu Jurupari.

Jurupari roubou as flautas sagradas e entregou-as aos homens. Ensinou-lhes a ocultá-las e defendê-las e a celebrar festas e rituais sem mulheres. Contou-lhes, além disso, os segredos que deveriam transmitir ao ouvido de seus filhos varões.

Quando a mãe de Jurupari descobriu o esconderijo das flautas sagradas, ele condenou-a à morte; e de seus pedacinhos fez as estrelas do céu.

(91 e 112)

A via-láctea

A minhoca, que não era maior do que um dedo mindinho, comia corações de pássaros. Seu pai era o melhor caçador da aldeia dos mosetenes.

A minhoca crescia. De repente, teve o tamanho de um braço. Cada vez exigia mais corações. O caçador passava o dia inteiro na selva, matando para seu filho.

Quando a serpente não cabia mais na choça, a selva tinha ficado vazia de pássaros. O pai, flecha certeira, ofereceu-lhe corações de jaguar.

A serpente devorava e crescia. Já não havia jaguares na selva.

– Quero corações humanos – disse a serpente.

O caçador deixou sem gente a sua aldeia e as comarcas vizinhas até que um dia, em uma aldeia distante, o surpreenderam no galho de uma árvore e o mataram.

Acossada pela fome e pela saudade, a serpente foi buscá-lo.

Enroscou seu corpo em torno da aldeia culpada, para que ninguém pudesse escapar. Os homens lançaram todas as suas flechas contra aquele anel gigante que os havia sitiado. Enquanto isso, a serpente não deixava de crescer.

Ninguém se salvou. A serpente resgatou o corpo de seu pai e cresceu para o alto.

E lá se vê, ondulante, eriçada de flechas luminosas, atravessando a noite.

(174)

O luzeiro

A lua, mãe encurvada, pediu a seu filho:

– Não sei por onde anda teu pai. Leve a ele notícias minhas.

Partiu o filho em busca do mais intenso dos fogos.

Não o encontrou ao meio-dia, onde o sol bebe seu vinho e dança com suas mulheres ao som dos atabaques. Buscou-o nos horizontes e na região dos mortos. Em nenhuma de suas quatro casas estava o sol dos povos tarascos.

O luzeiro continua perseguindo seu pai pelo céu. Sempre chega demasiado cedo ou demasiado tarde.

(52)

O falar

O Pai Primeiro dos guaranis ergueu-se na escuridão, iluminado pelos reflexos de seu próprio coração, e criou as chamas e a tênue neblina. Criou o amor, e não tinha a quem dá-lo. Criou a fala, mas não havia quem o escutasse.

Então encomendou às divindades que construíssem o mundo e que se encarregassem do fogo, da névoa, da chuva e do vento. E entregou-lhes a música e as palavras do hino sagrado, para que dessem vida às mulheres e aos homens.

Assim o amor fez-se comunhão, e a fala ganhou vida e o Pai Primeiro redimiu sua solidão. Ele acompanha os homens e as mulheres que caminham e cantam:

Já estamos pisando esta terra,

já estamos pisando esta terra reluzente.

(40 e 192)

O fogo

As noites eram de gelo e os deuses tinham levado o fogo embora. O frio cortava a carne e as palavras dos homens. Eles suplicavam, tiritando, com a voz quebrada; e os deuses se faziam de surdos.

Uma vez lhes devolveram o fogo. Os homens dançaram de alegria e alçaram cânticos de gratidão. Mas de repente os deuses enviaram chuva e granizo e apagaram as fogueiras.

Os deuses falaram e exigiram: para merecer o fogo, os homens deveriam abrir peitos com um punhal de pedra e entregar corações.

Os índios quichés ofereceram o sangue de seus prisioneiros e se salvaram do frio.

Os cakchiqueles não aceitaram o preço. Os cakchiqueles, primos dos quichés e também herdeiros dos maias, deslizaram com pés de pluma através da fumaça e roubaram o fogo e o esconderam nas covas de suas montanhas.

(188)

A SELVA

No meio de um sonho, o Pai dos índios uitotos vislumbrou uma neblina fulgurante. Naqueles vapores palpitavam musgos e líquens e ressoavam assovios de ventos, pássaros e serpentes.

O Pai pôde pegar a neblina, e a reteve com o fio de seu hálito. Tirou-a do sonho e misturou-a com a terra.

Cuspiu várias vezes sobre a terra neblinosa. No torvelinho de espuma ergueu-se a selva, abriram as árvores suas copas enormes e brotaram as frutas e as flores. Cobraram corpo e voz, na terra empapada, o grilo, o macaco, o tapir, o javali, o tatu, o cervo, o jaguar e o tamanduá. Surgiram no ar a águia-real, a arara, o urubu, o colibri, a garça-branca, o pato, o morcego...

A vespa chegou com muito ímpeto. Deixou sem rabo os sapos e os homens, e depois cansou-se.

(174)

O CEDRO

O Pai Primeiro fez nascer a terra da ponta de sua vara e cobriu-a de pelúcia.

Na pelúcia ergueu-se o cedro, a árvore sagrada de onde flui a palavra. Então o Pai Primeiro disse aos mby'a-guaranis que cavassem essa árvore para escutar o que havia dentro. Disse que os que soubessem escutar o cedro, cofre das palavras, conheceriam a futura morada de suas fogueiras.

Quem não soubesse escutá-lo, tornaria a ser nada mais do que terra desprezada.

(192)

O GUAYACÁN

Andava em busca de água uma moça do povo dos nivakle, quando encontrou-se com uma árvore fornida, Nasuk, o guayacán, e sentiu-se chamada. Abraçou seu tronco firme, apertando-o com todo o corpo, e cravou suas unhas na casca. A árvore sangrou. Ao despedir-se, ela falou:

– Como eu gostaria, Nasuk, que fosses homem!

E o guayacán se fez homem e foi buscá-la. Quando a encontrou, mostrou-lhe as costas arranhadas e estendeu-se ao seu lado.

(192)

As cores

Eram brancas as plumas dos pássaros e branca a pele dos animais.

Azuis são, agora, os que se banharam em um lago onde não desembocava nenhum rio, e nenhum rio nascia. Vermelhos, os que mergulharam no lago do sangue derramado por um menino da tribo kadiueu. Têm a cor da terra os que se revolveram no barro, e o da cinza os que buscaram calor nos fogões apagados. Verdes são os que esfregaram seus corpos na folhagem, e brancos os que ficaram quietos.

(174)

O amor

Na selva amazônica, a primeira mulher e o primeiro homem se olharam com curiosidade. Era estranho o que tinham entre as pernas.

– Te cortaram? – perguntou o homem.

– Não – disse ela. – Sempre fui assim.

Ele examinou-a de perto. Coçou a cabeça. Ali havia uma chaga aberta. Disse:

– Não comas mandioca, nem bananas, e nenhuma fruta que se abra ao amadurecer. Eu te curarei. Deita na rede, e descansa.

Ela obedeceu. Com paciência bebeu os mingaus de ervas e se deixou aplicar as pomadas e os unguentos. Tinha de apertar os dentes para não rir, quando ele dizia:

– Não te preocupes.

Ela gostava da brincadeira, embora começasse a se cansar de viver em jejum, estendida em uma rede. A memória das frutas enchia sua boca de água.

Uma tarde, o homem chegou correndo através da floresta. Dava saltos de euforia e gritava:

– Encontrei! Encontrei!

Acabava de ver o macaco curando a macaca na copa de uma árvore.

– É assim – disse o homem, aproximando-se da mulher.

Quando acabou o longo abraço, um aroma espesso, de flores e frutas, invadiu o ar. Dos corpos, que jaziam juntos, se desprendiam vapores e fulgores jamais vistos, e era tanta a formosura que os sóis e os deuses morriam de vergonha.

(59)

Os rios e o mar

Não havia água na selva dos chocoes. Deus soube que a formiga tinha água, e pediu-lhe. A formiga não quis escutá-lo. Deus apertou sua cintura, que ficou fininha para sempre, e a formiga esguichou a água que guardava na boca.

– Agora me dirás de onde a tiraste.

A formiga conduziu Deus até uma árvore que não tinha nada de excepcional.

Quatro dias e quatro noites ficaram trabalhando as rãs e os homens, a golpes de machado, mas a árvore não terminava de cair. Um cipó impedia que tocasse a terra.

Deus ordenou ao tucano:

– Corte-o.

O tucano não conseguiu, e por isso foi condenado a comer frutas inteiras.

A arara cortou o cipó, com seu bico duro e afiado.

Quando a árvore da água caiu, do tronco saiu o mar e dos galhos, os rios.

Toda a água era doce. Foi o Diabo quem andou jogando punhados de sal nela.

(174)

As marés

Antes, os ventos sopravam sem cessar sobre a ilha de Vancouver. Não existia o bom tempo nem havia maré baixa.

Os homens decidiram matar os ventos.

Enviaram espiões. O mirlo de inverno fracassou; e também a sardinha. Apesar de sua vista ruim e de seus braços quebrados, foi a gaivota quem pôde enganar os furacões que montavam guarda na casa dos ventos.

Os homens mandaram então um exército de peixes, que a gaivota conduziu. Os peixes se jogaram junto à porta. Ao sair, os ventos pisaram neles, escorregaram e caíram, um atrás do outro, sobre a arraia, que os enrolou com a cauda e os devorou.

O vento do oeste foi agarrado com vida. Prisioneiro dos homens, prometeu que não sopraria continuamente, que faria ar suave e brisas ligeiras e que as águas abandonariam as margens duas vezes por dia, para que se pudesse pescar moluscos na maré baixa.

Perdoaram sua vida. O vento do oeste cumpriu sua palavra.

(114)

A NEVE

– Quero que voes!, disse o amo da casa, e a casa se pôs a voar. Andou às cegas pelos ares, assoviando ao passar, até que o amo ordenou:

– Quero que te detenhas aqui!, e a casa parou, suspensa no meio da noite e da neve que caía.

Não havia esperma de baleia para acender as lâmpadas, de maneira que o amo da casa pegou um punhado de neve fresca e a neve lhe deu luz.

A casa aterrissou em uma aldeia iglulik. Ao ver as lâmpadas acesas com neve, alguém exclamou:

– A neve arde!,

e as lâmpadas se apagaram.

(174)

O DILÚVIO

Ao pé da cordilheira dos Andes, reuniram-se os chefes das comunidades.

Fumaram e discutiram.

A árvore da abundância erguia sua plenitude mais além do teto do mundo. Lá de baixo avistavam-se suas altas ramas curvadas pelo peso dos cachos, frondosos ananás, cocos, mamões e frutas-de-conde, milho, mandioca, feijão...

Os ratos e os pássaros desfrutavam os manjares. As pessoas, não. A raposa, que subia e descia dando-se banquetes, não oferecia. Os homens que tinham tentado trepar se esborracharam contra o chão.

– O que faremos?

Um dos chefes convocou um machado em seus sonhos. Despertou com um sapo na mão. Bateu com o sapo no imenso tronco da árvore da abundância, mas o animalzinho jorrou o fígado pela boca.

– Este sonho mentiu.

Outro chefe sonhou. Pediu um machado ao Pai de Todos. O Pai advertiu que a árvore se vingaria, mas enviou um papagaio vermelho.

Empunhando o papagaio, esse chefe abateu a árvore da abundância. Uma chuva de alimentos caiu sobre a terra e a terra ficou surda com o estrondo. Então, a mais descomunal das tormentas explodiu no fundo dos rios. Ergueram-se as águas, que cobriram o mundo.

Dos homens, apenas um sobreviveu. Nadou e nadou, dias e noites, até que pôde agarrar-se à copa de uma palmeira que sobressaía das águas.

(174)

A TARTARUGA

Quando baixaram as águas do Dilúvio, era um lodaçal o vale de Oaxaca.

Um punhado de barro ganhou vida e caminhou. Muito devagarinho caminhou a tartaruga. Ia com o pescoço esticado e os olhos muito abertos, descobrindo o mundo que o sol fazia renascer.

Em um lugar que fedia, a tartaruga viu o urubu devorando cadáveres.

– Me leva para o céu – rogou. – Quero conhecer Deus.

Muito se fez de rogado o urubu. Estavam saborosos os mortos. A cabeça da tartaruga aparecia para suplicar e tornava a meter-se debaixo da carapaça, porque não suportava o fedor.

– Você, que tem asas, me leva – mendigava.

Farto da pidona, o urubu abriu suas enormes asas negras e empreendeu voo com a tartaruga nas costas.

Iam atravessando nuvens e a tartaruga, escondida a cabeça, se queixava:

– Como você cheira mal!

O urubu se fazia de surdo.

– Que cheiro de coisa podre! – repetia a tartaruga.

E assim até que o pássaro perdeu sua última paciência, e se inclinou bruscamente e jogou-a para a terra.

Deus desceu dos céus e juntou seus pedacinhos.

Na carapaça a gente vê os remendos.

(92)

O papagaio

Depois do Dilúvio, a selva estava verde mas vazia. O sobrevivente lançava suas flechas através das árvores e as flechas atravessavam apenas sombras e folhagens.

Um anoitecer, depois de muito caminhar buscando, o sobrevivente regressou ao seu refúgio e encontrou carne assada e broas de mandioca. A mesma coisa ocorreu no dia seguinte, e no seguinte. O que tinha se desesperado de fome e de solidão se perguntou a quem devia agradecer a boa sorte. Ao amanhecer, escondeu-se e esperou.

Dois papagaios chegaram do céu. Nem bem pousaram na terra, se transformaram em mulheres. Acenderam fogo e se puseram a cozinhar.

O único homem escolheu a que tinha os cabelos mais longos e mostrava as plumas mais altas e coloridas. A outra mulher, desprezada, afastou-se voando.

Os índios maynas, descendentes daquele casal, maldizem seu antepassado quando as mulheres andam preguiçosas e reclamonas. Dizem que a culpa é dele, porque escolheu a inútil. A outra foi a mãe e o pai de todos os papagaios que vivem na selva.

(191)

O colibri

Ao amanhecer, cumprimenta o sol. Cai a noite e ainda trabalha. Anda zumbindo de galho em galho, de flor em flor, veloz e necessário como a luz. Às vezes duvida, e fica imóvel no ar, suspenso; às vezes voa para trás, como ninguém pode. Às vezes anda meio tonto, de tanto beber os méis das corolas. Ao voar, lança relâmpagos de cores.

Ele traz as mensagens dos deuses, se transforma em raio para executar suas vinganças, e sopra as profecias nos ouvidos dos profetas. Quando morre um menino guarani, resgata-lhe a alma, que jaz no cálice de uma flor, e a leva, em seu longo bico de agulha, até a Terra sem Mal. Conhece esse caminho desde o princípio dos tempos. Antes que nascesse o mundo, ele já existia: refrescava a boca do Pai Primeiro com gotas de orvalho e acalmava sua fome com o néctar das flores.

Ele conduziu a longa peregrinação dos toltecas até a cidade sagrada de Tula, antes de levar o calor do sol aos astecas.

Como capitão dos chontales, voa plano sobre os acampamentos dos inimigos, mede suas forças, cai em rasante e dá morte ao chefe enquanto ele dorme. Como sol dos kekchíes, voa até a lua, a surpreende em seus aposentos e faz o amor com ela.

Seu corpo tem o tamanho de uma amêndoa. Nasce de um ovo que não é maior que um feijão, dentro de um ninho que cabe em uma noz. Dorme ao abrigo de uma folhinha.

(40, 206 e 210)

O URUTAU

"Sou filha da desgraça", disse Nheambiú, a filha do chefe, quando seu pai proibiu seus amores com um homem de uma comunidade inimiga.

Disse isso e fugiu.

Pouco tempo depois a encontraram, nos montes do Iguaçu. Encontraram uma estátua. Nheambiú olhava sem ver; estava muda a sua boca e adormecido o seu coração.

O chefe mandou chamar o que decifra os mistérios e cura as doenças. Toda a comunidade acudiu para presenciar a ressurreição.

O sábio pediu conselho à erva-mate e ao vinho de mandioca. Aproximou-se de Nheambiú e mentiu-lhe junto ao ouvido:

– O homem que você ama acaba de morrer.

O grito de Nheambiú converteu a todos os índios em salgueiros-chorões. Ela voou, feita pássaro.

Os gritos do urutau, que em plena noite estremecem as montanhas, podem ser escutados a mais de uma légua. É difícil ver o urutau. Caçá-lo, impossível. Não há quem alcance o pássaro fantasma.

(86)

O JOÃO-DE-BARRO

Quando chegou à idade das três provas, aquele moço correu e nadou melhor que ninguém e ficou nove dias sem comer, esticado por tiras de couros, sem mover-se nem queixar-se. Durante as provas escutava uma voz de mulher que cantava para ele, de muito longe, e o ajudava a aguentar.

O chefe da comunidade decidiu que devia casar-se com sua filha, mas ele levantou voo e perdeu-se nos bosques do rio Paraguai, buscando a cantora.

Por lá anda ainda o João-de-Barro. Bate forte as asas e proclama alegrias quando crê que vem, voando, a voz procurada. Esperando a que não chega, construiu uma casa de barro, com a porta aberta à brisa do norte, em um lugar que está a salvo dos raios.

Todos o respeitam. Quem mata o João-de-Barro ou quebra a sua casa, atrai a tormenta.

(144)

O corvo

Estavam secos os lagos e vazios os leitos dos rios. Os índios takelma, mortos de sede, mandaram o corvo e a corneja em busca de água.

O corvo cansou-se em seguida. Mijou em uma cabaça e disse que essa era a água que trazia de uma comarca distante.

A corneja, em compensação, continuou voando. Regressou muito depois, carregada de água fresca, e salvou da seca o povo dos takelma.

Como castigo, o corvo foi condenado a sofrer de sede durante os verões. Como não pode molhar a goela, fala com voz muito rouca enquanto duram os calores.

(114)

O CONDOR

Cauillaca estava tecendo uma manta, debaixo da copa de uma árvore, e lá em cima voava Coniraya, transformado em pássaro. A moça não prestava a menor atenção aos seus trinados e revoadas.

Coniraya sabia que outros deuses mais antigos e principais ardiam de desejo por Cauillaca. Mas, mesmo assim, mandou-lhe sua semente, lá de cima, na forma de uma fruta madura. Quando ela viu a fruta suculenta aos seus pés, ergueu-a e mordeu-a. Sentiu um prazer desconhecido e ficou grávida.

Depois, ele converteu-se em pessoa, homem farrapento, de dar dó, e perseguiu-a por todo Peru. Caulliaca fugia rumo ao mar com seu filhote nas costas e atrás ia Coniraya, desesperado, procurando-a.

Perguntou por ela a um gambá. O gambá, vendo seus pés sangrando e tanto desamparo, respondeu: "Bobo. Não vês que não vale a pena prosseguir?" Então Coniraya o amaldiçoou:

– Vagarás pelas noites. Deixarás mau cheiro por onde passes. Quando morreres, ninguém te levantará do solo.

Em compensação, o condor deu ânimo ao perseguidor. "Corre!", gritou. "Corre e a alcançarás!" E Coniraya o abençoou:

– Voarás por onde queiras. Não haverá lugar no céu ou na terra em que não possas penetrar. Ninguém chegará onde tenhas teu ninho. Nunca te faltará comida; e quem te mate, morrerá.

Depois de muita montanha, Coniraya chegou ao litoral. Chegou tarde. A moça e seu filho já eram uma ilha, esculpidos em rocha, no meio do mar.

(100)

O Jaguar

Andava o jaguar caçando, armado de arco e flechas, quando encontrou uma sombra. Quis agarrá-la, e não pôde. Ergueu a cabeça. O dono da sombra era o jovem Botoque, da tribo kayapó, quase morto de fome no alto de um rochedo.

Botoque não tinha forças para mover-se e mal conseguiu balbuciar umas palavras. O jaguar baixou o arco e convidou-o a comer carne assada em sua casa. Embora o rapaz não soubesse o que significava a palavra "assada", aceitou o convite e se deixou cair sobre o lombo do caçador.

– Trazes o filho de outro – reclamou a mulher.
– Agora é meu filho – disse o jaguar.

Botoque viu o fogo pela primeira vez. Conheceu o fogão de pedra e o sabor da carne assada de tapir e veado. Soube que o fogo ilumina e esquenta. O jaguar deu-lhe um arco e flechas e ensinou-o a defender-se.

Um dia, Botoque fugiu. Tinha matado a mulher do jaguar.

Correu um longo tempo, desesperado, e não parou até chegar à sua aldeia. Lá, contou sua história e mostrou os segredos: a arma nova e a carne assada. Os kayapós decidiram apoderar-se do fogo e das aemas, e ele os conduziu à casa remota.

Desde então, o jaguar odeia os homens. Do fogo, não lhe restou mais que o reflexo que brilha em suas pupilas. Para caçar, conta apenas com dentes e garras, e come crua a carne de suas vítimas.

(111)

O urso

Os animais do dia e os animais da noite se reuniram para decidir o que fariam com o sol, que por aquela época chegava e ia embora quando queria. Os animais resolveram deixar o assunto nas mãos da sorte. O grupo que vencesse no jogo das adivinhanças decidiria quanto tempo deveria durar, dali para a frente, a luz do sol sobre o mundo.

Assim estavam quando o sol, intrigado, se aproximou. Tanto se aproximou o sol que os animais da noite tiveram de fugir em disparada. O urso foi vítima da urgência. Meteu seu pé direito no mocassim esquerdo e o pé esquerdo no mocassim direito. Assim saiu correndo, e correu como pôde.

Segundo os índios comanches, desde então o urso caminha balançando o corpo.

(132)

O jacaré

O sol dos mucusi estava preocupado. Cada vez havia menos peixes em suas reservas.

Encarregou o jacaré da vigilância. As reservas se esvaziaram. O jacaré, guardião e ladrão, inventou uma boa história de assaltantes invisíveis, mas o sol não acreditou. Empunhou um facão e deixou o corpo do jacaré todo cruzado de talhos.

Para acalmar sua fúria, o jacaré ofereceu ao sol sua formosa filha.

– Espero por ela – disse o sol.

Como o jacaré não tinha nenhuma filha, esculpiu uma mulher no tronco de uma ameixeira silvestre.

– Aqui está – anunciou, e meteu-se na água, olhando meio de lado, como olha até hoje.

Foi o pica-pau quem salvou-lhe a vida. Antes que o sol chegasse, o pica-pau picou a moça de madeira no meio das pernas. Assim ela, que estava incompleta, foi aberta para que o sol entrasse.

(112)

O tatu

Anunciou-se a grande festa no lago Titicaca e o tatu, que era bicho muito principal, quis deslumbrar a todos.

Com muita antecipação, se pôs a tecer a fina trama de um manto tão elegante que ia ser um escândalo.

A raposa o viu trabalhando e meteu o nariz:

– Você está de mau humor?

– Não me distraia.

– Para que é isso?

O tatu explicou.

– Ah! – disse a raposa, saboreando as palavras. – Para a festa desta noite?

– Desta noite?

O tatu sentiu o coração na boca. Nunca tinha sido muito certeiro no cálculo do tempo.

– E eu com meu manto pela metade!

Enquanto a raposa se afastava rindo entre os dentes, o tatu terminou seu abrigo às pressas. Como o tempo voava, não pôde continuar com a mesma delicadeza. Teve de utilizar fios mais grossos e a trama, depois de tecida, ficou mais estendida.

Por isso a capa do tatu é apertada no pescoço e muito aberta nas costas.

(174)

O coelho

O coelho queria crescer.

Deus prometeu-lhe que aumentaria seu tamanho se ele trouxesse uma pele de tigre, uma de macaco, uma de lagarto e uma de serpente.

O coelho foi visitar o tigre.

– Deus me contou um segredo – comentou, confidencial.

O tigre quis saber e o coelho anunciou um furacão que vinha vindo.

– Eu me salvarei, porque sou pequeno. Me esconderei em algum buraco. Mas você, o que fará? O furacão não vai perdoar você.

Uma lágrima rodou pelos bigodes do tigre.

– Só me ocorre uma maneira de salvar você – ofereceu o coelho. – Buscaremos uma árvore de tronco muito forte. Eu te amarro no tronco pelo pescoço e pelas mãos, e o furacão não te leva.

Agradecido, o tigre deixou-se amarrar. Então o coelho matou-o de uma paulada, e o despiu.

E continuou seu caminho, bosque adentro, pela comarca dos zapotecas.

Parou debaixo de uma árvore onde um macaco estava comendo. Tomando uma faca do lado em que não tem corte, o coelho começou a bater com ela no pescoço. A cada batida, uma gargalhada. Depois de muito bater e muito rir, deixou a faca no chão e se retirou aos pulinhos.

Escondeu-se entre os galhos, na espreita. O macaco não demorou em descer. Olhou essa coisa que fazia rir e coçou a cabeça. Agarrou a faca e ao primeiro golpe caiu degolado.

Faltavam duas peles. O coelho convidou o lagarto para jogar bola. A bola era de pedra: bateu no nascimento do rabo do lagarto e deixou-o esticado.

Perto da serpente, o coelho fez que dormia. Antes que ela saltasse, quando estava tomando impulso, de repente cravou-lhe as unhas nos olhos.

Chegou ao céu com as quatro peles.

– Agora, me faz crescer – exigiu.

E Deus pensou: "Sendo tão pequenino, o coelho fez o que fez. Se aumento seu tamanho, o que não fará? Se o coelho fosse grande, talvez eu não fosse Deus".

O coelho esperava. Deus aproximou-se suavemente, acariciou seu lombo e de repente agarrou-o pelas orelhas, deu um par de voltas com ele no ar e atirou-o à terra.

Por isso ficaram longas as orelhas do coelho, curtas as patas dianteiras, que ele estendeu para aparar a queda, e vermelhos os seus olhos, por causa do pânico.

(92)

A serpente

Deus lhe disse:

– Passarão três piraguas pelo rio. Em duas delas, viajará a morte. Se você não se enganar, te libertarei da vida breve.

A serpente deixou passar a primeira, que vinha carregada com balaios de carne podre. Tampouco deu confiança à segunda, que estava cheia de gente. Quando chegou a terceira, que parecia vazia, deu-lhe as boas-vindas.

Por isso é imortal a serpente na região dos shipaiá.

Cada vez que envelhece, Deus lhe dá uma pele nova.

(111)

A rã

De uma cova do Haiti brotaram os primeiros índios taínos.

O sol não lhes dava sossego. A três por dois os sequestrava e os transformava. O que montava guarda de noite foi convertido em pedra; dos pescadores, o sol fez árvores, e agarrou no caminho o que saiu para buscar ervas, e transformou-o em pássaro que canta pelas manhãs.

Um dos homens fugiu do sol. Ao ir embora, levou todas as mulheres com ele.

Não está feito de riso o canto das rãzinhas das ilhas do Caribe. Elas são os meninos taínos daquele tempo. Dizem: "toa, toa", que é seu jeito de chamar suas mães.

(126 e 168)

O morcego

Quando o tempo era ainda muito menino, não havia no mundo bicho mais feio que o morcego.

O morcego subiu ao céu procurando Deus. Não lhe disse:

– Estou farto de ser horroroso. Dê-me penas coloridas. Não. Disse:

– Dê-me penas, por favor, que morro de frio.

Acontece que Deus já não tinha penas para dar.

– Cada ave te dará uma pena – decidiu.

Assim obteve o morcego a pena branca da pomba e a verde do papagaio, a pena furta-cor do colibri e a rosada do flamingo, a vermelha do penacho do cardeal e a pena azul das costas do martim pescador, a pena de argila da asa da águia e a pena de sol do peito do tucano.

O morcego, frondoso de cores e suavidades, passeava entre a terra e as nuvens. Por onde ia ficava alegre o ar e as aves, mudas de admiração. Dizem os povos zapotecas que o arco-íris nasceu de seu voo.

A vaidade inchou-lhe o peito. Olhava com desdém e comentava ofendido.

Se reuniram as aves. Juntas voaram até Deus.

– O morcego caçoa de nós – se queixavam. – E além disso, sentimos frio, por causa das penas que nos faltam.

No dia seguinte, quando o morcego sacudiu as asas em pleno voo, ficou subitamente nu. Uma chuva de penas caiu sobre a terra.

Ele anda procurando por elas até hoje. Cego e feio, inimigo da luz, vive escondido nas covas e grutas. Sai para perseguir as penas perdidas quando cai a noite; e voa muito veloz, sem parar nunca, porque tem vergonha de ser visto.

(92)

Os mosquitos

Muitos eram os mortos na aldeia dos nookta. Em cada morto havia um furo por onde tinham roubado todo seu sangue.

O assassino, um menino que matava antes mesmo de aprender a caminhar, recebeu sua sentença às gargalhadas. Foi atravessado pelas lanças e, rindo, desprendeu-as do corpo como se fossem espinhos.

– Eu os ensinarei a matar-me – disse o menino.

Indicou a seus verdugos que armassem uma grande fogueira, e que o arrojassem lá dentro.

Suas cinzas se espalharam pelos ares, ansiosas de dano, e assim se puseram a voar os primeiros mosquitos.

(174)

O mel

Mel fugia de suas duas cunhadas. Várias vezes as tinha expulsado da rede.

Elas andavam atrás dele, noite e dia; viam Mel e ficavam com água na boca. Só em sonhos conseguiam tocá-lo, lambê-lo, comê-lo.

O despeito foi crescendo. Uma manhã, quando as cunhadas estavam tomando banho, viram Mel na beira do rio. Correram e salpicaram-no de água. Mel, molhado, se dissolveu.

No golfo de Pária, não é fácil encontrar o mel perdido. É preciso subir nas árvores, com o machado na mão, abrir os troncos e buscar muito. E o escasso mel é comido com prazer e com medo, porque às vezes mata.

(112)

As sementes

Pachacamac, que era filho do sol, fez um homem e uma mulher nos areais de Lurín.

Não havia nada para comer e o homem morreu de fome.

Estava a mulher agachada, cavucando em busca de raízes, quando o sol entrou nela e fez-lhe um filho.

Pachacamac, ciumento, agarrou o recém-nascido e esquartejou-o. Mas em seguida se arrependeu, ou teve medo da cólera de seu pai, o sol, e regou pelo mundo os pedacinhos de seu irmão assassinado.

Dos dentes do morto, brotou então o milho; e a mandioca de suas costelas e ossos. O sangue fez férteis as terras e da carne semeada surgiram árvores de fruta e sombra.

Assim encontram comida as mulheres e os homens que nascem nesta costa, onde não chove nunca.

(53)

O milho

Os deuses fizeram de barro os primeiros maias-quichés. Duraram pouco. Eram moles, sem força; desmoronaram antes de caminhar.

Depois, tentaram com madeira Os bonecos de pau falaram e andaram, mas eram secos: não tinham sangue nem substância, memória ou rumo. Não sabiam falar com os deuses, ou não encontravam nada para dizer a eles.

Então os deuses fizeram de milho as mães e os pais. Com milho amarelo e milho branco amassaram sua carne.

As mulheres e os homens de milho viam tanto como os deuses. Seu olhar se estendia sobre o mundo inteiro.

Os deuses jorraram um hálito e os deixaram com os olhos nublados para sempre, porque não queriam que as pessoas vissem além do horizonte.

(188)

O tabaco

Os índios cariris tinham suplicado ao Avô que os deixasse provar a carne dos porcos selvagens, que ainda não existiam. O Avô, arquiteto do Universo, sequestrou os meninos pequenos da aldeia cariri e converteu-os em porcos selvagens. Fez nascer uma grande árvore para que fugissem para o céu.

Os índios perseguiram os javalis, tronco acima, de galho em galho, e conseguiram matar alguns. O Avô ordenou às formigas que derrubassem a árvore. Ao cair, os índios quebraram os ossos. Daquela queda, todos temos ossos partidos, e por isso podemos dobrar os dedos e as pernas ou inclinar os corpos.

Com os porcos selvagens mortos, fez-se na aldeia um grande banquete.

Os índios rogaram ao Avô que baixasse do céu, onde cuidava dos meninos salvados da caçada, mas ele preferiu ficar por lá.

O Avô mandou o tabaco, para que ocupasse seu lugar entre os homens. Fumando, os índios conversam com Deus.

(111)

A erva-mate

A lua morria de vontade de pisar a terra. Queria provar as frutas e banhar-se em algum rio.

Graças às nuvens, pôde descer. Do pôr do sol ao amanhecer, as nuvens cobriram o céu para que ninguém percebesse que faltava a lua.

Foi uma maravilha a noite na terra. A lua passeou pela selva do alto Paraná, conheceu misteriosos aromas e sabores e nadou longamente no rio. Um velho lavrador salvou-a duas vezes. Quando o jaguar ia cravar seus dentes no pescoço da lua, o velho degolou a fera com seu facão; e quando a lua teve fome, levou-a para a sua casa. "Te oferecemos nossa pobreza", disse a mulher do lavrador, e deu-lhe umas broas de milho.

Na noite seguinte, lá do céu, a lua apareceu na casa de seus amigos. O velho lavrador tinha construído sua choça em uma clareira na selva, muito longe das aldeias. Ali vivia, como em um exílio, com sua mulher e sua filha.

A lua descobriu que naquela casa não havia nada para

comer. Para ela tinham sido as últimas broas de milho. Então iluminou o lugar com a melhor de suas luzes e pediu às nuvens que deixassem cair, ao redor da choça, uma garoa muito especial.

Ao amanhecer, nessa terra tinham brotado umas árvores desconhecidas. Entre o verde-escuro das folhas, apareciam flores brancas.

Jamais morreu a filha do velho lavrador. Ela é dona da erva-mate e anda pelo mundo oferecendo-a aos demais. A erva-mate desperta os adormecidos, corrige os preguiçosos e faz irmãs as gentes que não se conhecem.

(86 e 144)

A mandioca

Nenhum homem a tinha tocado, mas um menino cresceu no ventre da filha do chefe.

O chamaram Mani. Poucos dias depois de nascer, já corria e conversava. Dos mais remotos rincões da selva, veio gente para conhecer o prodigioso Mani.

Não sofreu nenhuma doença, mas ao cumprir um ano disse: "Vou morrer"; e morreu.

Passou um tempinho e uma planta jamais vista brotou na sepultura de mani, que a mãe regava cada manhã. A planta cresceu, floresceu, deu frutos. Os pássaros que a picavam andavam depois aos trambolhos pelo ar, batendo asas em espirais loucas e cantando como nunca.

Um dia a terra se abriu onde Mani jazia.

O chefe afundou a mão e arrancou uma raiz grande e carnuda. Ralou-a com uma pedra, fez uma pasta, espremeu-a e no amor do fogo cozinhou pão para todos.

Chamaram essa raiz de Mani Oca, "casa de Mani", e mandioca é seu nome na bacia amazônica e outros lugares.

(174)

A batata

Um cacique da ilha de Chiloé, lugar povoado de gaivotas, queria fazer o amor como os deuses.

Quando os casais de deuses se abraçavam, tremia a terra e se desatavam os maremotos. Isso se sabia, mas ninguém os tinha visto.

Dispostos a surpreendê-los, o cacique nadou até a ilha proibida.

Conseguiu ver apenas um lagarto gigante, com a boca bem aberta e cheia de espuma e uma língua desmedida que jorrava fogo pela ponta.

Os deuses afundaram o indiscreto debaixo da terra e o condenaram a ser comido pelos demais. Como castigo por sua curiosidade, cobriram seu corpo de olhos cegos.

(178)

A cozinha

Uma mulher do povo tillamook encontrou, no meio do bosque, uma cabana da qual saía fumaça. Aproximou-se, curiosa, e entrou.

No centro, entre pedras, ardia o fogo.

No teto estavam pendurados muitos salmões. Um deles caiu sobre sua cabeça. A mulher apanhou-o e colocou-o em seu lugar. Novamente o peixe se desprendeu e bateu na sua cabeça, e ela tornou a pendurá-lo e o salmão, a cair.

A mulher atirou ao fogo as raízes que tinha apanhado para comer. O fogo queimou-as num instante. Furiosa, ela bateu na fogueira com o atiçador, uma e outra vez, com tanta violência que o fogo estava apagando-se quando chegou o dono da casa e deteve seu braço.

O homem misterioso avivou as chamas, sentou-se junto da mulher e explicou:

– Você não entendeu.

Ao bater nas chamas e dispersar as brasas, ela esteve a ponto de deixar o fogo cego, e esse era um castigo que ele não merecia. O fogo tinha comido as raízes porque pensou que a mulher estava oferecendo-as. E antes, tinha sido o fogo quem desprendera o salmão uma e outra vez sobre a cabeça da mulher, mas não para machucá-la: essa tinha sido sua maneira de dizer-lhe que podia cozinhar o salmão.

– Cozinhá-lo? O que é isso?

Então o dono da casa ensinou a mulher a conversar com o fogo, a dourar o peixe sobre as brasas e a comer com alegria.

(114)

A MÚSICA

Enquanto o espírito Bopé-joku assoviava uma melodia, o milho se erguia da terra, imparável, luminoso, e oferecia espigas gigantes, inchadas de grãos.

Uma mulher as estava colhendo de um jeito ruim. Ao arrancar brutalmente uma espiga, machucou-a. A espiga se vingou machucando sua mão. A mulher insultou Bopé-joku e maldisse o seu assovio.

Quando Bopé-joku fechou seus lábios, o milho murchou e secou.

Nunca mais se escutaram os alegres assovios que faziam brotar os milharais e lhes davam vigor e beleza. Desde então, os índios bororós cultivam o milho com pena e trabalho e colhem frutos mesquinhos.

Assoviando se expressam os espíritos. Quando os astros aparecem na noite, os espíritos os cumprimentam assim. Cada estrela responde com um som, que é o seu nome.

(112)

A morte

O primeiro dos índios modoc, Kumokums, construiu uma aldeia na beira do rio. E embora os ursos tivessem bom lugar para enrolar-se e dormir, os veados se queixavam de que fazia muito frio e não havia erva abundante.

Kumokums ergueu outra aldeia longe dali e decidiu passar a metade do ano em cada uma. Por isso partiu o ano em dois, seis luas de verão e seis de inverno, e a lua que sobrava ficou destinada às mudanças.

A vida acabou sendo uma coisa feliz, alternada entre as duas aldeias, e se multiplicaram assombrosamente os nascimentos; mas os que morriam se negavam a ir embora, e tão numerosa se fez a população que já não havia maneira de alimentá-la.

Kumokums decidiu, então, expulsar os mortos. Ele sabia que o chefe do país dos mortos era um grande homem e que não maltratava ninguém.

Pouco depois, morreu a filhinha de Kumokums. Morreu e foi embora do país dos modoc, tal como seu pai tinha ordenado.

Desesperado, Kumokums consultou o porco-espinho.

– Tu o decidiste – opinou o porco-espinho – e agora deves sofrer como qualquer um.

Mas Kumokums viajou até o distante país dos mortos e reclamou sua filha.

– Agora tua filha é minha filha – disse o grande esqueleto que mandava ali. – Ela não tem carne nem sangue. Que pode ela fazer em teu país?

– Eu a quero do jeito que for – disse Kumokums.

Um longo tempo meditou o chefe do país dos mortos.

– Leve-a – admitiu. E advertiu:

– Ela caminhará atrás de ti. Ao aproximar-se do país dos vivos, a carne tornará a cobrir seus ossos. Mas tu não poderás virar para trás até que tenhas chegado. Me entendes? Te dou essa oportunidade.

Kumokums começou a caminhada. A filha ia atrás.

Quatro vezes tocou-lhe a mão, cada vez mais carnosa e morna e não olhou para trás. Mas quando já apareciam, no horizonte, os bosques verdes, não aguentou a vontade e virou a cabeça. Um punhado de ossos desmoronou ante seus olhos.

(132)

A RESSURREIÇÃO

Aos cinco dias, como de costume, os mortos regressavam ao Peru. Bebiam um copo de *chicha* e diziam:

– Agora, sou eterno.

Havia demasiada gente no mundo. Plantava-se até no fundo dos precipícios e na beira dos abismos, mas a comida não chegava para todos.

Então morreu um homem em Huarochirí.

Toda a comunidade se reuniu, no quinto dia, para recebê-lo. Esperaram por ele da manhã até que a noite já ia longe. Esfriaram os pratos fumegantes e o sono foi fechando as pálpebras. O morto não chegou.

Apareceu no dia seguinte. Estavam todos furiosos. Quem mais fervia de indignação era sua mulher, que gritou-lhe:

– Preguiçoso! Sempre o mesmo preguiçoso! Todos os mortos são pontuais, menos você!

O ressuscitado balbuciou uma desculpa, mas a mulher atirou-lhe uma espiga na cabeça e deixou-o estendido no chão.

A alma se foi do corpo e fugiu voando, mosca veloz e zumbidora, para nunca mais voltar.

Desde aquela vez, nenhum morto regressou para misturar-se com os vivos e disputar sua comida.

(14)

A MAGIA

Uma velha muito velha, da aldeia dos tukuna, castigou as moças que lhe haviam negado comida. Durante a noite, arrebatou-lhes os ossos das pernas e devorou-lhes a medula. Nunca mais as moças puderam caminhar.

Lá na infância, pouco depois de nascer, a velha tinha recebido de uma rã os poderes do alívio e da vergonha. A rã tinha ensinado a velha muito velha a curar e a matar, a escutar as vozes que não se ouvem, e a ver cores que não se veem. Aprendeu a defender-se antes de aprender a falar. Ainda não andava, e já sabia estar onde não estava, porque os raios do amor e do ódio atravessaram de um salto as mais espessas selvas e os rios mais fundos.

Quando os tukuna cortaram sua cabeça, a velha recolheu em suas mãos o próprio sangue e soprou-o para o sol.

– A alma também entra em ti! – gritou.

Desde então, o que mata recebe no corpo, embora não queira nem saiba, a alma de sua vítima.

(112)

O riso

O morcego, pendurado em um galho pelos pés, viu que um guerreiro kayapó se inclinava sobre o manancial.

Quis ser seu amigo.

Deixou-se cair sobre o guerreiro e o abraçou. Como não conhecia o idioma dos kayapó, falou ao guerreiro com as mãos. As carícias do morcego arrancaram do homem a primeira gargalhada. Quanto mais ria, mais fraco se sentia. Tanto riu, que no fim perdeu todas as suas forças e caiu desmaiado.

Quando se soube na aldeia, houve fúria. Os guerreiros queimaram um montão de folhas secas na gruta dos morcegos e fecharam a entrada.

Depois, discutiram. Os guerreiros resolveram que o riso fosse usado somente pelas mulheres e as crianças.

(111)

O medo

Esses corpos nunca vistos chamaram, mas os homens nivakle não se atreviam a entrar. Tinham visto as mulheres comer: elas engoliam a carne dos peixes com a boca de cima, mas antes a mascavam com a boca de baixo. Entre as pernas, tinham dentes.

Então os homens acenderam fogueiras, chamaram a música e cantaram e dançaram para as mulheres.

Elas se sentaram ao redor, com as pernas cruzadas.

Os homens dançaram durante toda a noite. Ondularam, giraram e voaram como a fumaça e os pássaros.

Quando chegou o amanhecer, caíram desvanecidos. As mulheres os ergueram suavemente e lhes deram de beber.

Onde elas tinham estado sentadas, ficou a terra toda regada de dentes.

(192)

A AUTORIDADE

Em épocas remotas, as mulheres se sentavam na proa das canoas e os homens na popa. As mulheres caçavam e pescavam. Elas saíam das aldeias e voltavam quando podiam ou queriam. Os homens montavam as choças, preparavam a comida, mantinham acesas as fogueiras contra o frio, cuidavam dos filhos e curtiam as peles de abrigo.

Assim era a vida entre os índios onas e os yaganes, na Terra do Fogo, até que um dia os homens mataram todas as mulheres e puseram as máscaras que as mulheres tinham inventado para aterrorizá-los.

Somente as meninas recém-nascidas se salvaram do extermínio. Enquanto elas cresciam, os assassinos lhes diziam e repetiam que servir aos homens era seu destino. Elas acreditaram. Também acreditaram suas filhas e as filhas de suas filhas.

(91 e 178)

O PODER

Nas terras onde nasce o rio Juruá, o Mesquinho era o dono do milho. Entregava assados os grãos, para que ninguém pudesse plantá-los.

Foi a lagartixa quem conseguiu roubar um grão cru. O Mesquinho agarrou-a e rasgou-lhe a boca e os dedos das mãos e dos pés; mas ela tinha sabido esconder o grãozinho atrás do último dente. Depois, a lagartixa cuspiu o grão cru na terra de todos. Os rasgões deixaram a lagartixa com essa boca enorme e esses dedos compridíssimos.

O Mesquinho era também dono do fogo. O papagaio chegou perto dele e se pôs a chorar aos gritos. O Mesquinho jogava no papagaio tudo o que tinha à mão e o papagaio esquivava os projéteis, até que viu que vinha um tição aceso. Então, agarrou-o em seu bico, que era enorme como o bico do tucano, e fugiu pelos ares. Voou perseguido por um manto de chispas. A brasa, avivada pelo vento, ia queimando seu bico; mas já havia chegado ao bosque quando o Mesquinho bateu seu tambor e desencadeou um dilúvio.

O papagaio conseguiu pôr o tição candente no buraco oco de uma árvore, deixou-o aos cuidados dos outros pássaros e saiu para molhar-se na chuva violenta. A água aliviou seus ardores. Em seu bico, que ficou curto e curvo, vê-se a marca branca da queimadura

Os pássaros protegeram com seus corpos o fogo roubado.

(59)

A guerra

Ao amanhecer, o chamado de uma corneta anunciou, na montanha, que era hora de arcos e zarabatanas.

Ao cair da noite, da aldeia não sobrava nada além de fumaça.

Um homem pôde deitar-se, imóvel, entre os mortos. Untou seu corpo com sangue e esperou. Foi o único sobrevivente da aldeia palawiyang.

Quando os inimigos se retiraram, esse homem se levantou. Contemplou seu mundo arrasado. Caminhou entre a gente que tinha partilhado com ele a fome e a comida. Buscou em vão alguma pessoa ou coisa que não tivesse sido aniquilada. Esse espantoso silêncio o aturdia. O cheiro de incêndio e sangue o enjoavam.

Sentiu asco, por estar vivo, e tornou a deitar-se entre os seus.

Com as primeiras luzes, chegaram os abutres. Nesse homem havia apenas névoa e vontade de dormir e deixar-se devorar.

Mas a filha do condor abriu passo entre os abutres que voavam em círculos. Bateu decidida as asas e lançou-se em picada.

Ele agarrou-se em suas patas e a filha do condor levou-o longe.

(51)

A festa

Andava um esquimó, arco na mão, perseguindo renas, quando uma águia surpreendeu-o pelas costas.

— Eu matei seus dois irmãos – disse a águia. – Se você quiser salvar-se, deve oferecer uma festa, lá em sua aldeia, para que todos cantem e dancem.

— Uma festa? O que significa cantar? E dançar, o que é?

— Venha comigo.

A águia mostrou-lhe uma festa. Tinha muita coisa boa para comer e beber. O tambor ressoava forte como o coração da velha mãe da águia, que batendo guiava seus filhos, de sua casa, através dos vastos gelos e montanhas. Os lobos, as raposas e os outros convidados dançaram e cantaram até que o sol raiou.

O caçador regressou à sua aldeia.

Muito tempo depois, soube que a velha mãe da águia e todos os velhos do mundo das águias estavam fortes e belos e velozes. Os seres humanos, que finalmente tinham aprendido a cantar e a dançar, haviam mandado, de longe, de suas festas, alegrias que davam calor ao sangue de todos os velhos do mundo das águias.

(174)

A consciência

Quando descem as águas do Orinoco, as piráguas traziam os caribes com seus machados de guerra.

Ninguém podia com os filhos do jaguar. Arrasavam as aldeias e faziam flautas com os ossos de suas vítimas.

Não temiam ninguém. Somente lhes dava pânico um fantasma que tinha brotado de seus próprios corações.

Ele os esperava, escondido atrás dos troncos. Ele rompia as pontes e colocava no caminho os cipós enredados que faziam com que eles tropeçassem. Viajava de noite; para despistá-los, pisava ao contrário. Estava no monte que se desprendia da rocha, no lodo que afundava debaixo de seus pés, na folha da planta venenosa e no roçar da aranha. Ele os derrubava soprando, metia-lhes a febre pela orelha e roubava-lhes a sombra.

Não era a dor, mas doía. Não era a morte, mas matava. Se chamava Kanaima e tinha nascido entre os vencedores para vingar os vencidos.

(51)

A cidade sagrada

Wiracocha, que tinha afugentado as sombras, ordenou ao sol que enviasse uma filha e um filho à terra, para iluminar o caminho aos cegos.

Os filhos do sol chegaram às margens do lago Titicaca e começaram a viagem pelas quebradas da cordilheira. Traziam um cajado. No lugar onde afundasse o primeiro golpe do cajado, fundariam um novo reino. Do tronco, atuariam como seu pai, que dá a luz, a claridade e o calor, derrama a chuva e o orvalho, empurra as colheitas, multiplica as manadas e não deixa passar nenhum dia sem visitar o mundo.

Por todas as partes tentaram enterrar o cajado de ouro. A terra recusava, e eles continuavam buscando.

Escalaram picos e atravessaram correntezas e planaltos. Tudo que seus pés tocavam, ia se transformando: faziam fecundas as terras áridas, secavam os pântanos e devolviam os rios a seus leitos. Na alvorada, eram escoltados pelos gansos, e pelos condores ao entardecer.

Por fim, junto ao monte Wanakauri, os filhos do sol enterraram o cajado. Quando a terra o tragou, um arco-íris ergueu-se no céu.

Então o primeiro dos incas disse à sua irmã e mulher:
– Convoquemos as pessoas.

Entre a cordilheira e o altiplano estava o vale coberto de arbustos. Ninguém tinha casa. As pessoas viviam em buracos e ao abrigo de rochedos, comendo raízes, e não sabiam tecer o algodão nem a lã para defender-se do frio.

Todos os seguiram. Todos acreditaram neles. Pelos fulgores das palavras e dos olhos, todos souberam que os filhos do sol não estavam mentindo, e os acompanharam até o lugar onde os esperava, sem ter ainda nascido, a grande cidade de Cuzco.

(76)

Os peregrinos

Os maias-quichés vieram; do oriente.

Quando recém-chegaram às novas terras, com seus deuses carregados nas costas, tiveram medo de que não houvesse amanhecer. Eles tinham deixado a alegria lá em Tulán e tinham ficado sem fôlego ao fim da longa e penosa travessia. Esperaram na beira do bosque de Izmachí, quietos, todos reunidos, sem que ninguém se sentasse ou deitasse para descansar. Mas passava o tempo e não acabava a negrura.

A luzinha anunciadora apareceu, finalmente, no céu.

Os quichés se abraçaram e dançaram; e depois, diz o livro sagrado, *o sol ergueu-se como um homem.*

Desde aquela vez, os quichés acodem, a cada fim de noite, a receber a alvorada e ver o nascimento do sol. Quando o sol está a ponto de aparecer, dizem:

– De lá viemos.

(188)

A terra prometida

Maldormidos, nus, machucados, caminharam noite e dia durante mais de dois séculos. Iam buscando o lugar onde a terra se estende entre juncos e taquaras.

Várias vezes se perderam, se dispersaram e tornaram a juntar-se. Foram virados pelos ventos e se arrastaram amarrando-se uns em outros, golpeando-se, empurrando-se; caíram de fome e se levantaram e novamente caíram e se levantaram. Na região dos vulcões, onde não cresce erva, comeram carne de répteis.

Traziam a bandeira e a capa do deus que tinha falado aos sacerdotes, durante o sono, e tinha prometido um reino de ouro e plumas de quetzal: *Sujeitareis de mar a mar todos os povos e cidades,* havia anunciado o deus, *e não será por feitiço, e sim por ânimo do coração e valentia dos braços.*

Quando se aproximaram da lagoa luminosa, debaixo do sol do meio-dia, os astecas choraram pela primeira vez. Ali estava a pequena ilha de barro: sobre o nopal, mais alto que os juncos e as palhas bravas, estendia a águia suas asas.

Ao vê-los chegar, a águia humilhou a cabeça. Estes párias, apinhados na margem da lagoa, imundos, trêmulos, eram os eleitos, os que em tempos remotos tinham nascido da boca dos deuses.

Huitzilopochtli deu-lhes as boas-vindas:

– Este é o lugar de nosso descanso e nossa grandeza – ressoou a voz. – mando que se chame Tenochtitlán a cidade que será rainha e senhora de todas as demais. México é aqui!

(60 e 210)

Os perigos

O que fez o sol e a lua avisou aos taínos que tomassem cuidado com os mortos.

Durante o dia os mortos se escondiam e comiam goiaba, mas pelas noites saíam a passear e desafiavam os vivos. Os mortos ofereciam combates e as mortas, amores. Na luta, desapareciam quando queriam; e no melhor do amor ficava o amante sem nada entre os braços. Antes de aceitar a luta contra um homem ou deitar-se junto a uma mulher, era preciso roçar-lhe o ventre com a mão, porque os mortos não têm umbigo.

O dono do céu também avisou aos taínos que tomassem muito mais cuidado ainda com gente vestida.

O chefe Cáicihu jejuou uma semana e foi digno de sua voz: Breve será o gozo da vida, anunciou o invisível, o que tem mãe mas não tem princípio: Os homens vestidos chegarão, dominarão e matarão.

(168)

A teia de aranha

Bebeágua, sacerdote dos sioux, sonhou que seres jamais vistos teciam uma enorme teia de aranha ao redor de sua aldeia. Despertou sabendo que assim seria, e disse aos seus: Quando essa estranha raça termine sua teia de aranha, nos trancará em casas cinzentas e quadradas, sobre terra estéril, e nessas casas morreremos de fome.

(152)

O profeta

Deitado na esteira, de boca para cima, o sacerdote-jaguar de Yucatán escutou a mensagem dos deuses. Eles falaram através do telhado, montados sobre sua casa, em um idioma que ninguém entendia.

Chilam Balam, que era boca dos deuses, recordou o que ainda não tinha acontecido:

– Dispersados serão pelo mando as mulheres que cantam e os homens que cantam e todos os que cantam... Ninguém se livrará, ninguém se salvará... Muita miséria haverá nos anos do império da cobiça. Os homens, escravos haverão de fazer-se. Triste estará o rosto do sol... Se despovoará o mando, se fará pequeno e humilhado...

(25)

Velho Novo Mundo

1492
O mar oceano

A ROTA DO SOL ATÉ AS ÍNDIAS

Estão os ares doces e suaves, como na primavera de Sevilha, e parece o mar um rio Guadalquivir, mas nem bem sobe a maré e se mareiam e vomitam, apinhados nos castelos de proa, os homens que sulcam, em três barquinhos remendados, o mar incógnito. Mar sem moldura. Homens, gotinhas ao vento. E se o mar não os amasse? Cai a noite sobre as caravelas. Onde os arrojará o vento? Salta a bordo um dourado, que vinha perseguindo um peixe-voador, e se multiplica o pânico. Não sente a marujada o saboroso aroma do mar um pouco picado, nem escuta a algazarra das gaivotas e dos alcatrazes que vêm do poente. No horizonte, começa o abismo? No horizonte, acaba o mar?

Olhos febris de marinheiros curtidos em mil viagens, ardentes olhos de presos arrancados dos cárceres da Andaluzia e embarcados à força: não veem os olhos esses reflexos anunciadores de ouro e prata na espuma das ondas, nem os pássaros de campo e rio que voam sem cessar sobre as naus, nem os juncos verdes e as ramagens forradas de caracóis que derivam atravessando o mangue. No fundo do abismo, arde o inferno? A que feras arrojarão os ventos alísios esses homenzinhos? Eles olham as estrelas, buscando Deus, mas o céu é tão inescrutável como este mar jamais navegado. Escutam que ruge o mar, la mare, mãe-mar, rouca voz que responde ao vento frases de condenação eterna, tambores do mistério soando lá das profundidades: se persignam e querem rezar e balbuciam: "Esta noite caímos do mundo, esta noite caímos do mundo".

(49)

1492
Guanahaní

Colombo

Cai de joelhos, chora, beija o solo. Avança, tremendo, porque leva mais de um mês dormindo pouco ou nada, e a golpes de espada derruba uns arbustos.

Depois, ergue o estandarte. De joelhos, os olhos no chão, pronuncia três vezes os nomes de Isabel e Fernando. Ao seu lado, a escrivão Rodrigo de Escobedo, homem de letra lenta, levanta a ata.

Tudo pertence, desde hoje, a esses reis distantes: o mar de corais, as areias, os rochedos verdíssimos de musgo, os bosques, os papagaios e esses homens de barro que não conhecem ainda a roupa, a culpa nem o dinheiro e que contemplam, atordoados, a cena.

Luis de Torres traduz para hebraico as perguntas de Cristóvão Colombo:

– Conheceis o Reino de Gran Kahn? De onde vem o ouro que levais pendurado nos narizes e orelhas?

Os homens nus olham para ele, boquiabertos, e o intérprete resolve tentar com o idioma caldeu, que conhece um pouco:

– Ouro? Templos? Palácios? Rei dos reis? Ouro?

E depois tenta em árabe, o pouco que sabe:

– Japão? China? Ouro?

O intérprete se desculpa frente a Colombo na língua de Castilha. Colombo amaldiçoa em genovês, e joga no chão as cartas-credenciais, escritas em latim e dirigidas ao Gran Kahn. Os homens nus assistem à cólera do forasteiro de cabelos vermelhos e pele crua, que veste capa de veludo e roupas de muita aparência.

Em seguida, correrá a voz pelas ilhas:

– Venham ver os homens que chegaram do céu! Tragam-lhes para comer e beber!

(49)

1493
Barcelona

Dia de glória

Anunciam as trombetas dos heraldos. Soam os sinos e os tambores rufam alegrias.

O Almirante, recém-retornado das Índias, sobe a escadaria de pedra e avança sobre o tapete carmesim, entre os brilhos de seda da Corte que o aplaude. O homem que realizou as profecias dos santos e dos sábios chega ao estrado, se ajoelha e beija as mãos da rainha e do rei.

Lá de trás, irrompem os troféus. Cintilam sobre as bandejas as peças de ouro que Colombo trocou por espelhinhos e bonés vermelhos nos remotos jardins que brotaram do mar.

Sobre ramagens e folhagens, desfilam as peles de lagartos e serpentes; e atrás entram, tremendo, chorando, seres jamais vistos. São os poucos que ainda sobrevivem ao resfriado, ao sarampo e ao asco pela comida e pelo mau cheiro dos cristãos. Não chegam nus, como estavam quando se aproximaram das três caravelas e foram presos. Acabam de ser cobertos por calças, camisas e uns quantos papagaios que puseram em suas mãos e sobre suas cabeças e ombros. Os papagaios, depenados pelos maus ventos da viagem, parecem tão moribundos como os homens. Das mulheres e crianças capturadas, não sobrou nenhuma.

Escutam-se murmúrios no salão. O ouro é pouco e em nenhum lado se vê pimenta-negra, ou noz-moscada, ou cravo, ou gengibre; e Colombo não trouxe sereias barbudas ou homens com rabo, desses que têm um olho só e um único pé, tão grande o pé que erguendo-o se protegem dos sóis violentos.

(44)

1493
Roma

O testamento de Adão

Na penumbra do Vaticano, cheirando a perfumes do Oriente, o papa dita uma nova bula.

Faz pouco tempo que Rodrigo Borgia, valenciano da aldeia de Xátiva, se chama Alexandre VI. Não passou ainda um ano desde que comprou, à vista, os sete votos que faltavam no Sagrado Colégio e pôde mudar a púrpura de cardeal pelo manto de arminho de Sumo Pontífice.

Mais horas dedica Alexandre VI a calcular o preço das indulgências que a meditar o mistério da Santíssima Trindade. Ninguém ignora que prefere as missas breves, salvo as que em sua alcova privada celebra, mascarado, o bufão Gabriellino, e todo mundo sabe que o novo papa é capaz de desviar a procissão de Corpus para que passe debaixo da varanda de uma mulher bonita.

Também é capaz de cortar o mundo como se fosse um frango: ergue a mão e traça uma fronteira, de cabo a rabo no planeta, através do mar incógnito. O procurador de Deus concede à perpetuidade tudo o que tenha sido descoberto ou se descubra, a oeste dessa linha, a Isabel de Castilha e a Fernando de Aragão e a seus herdeiros no trono espanhol. Encomenda-lhes que às ilhas e terras firmes encontradas ou por encontrar enviem homens bons, temerosos de Deus, doutos, sábios e experientes, para que instruam os naturais na fé católica e lhes ensinem bons modos. À coroa portuguesa pertencerá o que se descubra ao leste.

Angústia e euforia das velas abertas: Colombo já está preparando, na Andaluzia, sua segunda viagem para os rincões onde o ouro cresce em cachos nas parreiras e as pedras preciosas aguardam no crânio dos dragões.

(180)

1493
Huexotzingo

Onde está o verdadeiro, o que tem raiz?

Esta é a cidade da música, não a da guerra Huexotzingo, no vale de Tlaxcala. A três por dois, os astecas a assaltam, a ferem, arrancam dela prisioneiros para sacrificar ante seus deuses.

Tecayehautzin, rei de Huexotzingo, reuniu esta tarde os poetas de outras comarcas.

Nos jardins do palácio, conversam os poetas sobre as flores e os cantos que do interior do céu vêm à terra, região do momento fugaz, e que só perduram lá na casa do Doador da vida. Conversam e duvidam os poetas:

São por acaso verdadeiros os homens?
Será amanhã ainda verdadeiro
o nosso canto?

Sucedem-se as vozes. Quando cai a noite, o rei de Huexotzingo agradece e diz adeus:

Sabemos que são verdadeiros
os corações de nossos amigos.

(108)

1493
Pasto

Todos são contribuintes

Até estas remotas alturas, muito ao norte, chega o arrecadador do império dos incas.

Os índios quillacingas não têm nada para dar, mas neste vasto reinado todas as comunidades pagam tributos, em espécie ou em tempo de trabalho. Ninguém pode, por mais longe que esteja e por mais pobre que seja, esquecer quem manda.

Ao pé do vulcão, o chefe dos quillacingas se adianta e põe um cartucho de bambu nas mãos do enviado do Cuzco. O cartucho está cheio de piolhos vivos.

(53 e 150)

1493
Ilha de Santa Cruz

Uma experiência de Miquele de Cuneo, natural de Savona

A sombra das velas se alonga sobre o mar. Sargaços e medusas derivam, empurrados pelas ondas, até a costa.

Do castelo de popa de uma das caravelas, Colombo contempla as brancas praias onde plantou, uma vez mais, a cruz e a forca. Esta é sua segunda viagem. Quanto durará, não sabe; mas seu coração diz que tudo sairá bem, e como não vai acreditar no coração o Almirante? Será que ele não tem por costume medir a velocidade dos navios com a mão contra o peito, contando as batidas?

Debaixo da coberta de outra caravela, no camarote do capitão, uma moça mostra os dentes. Miquele de Cuneo busca os peitos dela, e ela o arranha e chuta, e uiva. Miquele recebeu-a há uns instantes. É um presente de Colombo.

Açoita-a com uma corda. Bate firme na cabeça e no ventre e nas pernas. Os uivos fazem-se gritos; os gritos, gemidos. Finalmente, escuta-se o ir e vir das gaivotas e o ranger da madeira que balança. De vez em quando uma garoa de ondas entra pela escotilha.

Miquele deita sobre o corpo ensanguentado e se remexe, arfa e força. O ar cheira a breu, a salitre, a suor. E então a moça, que parecia desmaiada ou morta, crava subitamente as unhas nas costas de Miquele, se enrosca em suas pernas e o fez rodar em um abraço feroz.

Muito depois, quando Miquele desperta, não sabe onde está nem o que aconteceu. Se desprende dela, lívido, e a afasta com um empurrão.

Zanzando, sobe à coberta. Aspira fundo a brisa do mar, com a boca aberta. E diz em voz alta, como se comprovasse:

– Estas índias são todas putas.

(181)

1495
Salamanca

A primeira palavra vinda da América

Elio Antonio de Nebrija, sábio em línguas, publicou aqui seu "Vocabulário espanhol-latino". O dicionário inclui o primeiro americanismo da língua castelhana:

Canoa: Nau de um tronco.

A nova palavra vem das Antilhas.

Essas barcas sem vela, nascidas de um tronco de ceiba, deram as boas-vindas a Cristóvão Colombo. Em canoas chegaram das ilhas remando, os homens de longos cabelos negros e corpos lavrados de signos vermelhos. Se aproximaram das caravelas, ofereceram água doce e trocaram ouro por pequenos discos de latão, desses que em Castilha valem um maravedi.

(49 e 154)

1495
A Isabela

Caonabó

Absorto, ausente, está o prisioneiro sentado na entrada da casa de Cristóvão Colombo. Tem grilhões de ferro nos tornozelos e as algemas agarram seus pulsos.

Canabó foi quem reduziu a cinzas o forte de Navidad, que o Almirante tinha levantado quando descobriu a ilha de Haiti. Incendiou o forte e matou seus ocupantes. E não só eles: nestes dois longos anos, castigou a flechadas todo espanhol que encontrou na sua comarca da serra de Cibao, por andar caçando ouro e gente.

Alonso de Ojeda, veterano das guerras contra os mouros, foi visitá-lo em plano de paz. Convidou-o a subir em seu cavalo e colocou-lhe essas algemas de metal polido que lhe atam as mãos, dizendo que essas eram as joias que usavam os reis de Castilha em seus bailes e festas.

Agora o cacique Caonabó passa os dias sentado junto à porta, com o olhar fixo na língua de luz que ao amanhecer invade o chão de terra e ao entardecer, pouco a pouco, se retira. Não move uma pestana quando Colombo passa por ali. Em compensação, quando aparece Ojeda, dá um jeito de levantar-se e cumprimenta com uma reverência o único homem que o venceu.

(103 e 158)

1496
A concepção

O sacrilégio

Bartolomé Colombo, irmão e lugar-tenente de Cristóvão, assiste ao incêndio de carne humana.

Seis homens estreiam o queimadouro do Haiti. A fumaça faz tossir. Os seis estão ardendo por castigo e vingança: afundaram na terra as imagens de Cristo e da Virgem que o frei Ramón Pané tinha deixado para sua proteção e consolo. Frei Ramón tinha ensinado a orar de joelhos, a dizer Ave-Maria e Paternoster e a invocar o nome de Jesus ante a tentação, as feridas e a morte.

Ninguém perguntou aos seis por que enterraram as imagens. Eles esperavam que os novos deuses fecundassem os plantios de milho, mandioca, batatas e feijão.

O fogo junta calor ao calor úmido, pegajoso, anunciador de chuva forte.

(103)

1498
São Domingos

O Paraíso Terrestre

Ao entardecer, nas margens do rio Ozama, Cristóvão Colombo escreve uma carta. Seu corpo range, atormentado pelo reumatismo, mas seu coração pula de alegria. O descobridor explica aos Reis Católicos *o que se mostra evidentíssimo*: o Paraíso Terrestre está no mamilo de uma teta de mulher.

Ele descobriu isso há um par de meses, quando suas caravelas entraram no golfo de Pária. Já vão os navios erguendo-se rumo ao céu suavemente... Navegando águas acima, rumo aonde o ar não pesa, Colombo chegou ao limite último do Oriente. Nestas terras, as mais formosas do mundo, os homens mostram astúcia, engenho e valentia, e as mulheres, belíssimas, usam por vestido seus longos cabelos e colares de muitas pérolas enroscados no corpo. A água, doce e clara, desperta a sede. Não castiga o inverno nem queima o verão; e a brisa acaricia o que toca. As árvores brindam fresca sombra e, ao alcance da mão, frutas de grande deleite, que chamam a fome.

Mas além desta verdura e desta formosura, não há navio que possa subir. Esta é a fronteira do Oriente. Ali se acabam as águas, as terras e as ilhas. Muito acima, muito longe, a Árvore da Vida abre sua vasta copa e brota a fonte dos quatro rios sagrados. Um deles é o Orinoco, *que não creio que se saiba no mundo de rio tão grande e tão fundo.*

O mundo não é redondo. O mundo é uma teta de mulher. O bico nasce no golfo de Pária e ascende até muito perto do céu. Na ponta, onde fluem os sucos do Paraíso, nenhum homem chegará jamais.

(50)

1948
Golfo de Pária

A língua do Paraíso

Os guaraos, que habitam os subúrbios do Paraíso Terrestre, chamam o arco-íris de serpente de colares e de mar de cima o céu. O raio é o *resplendor da chuva*. O amigo, *meu outro coração*. A alma, *o sol do peito*. A coruja, *o amo da noite escura*. Para dizer "bengala", dizem *neto contínuo*; e para dizer "perdoo", dizem *esqueço*.

(17)

1499
Granada

Quem são espanhóis?

As mesquitas continuam abertas em Granada, sete anos depois da rendição deste último reduto dos mouros na Espanha. É lento o avanço da cruz depois da vitória da espada. O arcebispo Cisneros decide que Cristo não pode esperar.

Mouros chamam os espanhóis cristãos aos espanhóis de cultura islâmica, que levam aqui oito séculos. Milhares e milhares de espanhóis de origem judia já foram condenados ao desterro. Aos *mouros* também será dado escolher entre o batismo e o exílio; e para os falsos convertidos ardem as fogueiras da Inquisição. A unidade da Espanha, desta Espanha que descobriu a América, não será o resultado da soma de suas partes.

Por ordem do arcebispo Cisneros, marcham para a prisão os sábios muçulmanos de Granada. Altas chamas devoram os livros islâmicos, religião e poesia, filosofia e ciência, exemplares únicos que guardavam a palavra de uma cultura que regou estas terras e nelas floresceu.

Do alto, os lavrados palácios da Alhambra são testemunhas mudas do avassalamento, enquanto as fontes não param de dar água aos jardins.

(64, 218 e 223)

1500
Florença

Leonardo

Acaba de voltar do mercado com várias gaiolas nas costas. Coloca-as na varanda, abre as portinhas e fogem os pássaros. Olha os pássaros perdendo-se no céu, bater de asas, alegrias, e depois senta-se para trabalhar.

O sol do meio-dia esquenta sua mão. Sobre o amplo papelão, Leonardo da Vinci desenha o mundo. E no mundo que Leonardo desenha, aparecem as terras que Colombo encontrou nos rumos do ocaso. O artista as inventa, como antes tinha inventado o avião, o tanque, o paraquedas e o submarino, e lhes dá forma como antes tinha encarnado o mistério das virgens e a paixão dos santos: imagina o corpo da América, que ainda não se chama assim e a desenha como terra nova e não como parte da Ásia.

Colombo, buscando o Levante, encontrou o Poente. Leonardo adivinha que o mundo cresceu.

(209)

1506
Valladolid

A QUINTA VIAGEM

Ontem à noite, ditou seu último testamento. Esta manhã perguntou se tinha chegado o mensageiro do rei. Depois, dormiu. Ouviram-no proferir disparates e murmúrios de queixa. Ainda respira, mas respira bronco, como se lutasse contra o ar.

Na Corte, ninguém escutou suas súplicas. Da terceira viagem tinha regressado preso, amarrado com correntes, e na quarta viagem não houvera quem fizesse caso de seus títulos e dignidades.

Cristóvão Colombo vai embora sabendo que não há paixão ou glória que não conduza à pena. Não sabe, em compensação, que poucos anos faltam para que o estandarte que ele cravou, pela primeira vez, nas areias do Caribe, ondule sobre o império dos astecas, em terras ainda desconhecidas, e sobre o reino dos incas, sob os desconhecidos céus do Cruzeiro do Sul. Não sabe que ficou curto em suas mentiras, promessas e delírios. O Almirante-Mor do Mar Oceano continua acreditando que chegou à Ásia pelas costas.

Não se chamará o oceano mar de Colombo. Tampouco levará seu nome o novo mundo, e sim o nome de seu amigo, o florentino Américo Vespúcio, navegante e mestre de pilotos. Mas foi Colombo quem encontrou essa deslumbrante cor que não existia no arco-íris europeu. Ele, cego, morre sem vê-la.

(12 e 166)

1506
Tenochtitlán

O Deus universal

Montezuma venceu em Teuctepec.

Nos adoratórios, ardem os fogos. Ressoam os tambores. Um atrás do outro, os prisioneiros sobem as arquibancadas até a pedra redonda do sacrifício. O sacerdote crava-lhes no peito o punhal de pedra, ergue o coração em uma das mãos e mostra-o ao sol que brota dos vulcões azuis.

A que deus oferece o sangue? O sol o exige, para nascer cada dia e viajar de um horizonte ao outro. Mas as ostentosas cerimônias da morte também servem a outro deus, que não aparece nos códices nem nas canções.

Se esse deus não reinasse sobre o mundo, não haveria escravos nem amos, nem vassalos, nem colônias. Os mercadores astecas não poderiam arrancar dos povos submetidos um diamante a troco de um feijão, nem trocar uma esmeralda por um grão de milho, nem ouro por guloseimas, nem cacau por pedras. Os carregadores não atravessariam a imensidão do império em longas filas, levando nas costas toneladas de tributos. O povo ousaria vestir túnicas de algodão e beberia chocolate e teria a audácia de mostrar proibidas plumas de quetzal e pulseiras de ouro e magnólias e orquídeas reservadas aos nobres. Cairiam, então, as máscaras que ocultam os rostos dos chefes guerreiros, o bico da águia, os dentes do tigre, os penachos de plumas que ondulam e brilham no ar.

Estão manchadas de sangue as escadarias do templo maior e os crânios se acumulam no centro da praça. Não somente para que se mova o sol, não: também para que esse deus secreto decida no lugar dos homens. Em homenagem ao mesmo deus, do outro lado do mar os inquisidores fritam os hereges nas fogueiras ou os retorcem nas câmaras de tormento. É o Deus do Medo. O Deus do Medo, que tem dentes de rato e asas de urubu.

(60)

1511
Rio Guauravo

Agüeynaba

Há três anos, o capitão Ponce de León chegou a esta ilha de Porto Rico em uma caravela. O chefe Agüeynaba abriu-lhe sua casa, ofereceu-lhe de comer e de beber, deu-lhe para escolher entre suas filhas e mostrou-lhe os rios de onde tiravam ouro. Outro presente foi seu nome. Juan Ponce de León passou a chamar-se Agüeynaba e Agüeynaba recebeu, em troca, o nome do conquistador.

Há três dias, o soldado Salcedo chegou, sozinho, na beira do rio Guarauvo. Os índios ofereceram-lhe os ombros para passá-lo. Ao chegar na metade do rio, deixaram-no cair e o esmagaram contra o fundo até que deixou de agitar as pernas. Depois, estenderam-no na erva.

Salcedo é agora uma bolota de carne avermelhada e crispada. Rapidamente apodrece ao sol, apertado pela armadura e acossado pelos bichos. Os índios olham para ele, tapando o nariz. Dia e noite pediram-lhe perdão, por via das dúvidas. Já não vale a pena. Os tambores transmitem a boa nova: *Os invasores não são imortais*.

Amanhã, estalará a sublevação. Agüeynaba a encabeçará. O chefe dos rebeldes tornará a chamar-se como antes. Recuperará seu nome, que foi usado para humilhar a sua gente.

– *Co-quí, co-quí* – chamam as rãs. Os tambores, que convocam para a luta, impedem que se escute seu cantado contraponto de cristais.

(1)

1511
Aymaco

Becerrillo

A insurreição dos caciques Agüeynaba e Mabodamaca foi esmagada e todos os prisioneiros marcharam para a morte.

O capitão Diego de Salazar descobre uma velha, escondida entre os arbustos, mas não a atravessa com a espada.

– Vamos – diz. – Leva esta carta ao governador, que está em Caparra.

A velha abre os olhos aos poucos. Tremendo, estende os dedos.

E se põe a caminhar. Caminha como menino pequeno, com o balançar de um ursinho, e leva o envelope como estandarte ou bandeira.

Quando a velha está à distância de um tiro de balestra, o capitão solta Becerrillo.

O governador Ponce de León ordenou que Becerrillo receba o dobro de salário que um soldado balestrero, por ser descobridor de emboscadas e caçador de índios. Não têm pior inimigo os índios de Porto Rico.

A rajada derruba a velha. Becerrillo, duras as orelhas, arregalados os olhos, a devorará de uma só vez.

– Senhor cachorro – suplica –, eu vou levar esta carta ao senhor governador.

Becerrillo não entende a língua do lugar, mas a velha mostra-lhe o envelope vazio.

– Não me faça mal, senhor cachorro.

Becerrillo cheira o envelope. Dá umas voltas em torno deste saco de ossinhos trêmulos que geme palavras, levanta uma pata e mija.

(166)

1511
Yara

Hatuey

Nestas ilhas, nestes humilhadeiros, são muitos os que escolhem sua morte, enforcando-se ou bebendo veneno junto aos seus filhos. Os invasores não podem evitar essa vingança, mas sabem explicá-la: os índios, *tão selvagens que pensam que tudo é comum,* dirá Oviedo, são gente *de natural ociosa e viciosa, e de pouco trabalho... Muitos deles por ser passatempo, se mataram com peçonha para não trabalhar, e outros se enforcaram com suas próprias mãos.*

Hatuey, chefe índio da região da Guahaba, não se suicidou. Em canoa fugiu do Haiti, junto aos seus, e se refugiou nas covas e montes do oriente de Cuba.

Ali apontou uma cesta cheia de ouro e disse:

– Este é o deus dos cristãos. Por causa dele nos perseguem. Por ele morreram nossos pais e nossos irmãos. Bailemos para ele. Se nossa dança o agradar, este deus mandará que não nos maltratem.

É agarrado três meses depois.

E amarrado em um pau.

Antes de acender o fogo que o reduzirá a carvão e cinza, um sacerdote promete-lhe glória e eterno descanso se aceitar batizar-se. Hatuey pergunta:

– Nesse céu estão os cristãos?

– Sim.

Hatuey escolhe o inferno e a lenha começa a crepitar.

(102, 103 e 166)

1511
São Domingos

O primeiro protesto

Na igreja de troncos e teto de palmeira, Antonio de Montesinos, frei dominicano, está jorrando trovões pela boca. Do púlpito, denuncia o extermínio:

— *Com que direito e com que justiça tens os índios em tão cruel e horrível servidão? Acaso não morrem, ou para dizer melhor, os matam, para tirar ouro cada dia? Não estais obrigados a amá-los como a vós mesmos? Isto não entendeis, isto não sentis?*

Depois Montesinos abre caminho, a cabeça alta, entre a multidão atônita.

Cresce um murmúrio de fúria.

Não esperavam isso os lavradores da Extremadura e os pastores da Andaluzia que mentiram seus nomes e suas histórias e com um arcabuz enferrujado a tiracolo partiram, à sorte, em busca das montanhas de ouro e das princesas nuas deste lado do mar. Necessitavam uma missa de perdão e consolo os aventureiros comprados com promessas nas escadarias da catedral de Sevilha, os capitães comidos pelas pulgas, veteranos de nenhuma batalha, e os condenados que tiveram de escolher entre a América e o cárcere ou a forca.

— Será denunciado ante o rei Fernando! Será expulso!

Um homem, atordoado, cala. Chegou a estas terras há nove anos. Dono de índios, de veios de ouro e de sementeiras, fez boa fortuna. Se chama Bartolomé de las Casas e em breve será o primeiro sacerdote ordenado no Novo Mundo.

(103)

1513
Cuareca

Leoncico

Lutam os músculos para romper a pele. Jamais se apagam os olhos amarelos. Bufam. Mordem o ar. Não há corrente que os aguente quando recebem a ordem de ataque.

Esta noite, por ordem do capitão Balboa, os cães cravarão seus dentes na carne nua de cinquenta índios do Panamá. Destriparão e devorarão cinquenta rebeldes do nefando pecado da sodomia, que para ser mulheres só lhes faltam tetas e parir. O espetáculo terá lugar nesta clareira do monte, entre as árvores que o vendaval de dias atrás arrancou pela raiz. Os soldados disputam os melhores lugares à luz das tochas.

Vasco Núñez de Balboa preside a cerimônia. Seu cão, Leoncico, encabeça os vingadores de Deus. Leoncico, filho de Becerrillo, tem o corpo cruzado de cicatrizes. É mestre em capturas e esquartejamentos. Recebe soldo de alferes e ganha sua parte de ouro e escravos em cada presa de guerra, ouro e escravos.

Faltam dois dias para que Balboa descubra o oceano Pacífico.

(81 e 166)

1513
Golfo de San Miguel

Balboa

Com a água pela cintura, ergue a espada e grita aos quatro ventos.

Atrás, seus homens cravam uma imensa cruz na areia. O escrivão Valderrábano estampa em uma ata os nomes dos que acabam de descobrir o novo mar e o padre Andrés entoa *o Te Deam Laudamus*.

Balboa se despoja de seus quinze quilos de armadura, lança longe a espada e mergulha.

Brinca na água e se deixa arrastar pelas ondas, bêbado de uma alegria que não sentirá outra vez. O mar se abre para ele e o abraça e o acalanta e Balboa gostaria de bebê-lo até deixá-lo seco.

(142)

1514
Rio Sinú

O REQUERIMENTO

Navegaram muito mar e tempo e estão fartos de calores, selvas e mosquitos. Cumprem, mesmo assim, as instruções do rei: não se pode atacar os índios sem requerer, antes, sua submissão. Santo Agostinho autoriza a guerra contra os que abusam de sua liberdade, porque em sua liberdade perigariam não sendo domados; mas bem diz São Isidoro que nenhuma guerra é justa sem prévia declaração.

Antes de lançar-se sobre o ouro, os grãos de ouro talvez grandes como ovos, o advogado Martin Fernández de Enciso lê com pontos e vírgulas o ultimato que o intérprete, aos tropeços, demorando-se na entregas vai traduzindo.

Enciso fala em nome do rei don Fernando e da rainha dona Juana sua filha, domadores das gentes bárbaras. Faz saber aos índios do Sinú que Deus veio ao mundo e deixou em seu lugar São Pedro, que São Pedro tem por sucessor o Santo Padre e que o Santo Padre, Senhor do Universo, fez mercê ao rei de Castilha de toda a terra das Índias e desta península.

Os soldados se assam nas armaduras. Enciso, letra miúda e sílaba lenta, requer dos índios que deixem estas terras, pois não lhes pertencem, e adverte que se quiserem ficar para viver aqui, que paguem a Suas Altezas tributo de ouro em sinal de obediência. O intérprete faz o que pode.

Os dois caciques escutam em silêncio, sem pestanejar, o estranho personagem que lhes anuncia que em caso de negativa ou demora lhes fará a guerra, e que os converterá em escravos e também suas mulheres e seus filhos e como tais os venderá e disporá deles, e que as mortes e danos desta guerra justa não serão culpa dos espanhóis.

Respondem os caciques, sem olhar para Enciso, que muito generoso com o alheio foi o Santo Padre, que bêbado devia estar quando dispôs do que não era seu, e que o rei de Castilha é um atrevido, porque vem ameaçar a quem não conhece.

Então, corre o sangue.

De agora em diante, o longo discurso será lido em plena noite, sem intérprete e a meia légua das aldeias que serão arrasadas de surpresa. Os indígenas, adormecidos, não escutarão as palavras que os declaram culpados pelos crimes cometidos contra eles.

(78, 81 e 166)

1514
Santa Maria do Darién

Por amor às frutas

Gonzalo Fernández de Oviedo, recém-chegado, prova as frutas do Novo Mundo.

A goiaba lhe parece muito superior à maçã.

A fruta-de-conde é formosa e oferece uma polpa branca, aguada, de muito temperado sabor, que por muito que se coma não causa dano nem empanturra.

O *mamey* tem um sabor de lamber os lábios e cheira muito bem. *Não existe nada melhor*, opina.

Mas morde uma nêspera e lhe invade a cabeça um aroma que nem o almíscar iguala. *A nêspera é a melhor fruta*, corrige, *e não se acha coisa que se lhe possa comparar.*

Descasca, então, um abacaxi. O dourado abacaxi cheira como gostariam de cheirar os pêssegos e é capaz de abrir o apetite de quem já nem lembra a vontade de comer. Oviedo não conhece palavras que mereçam dizer suas virtudes. Se alegram seus olhos, seu nariz, seus dedos, sua língua. *Esta supera todas*, sentencia, *como as plumas do pavão real resplandecem sobre as de qualquer ave.*

(166)

1515
Amberes

Utopia

As aventuras do Novo Mundo fazem ferver as tabernas deste porto flamengo. Uma noite de verão, frente ao cais, Thomas Morus conhece ou inventa Rafael Hithloday, marinheiro das naves de Américo Vespúcio, que diz que descobriu a ilha da Utopia em alguma costa da América.

Conta o navegante que em Utopia não existe o dinheiro nem a propriedade privada. Ali se fomenta o desprezo pelo ouro e pelo consumo supérfluo e ninguém se veste com ostentação. Cada um entrega aos armazéns públicos o fruto de seu trabalho e livremente apanha o que necessita. Se planeja a economia. Não existe egoísmo, que é filho do temor, nem se conhece a fome. O povo escolhe o príncipe e pelo povo ele pode ser deposto; também elege os sacerdotes. Os habitantes de Utopia abominam as guerras e suas honras, embora defendam ferozmente suas fronteiras. Professam uma religião que não ofende a razão e que rejeita as mortificações inúteis e as conversões forçadas. As leis permitem o divórcio mas castigam severamente as traições conjugais, e obrigam a trabalhar seis horas por dia. Divide-se o trabalho e o descanso; divide-se a mesa. A comunidade se encarrega das crianças enquanto seus pais estão ocupados. Os doentes recebem tratamento privilegiado; a eutanásia evita as longas agonias doloridas. Os jardins e as hortas ocupam o maior espaço e em todas as partes soa a música.

(146)

1519
Frankfurt

Carlos V

Faz meio século que morreu Gutenberg e as tipografias se multiplicam em toda Europa: editam a Bíblia em letras góticas e em números góticos as cotizações do ouro e da prata. O monarca devora homens e os homens cagam moedas de ouro no Jardim das Delícias de Hieronymus Bosch; e Michelangelo, enquanto pinta e esculpe seus atléticos santos e profetas, escreve: O sangue de Cristo é vendido em colheradas. Tudo tem preço: o trono do papa e a coroa dos reis, o capelo dos cardeais e a mitra dos bispos. Compram-se indulgências, excomunhões e títulos de nobreza. A Igreja considera pecado emprestar a juros, mas o Santo Padre hipoteca aos banqueiros as terras do Vaticano; e nas margens do Reno se oferece ao melhor pagador a coroa do Santo Império.

Três candidatos disputam a herança de Carlos Magno. Os príncipes eleitores juram pela pureza de seus votos e a limpeza de suas mãos e se pronunciam ao meio-dia, hora do Angelus: vendem a coroa da Europa ao rei da Espanha, Carlos I, filho do sedutor e da louca e neto dos Reis Católicos, a troco de oitocentos e cinquenta mil florins que põem sobre a mesa os banqueiros alemães Függer e Wesler.

Carlos I se transforma em Carlos V, imperador da Espanha, Alemanha, Áustria, Nápoles, Sicília, os Países Baixos e o imenso Novo Mundo, defensor da fé católica e vigário guerreiro de Deus na terra.

Enquanto isso, os muçulmanos ameaçam as fronteiras e Martinho Lutero prega a marteladas, na porta de uma igreja de Wittemberg, suas desafiantes heresias. Um príncipe deve ter a guerra como único objetivo e pensamento, escreve Maquiavel. Aos dezenove anos, o novo monarca é o homem mais poderoso da história. De joelhos, beija a espada.

(116, 209 e 218)

1519
Acla

Pedrárias

Ruído de mar e de tambores. Caiu a noite, mas há uma lua que ilumina tudo. Ao redor da praça, pendem espigas e peixes secos dos tetos de palha.

Chega Balboa, acorrentado, atadas as mãos nas costas. O desamarram. Balboa fuma o último charuto. Sem dizer palavra, coloca o pescoço no tronco. O verdugo ergue o machado.

De sua casa, Pedro Árias de Ávila olha, furtivo, através das taquaras da parede. Está sentado no ataúde que trouxe da Espanha. Usa o ataúde como poltrona ou mesa e uma vez por ano o cobre de velas, durante o réquiem que ano a ano celebra sua ressurreição. Chamaram-no de Pedrárias o Enterrado, desde que se ergueu deste ataúde, envolto em um sudário, enquanto as monjas cantavam o ofício de defuntos e choravam sem parar as suas parentas. Antes tinha sido chamado de Pedrárias o Galã, por ser invencível nos torneios, nas batalhas e nos amores; e agora, embora ande já perto dos oitenta anos, merece o nome de Furor Dómine. Quando Pedrárias acorda sacudindo a melena branca porque na noite anterior perdeu cem índios nos dados, mais vale fugir do seu olhar.

Desde que pisou estas praias, Pedrárias desconfiou de Balboa. Por ser Balboa seu genro, não o mata sem julgamento prévio. Por aqui não sobram os letrados; de maneira que o juiz serviu também de advogado e promotor. Foi longo o processo.

A cabeça de Balboa rola na areia.

Foi Balboa quem fundou este povoado de Acla, entre as árvores torcidas pelos ventos, e o dia em que Acla nasceu, um pássaro negro lançou-se em rasante, lá de além das nuvens, e arrancou o capacete de aço de Balboa e afastou-se grasnindo.

Aqui estava construindo Balboa, peça por peça, os bergantins que o lançariam a explorar o novo mar que tinha descoberto.

O verdugo o fará. Fundará uma empresa de conquista e Pedrárias será seu sócio. O verdugo, que veio com Colombo na última viagem, será marquês com vinte mil vassalos nos misteriosos reinos do sul. Se chama Francisco Pizarro.

(81 e 142)

1519
Tenochtitlán

Presságios do fogo, da água, da terra e do ar

Um dia já distante, os magos voaram até a gruta da mãe do deus da guerra. A bruxa que levava oito séculos sem lavar-se, não sorriu nem cumprimentou. Aceitou, sem agradecer, as oferendas, mantas, peles, plumas, e escutou com uma careta as notícias. *México*, informaram os magos, *é senhora e rainha, e todas as cidades estão aos seus mandados*. A velha grunhiu seu único comentário: *Os astecas derrubaram os outros, disse, e outros virão que derrubarão os astecas*.

Passou o tempo.

Há dez anos, se sucedem os signos.

Uma fogueira esteve gotejando fogo, do centro do céu, durante toda uma noite.

Um súbito fogo de três caudas ergueu-se do horizonte e voou de encontro ao sol.

Se suicidou a casa do deus da guerra, se incendiou a si mesma: lhe arrojavam cântaros de água e a água avivava as chamas.

Outro templo foi queimado por um raio, uma tarde em que não havia tormenta.

A lagoa onde tem seu assento a cidade, se fez caldeira que fervia. As águas se levantaram, candentes, altas de fúria, e levaram as casas e arrancaram até os alicerces.

As redes dos pescadores ergueram um pássaro cor de cinza misturado aos peixes. Na cabeça do pássaro, havia um espelho redondo. O imperador Montezuma viu avançar, no espelho, um exército que corria sobre patas de veados e escutou os seus gritos de guerra. Depois, foram castigados os magos que não souberam ler o espelho nem tiveram olhos para ver os monstros de duas cabeças que acossavam, implacáveis, o sono e a vigília de Montezuma. O imperador encerrou os magos em jaulas e condenou-os a morrer de fome.

Cada noite, os alaridos de uma mulher invisível sobressaltam a todos os que dormem em Tenochtitlán e em Tlatelolco. *Filhinhos meus*, grita, *pois já temos de ir-nos longe*! Não há parede que não atravesse o pranto dessa mulher. *Aonde iremos, filhinhos meus*?

(60 e 210)

1519
Cempoala

Cortez

Crepúsculo das altas chamas na costa de Veracruz. Onde naus estão ardendo e ardem os soldados rebeldes pendurados das traves de madeira da nau capitã. Enquanto abre sua bocarra o mar devorando as fogueiras, Hernán Cortez, de pé sobre a areia aperta o pomo de sua espada e descobre a cabeça.

Não só as naves e os enforcados foram a pique. Já não haverá regresso; nem mais vida que a que nascida a partir de agora, traga consigo o ouro e a glória ou o abutre da derrota. Na praia de Veracruz afundaram os sonhos dos que bem que gostariam de voltar a Cuba, para dormir a sesta colonial em redes tecidas, envolvidos em cabeleiras de mulher e fumaça de charuto: o mar conduz ao passado e à terra, ao perigo. Em lombo de cavalo irão os que puderam pagá-lo, os demais irão a pé: setecentos homens México adentro, até as serras e os vulcões e o mistério de Montezuma.

Cortez ajusta seu chapéu de plumas e dá as costas às chamas. De um galope chega ao casario indígena de Cempoala, enquanto cai a noite. Não diz nada à tropa. Logo ficarão sabendo.

Bebe vinho, sozinho em sua tenda. Talvez pense nos homens que matou sem confissão ou nas mulheres que penetrou sem boda desde seus dias de estudante em Salamanca, que tão remotos parecem, ou em seus perdidos anos de burocrata nas Antilhas, durante o tempo de espera. Talvez pense no governador Diego Velázquez, que estará tremendo de fúria em Santiago de Cuba. Com certeza sorri, ao pensar neste dormilão boboca, cujas ordens nunca mais obedecerá; ou na surpresa que espera os soldados que está escutando amaldiçoar nas rodas de dados e baralho do acampamento.

Algo disso anda em sua cabeça, ou talvez a fascinação e o pânico dos dias que estão por vir; e então ergue o olhar, a vê na porta e à contraluz a reconhece. Se chamava Malinali ou Malinche quando o cacique de Tabasco deu-a de presente a ele. Faz uma semana que se chama Marina.

Cortez lhe diz umas quantas palavras enquanto ela, imóvel, espera. Depois, sem um gesto, a moça desata os cabelos e a roupa. Um redemoinho de tecidos coloridos cai entre seus pés despidos e ele cala quando o corpo dela aparece e resplandece.

A poucos passos dali, o soldado Bernal Díaz del Castillo escreve, à luz da lua, a crônica da jornada. Usa como mesa um tambor.

(54 e 62)

1519
Tenochtitlán

Montezuma

Grandes montanhas chegaram, movendo-se pelo mar, até a costa de Yucatán. O deus Quetzalcóatl está de volta. Os índios beijam as proas dos barcos.

O imperador Montezuma desconfia de sua sombra.

– O que farei? Onde me esconderei?

Montezuma quisera converter-se em pedra ou pau. Os bufões da Corte não conseguem distraí-lo. Quetzalcóatl, o deus barbudo, o que tinha emprestado a terra e as bonitas canções, veio a exigir o que lhe pertence.

Nos antigos tempos, Quetzalcóatl tinha ido para o oriente, depois de queimar sua casa de ouro e sua casa de coral. Os mais belos pássaros voaram abrindo-lhe caminho. Faz-se ao mar em uma balsa de serpentes e se perdeu de vista navegando rumo ao amanhecer. De lá, regressa agora. O deus barbudo, a serpente emplumada, voltou com fome.

Trepida o solo. Nos caldeirões, bailam os pássaros enquanto são fervidos. *Ninguém haverá de ficar*, havia pressentido o profeta. *Ninguém, ninguém, ninguém de verdade vive na terra.*

Montezuma enviou grandes oferendas de ouro ao deus Quetzalcóatl, capacetes cheios de pó de ouro, patos de ouro, cães de ouro, tigres de ouro, colares e varas e arcos e flechas de ouro, mas quanto mais ouro come o deus, mais ouro deseja; e ansioso avança para Tenochtitlán. Marcha entre os grandes vulcões e atrás dele vêm outros deuses barbudos. Das mãos dos invasores brotam trovões que atordoam e fogos que matam.

– O que farei? Onde irei me meter?

Montezuma vive com a cabeça escondida entre as mãos.

Há dois anos, quando já se haviam multiplicado os presságios do regresso e da vingança, Montezuma enviou seus magos à gruta de Huémac, o rei dos mortos. Os magos desceram às profundidades de Chapultepec, acompanhados por uma comitiva de anões e corcundas, e entregaram a Huémac, enviada pelo imperador, uma oferenda de peles de presos recém-pelados. Huémac mandou dizer a Montezuma:

– Não tenha ilusões. Aqui não há descanso nem alegria.

Ordenou-lhe um jejum de manjares e dormir sem mulher.

Montezuma obedeceu. Fez penitência longa. Os eunucos trancaram a pedra e pau as habitações de suas esposas e os cozinheiros esqueceram seus pratos preferidos.

Mas então foi pior. Os corvos da angústia se precipitaram sobre ele. Montezuma perdeu o amparo de Tlazoltéotl, a deusa do amor que é também a deusa da merda, a que come nossa porcaria para que o amor seja possível; e assim a alma do imperador se inundou, em solidão, de lixo e negrura. Enviou novos mensageiros a Huémac, uma e outra vez, carregados de súplicas e presentes, até que no fim o rei dos mortos prometeu-lhe uma audiência.

Na noite combinada, Montezuma foi ao encontro. A barca deslizou até Chapultepec. O imperador ia em pé na proa, e a névoa da lagoa abria caminho a seu radiante penacho de plumas de flamingo.

Pouco antes de chegar ao pé do morro, Montezuma escutou um rumor de remos. Uma canoa irrompeu, veloz, e alguém resplandeceu por um instante na bruma negra, ia despido e solitário na canoa e erguia o remo como uma lança.

– És tu, Huémac?

O da canoa aproximou-se até quase roçá-lo. Olhou os olhos do imperador, como ninguém pode. Disse a ele: "Covarde". E desapareceu.

(60, 200 e 210)

1519
Tenochtitlán

A capital dos astecas

Mudos de tanta beleza, os conquistadores cavalgam pela estrada. Tenochtitlán parece arrancada das páginas de Amadís, *coisas nunca ouvidas nem vistas nem mesmo sonhadas...* O sol se ergue atrás dos vulcões, entra na lagoa e rompe em fiapos a névoa que flutua. A cidade, ruas, açudes, templos de altas torres, se abre e fulgura. Uma multidão sai para receber os invasores, em silêncio e sem pressa, enquanto infinitas canoas abrem sulcos nas águas de cobalto.

Montezuma chega em liteira, sentado em suave pele de jaguar, debaixo de um pálio de ouro, pérolas e plumas verdes. Os senhores do reino vão varrendo o solo que ele pisará.

Ele dá as boas-vindas ao deus Quetzalcóatl:

– *Vieste sentar em teu trono* – diz. – *Vieste entre nuvens entre névoas. Não te vejo em sonhos não estou sonhando. Chegaste à tua terra...*

Os que acompanham Quetzalcóatl recebem grinaldas de magnólias, rosas e girassóis, colares de flores nos pescoços, nos braços, nos peitos: a flor do escudo e a flor do coração, a flor de bom aroma e a muito amarela.

Quetzalcóatl nasceu em Extremadura e desembarcou em terras da América com uma trouxinha de roupas ao ombro e um par de moedas no bolso. Tinha dezenove anos quando pisou as pedras do cais de São Domingos e perguntou: *Onde está o ouro?* Agora cumpriu trinta e quatro e é capitão de grande ventura. Veste armadura de ferro negro e conduz um exército de ginetes, lanceiros, balestreiros, escopeteiros e cães ferozes. Prometeu aos seus soldados: *Eu vos farei, em tempo muito breve, os mais ricos homens de quantos jamais hajam passado às Índias.*

O imperador Montezuma, que abre as portas de Tenochtitlán, acabará logo. Daqui a pouco será chamado mulher dos espanhóis e morrerá das pedradas de sua gente. O jovem Cuauhtémoc ocupará seu lugar. Ele lutará.

(60 e 62)

Canto asteca do escudo

Sobre o escudo, a virgem deu à luz
o grande guerreiro.
Sobre o escudo, a virgem deu à luz
o grande guerreiro.

Na montanha da serpente o vencedor.
Entre montanhas,
com pinturas de guerra
e com escudo de águia.

Ninguém, é verdade, pode fazer-lhe frente.
A terra se pôs a dar voltas
quando ele se pintou de guerra
e ergueu o escudo.

(77)

1520
Teocalhueyacan

"A Noite Triste"

Hernán Cortez passa em revista os poucos sobreviventes de seu exército, enquanto a Malinche costura as bandeiras rotas.

Tenochtitlán ficou para trás. Atrás ficou a coluna de fumaça que jorrou pela boca do vulcão Popocatépetl, como dizendo adeus, e não havia vento que pudesse torcê-la.

Os astecas recuperaram sua cidade. Os tetos se eriçaram de arcos e lanças e a lagoa se cobriu de canoas em luta. Os conquistadores fugiram em debandada perseguidos por uma tempestade de flechas e pedras, enquanto atordoavam a noite os tambores de guerra, os alaridos e as maldições.

Estes feridos, estes mutilados, estes moribundos que Cortez está contando agora se salvaram passando por cima dos cadáveres que serviam de ponte: cruzaram para a outra margem pisando cavalos que tinham escorregado e afundado e soldados mortos a flechadas e pedradas ou afogados pelo peso dos alforjes cheios de ouro que não se resignavam a abandonar.

(62 e 200)

1520
Segura de la Frontera

A distribuição da riqueza

Murmura-se e luta-se no acampamento dos espanhóis. Os soldados não têm mais remédio que entregar as barras de ouro salvas do desastre. Quem esconda algo, será enforcado.

As barras provêm das obras dos ourives e dos escultores do México. Antes de converter-se em presa de guerra e fundir-se em lingotes, este ouro foi serpente a ponto de morder, tigre a ponto de saltar, águia a ponto de voar ou punhal que serpenteia e corre como Cortez explica que este ouro não é mais que gotinhas comparado com o que os espera. Retira a quinta parte para o rei, outra quinta parte para ele, mais o que cabe ao seu pai e ao cavalo que morreu, e entrega aos capitães quase todo o resto. Pouco ou nada recebem os soldados, que lamberam este ouro, o morderam, o pesaram na palma da mão, dormiram com ele debaixo da cabeça e contaram a ele seus sonhos de vingança.

Enquanto isso, o ferro em brasa marca a cara dos escravos índios recém-capturados em Tepeaca e Huaquechula.

O ar cheira à carne queimada.

(62 e 205)

1520
Bruxelas

Dürer

Estas coisas desprenderam-se do sol, como os homens e as mulheres que as fizeram e a distante terra que pisam.

São capacetes e cintos, leques de plumas, vestidos, mantas, armas de caça, um sol de ouro e uma lua de prata e zarabatanas e outras armas de tanta formosura que parecem feitas para ressuscitar suas vítimas.

O melhor desenhista de todos os tempos não se cansa de olhar. Esta é uma parte da presa de guerra que Cortez arrancou de Montezuma: as únicas peças que não foram fundidas em lingotes. O rei Carlos, recém-sentado no trono do Sagrado Império, exibe ao público os troféus de seus novos pedaços do mundo.

Albert Dürer não conhece o poema mexicano que explica que o verdadeiro artista encontra prazer em seu trabalho e que dialoga com seu coração porque não tem o coração morto e comido pelas formigas. Mas vendo o que vê, Dürer escuta essas palavras e descobre que está vivendo a maior alegria de seu meio século de vida.

(108)

1520
Tlaxcala

Rumo à reconquista de Tenochtitlán

Pouco falta para que termine o ano. Nem bem apareça o sol, Cortez dará a ordem de partir. Suas tropas, pulverizadas pelos astecas, reconstruíram-se em poucos meses, ao amparo dos índios aliados de Tlaxcala, Huexotzingo e Texcoco. Um exército de cinquenta mil nativos obedece suas ordens e novos soldados vieram da Espanha, de São Domingos e de Cuba, recém-providos de cavalos, arcabuzes, balestras e canhões. Para lutar na água, quando chegue na lagoa, Cortez disporá de velas, ferros e mastros para armar treze bergantins. Os de Huexotzingo darão a madeira.

Com as primeiras luzes, aparece ao longe a serra de vulcões. Mais além, brotada das águas prodigiosas, espera, desafiante, Tenochtitlán.

(54)

1521
Tlatelolco

A espada de fogo

O sangue corre como água e está ácida de sangue a água de beber. De comer, não resta mais que terra. Luta-se casa por casa, sobre as ruínas e os mortos, de dia e de noite. Já vão três meses de batalha sem tréguas. Só se respira pólvora e náuseas de cadáver; mas ainda ressoam os atabaques e os tambores nas últimas torres e os guisos de cascavel nos tornozelos dos últimos guerreiros. Não cessaram ainda os alaridos e as canções que dão força. As últimas mulheres empunham o machado de quem caiu.

O imperador Cuauhtémoc chama o melhor de seus capitães. Coroa sua cabeça com a coruja de longas plumas, e em sua mão direita coloca a espada de fogo. Com esta espada na mão, o deus da guerra saiu do ventre da mãe, lá no mais remoto dos tempos. Com esta serpente de raios de sol, Huitzilopochtli tinha decapitado sua irmã, a lua, e tinha despedaçado seus quatrocentos irmãos as estrelas, porque não queriam deixá-lo nascer.

Cuauhtémoc ordena:

– *Que a vejam nossos inimigos e que fiquem assombrados.*

A espada de fogo abre seu próprio caminho. O capitão escolhido avança, sozinho, através da fumaça e dos escombros.

É derrubado por um disparo de arcabuz.

(60, 107 e 200)

1521
Tenochtitlán

O mundo está calado e chove

De repente, de um só golpe, acabam-se os gritos e os tambores. Homens e deuses foram derrotados. Mortos os deuses, morreu o tempo. Mortos os homens, a cidade morreu. Morreu em sua lei esta cidade de guerra, a dos salgueiros brancos e brancos juncos. Já não virão para render-lhe tributo, em barcas através da névoa, os príncipes vencidos de todas as comarcas.

Reina um silêncio que atordoa. E chove. O céu relampagueia e troa e durante toda a noite chove.

Se empilha o ouro em grandes cestas. Ouro dos escudos e das insígnias de guerra, ouro das máscaras dos deuses, penduricalhos de lábios e orelhas. Pesa-se o ouro e cotizam-se os prisioneiros. *De um pobre é o preço, apenas, dois punhados de milho...* Os soldados armam rodas de dados e baralhos.

O fogo vai queimando as plantas dos pés do imperador Cuauhtémoc, untadas de azeite, enquanto o mundo está calado e chove.

(60, 67 e 200)

1521
La Florida

Ponce de León

Estava velho, ou se sentia. O tempo não seria suficiente, nem aguentaria o cansado coração. Juan Ponce de León queria descobrir e conquistar o mundo invicto que as ilhas da Flórida tinham anunciado para ele. Pela grandeza de suas façanhas, queria deixar anã a lembrança de Cristóvão Colombo.

Aqui desembarcou, perseguindo o rio mágico que atravessa o jardim das delícias. No lugar da fonte da juventude, encontrou esta flecha que lhe atravessa o peito. Nunca se banhará nas águas que devolvem o brio dos músculos e o brilho dos olhos sem apagar a experiência da alma sábia.

Os soldados o levam, nos braços, até o navio. O vencido capitão murmura queixas de recém-nascido, mas sua idade continua sendo muita e ainda avança. Quem o carrega comprova, sem assombro, que aqui teve lugar uma nova derrota na contínua luta do sempre contra o jamais.

(166)

1522
Caminhos de São Domingos

Pés

A rebelião, primeira rebelião de escravos negros na América, foi esmagada. Tinha surgido nos engenhos de açúcar de Diego Colón o filho do descobridor. Em engenhos e plantações de toda a ilha o incêndio se propagara. Se alçaram todos os negros e os poucos índios que tinham sobrevivido, armados de pedras e paus e lanças de taquara que se quebraram, furiosas, inúteis, contra as armaduras.

Das forças, esparramadas pelos caminhos, pendem agora mulheres e homens, jovens e velhos. Na altura dos olhos do caminhante flutuam os pés. Pelos pés, o caminhante poderá reconhecer os castigados, adivinhar como eram antes de que chegasse a morte. Entre esses pés de couro, talhados pelo trabalho e pelas andanças, há pés do tempo e pés do contratempo; pés prisioneiros e pés que bailam, ainda, amando a terra e chamando a guerra.

(166)

1522
Sevilha

A mais longa viagem

Ninguém os acreditava vivos, mas chegaram ontem à noite. Arrojaram a âncora e dispararam toda a sua artilharia. Não desembarcaram em seguida, nem se deixaram ver. Ao amanhecer apareceram sobre as pedras do cais. Tremendo e em farrapos, entraram em Sevilha com tochas acesas nas mãos. A multidão abriu caminho, atônita, a esta procissão de espantalhos encabeçadas por Juan Sebastián de Elcano. Avançavam tropeçando, apoiando-se uns em outros, de igreja em igreja, pagando promessas, sempre perseguidos pela multidão. Iam cantando.

Tinham partido três anos antes, rio abaixo, em cinco navios airosos que tomaram o rumo do oeste. Era um montão de homens em busca da ventura, vindos de todas as partes, que tinham marcado um encontro para buscar, juntos, o passo entre os oceanos e a fortuna e a glória. Eram todos fugitivos; se fizeram ao mar fugindo da pobreza, do amor, do cárcere ou da forca.

Os sobreviventes falam, agora, de tempestades, crimes e maravilhas. Viram mares e terras que não tinham mapa nem nome; atravessaram seis vezes a zona onde o mundo ferve, sem queimar-se nunca. Ao sul encontraram neve azul, e no céu, quatro estrelas em cruz. Viram o sol e a lua andar ao contrário e peixes voarem. Escutaram falar de mulheres que o vento prenha e conheceram uns pássaros negros, parecidos aos corvos, que se precipitam nas bocas abertas das baleias e devoram seus corações. Em uma ilha muito remota, contam, habitam pessoinhas de meio metro de altura, que têm orelhas que lhes chegam aos pés. Tão longas são as orelhas que quando deitam uma serve de colchão e a outra de coberta. E contam que quando os índios das Molucas viram chegar à praia as chalupas desprendidas das naus, acreditaram que as chalupas eram filhotes das naus, que as naus pariam e davam de mamar.

Os sobreviventes contam que no sul do sul, onde se abrem as terras e se abraçam os oceanos, os índios acendem altas fogueiras dia e noite, para não morrer de frio. Esses são índios tão gigantes que nossas cabeças, contam, mal chegam às suas cinturas. Magalhães, o chefe da expedição, agarrou dois deles, colocando-lhes grilhões de ferro como adorno, nos tornozelos e nos pulsos; mas depois um morreu de escorbuto e outro, de calor.

Contam que não tiveram mais remédio que beber água podre, tapando o nariz, e que comeram serragem, couro e carne dos ratos que vinham disputar com eles as últimas bolachas com vermes. Os que morriam de fome eram atirados pela borda, e como não havia pedras para atar aos seus pés, ficavam os cadáveres flutuando sobre as águas: os europeus, de cara para o céu, e os índios de boca para baixo. Quando chegaram às Molucas, um marinheiro trocou com os índios uma carta de baralho, o rei de ouro, por seis aves, mas não pôde nem provar, de tão inchadas que estavam suas gengivas.

Eles viram Magalhães chorar. Viram lágrimas nos olhos do duro navegante português Fernão de Magalhães, quando as naus entraram no oceano jamais atravessado por nenhum europeu. E souberam das fúrias terríveis de Magalhães, quando mandou decapitar e esquartejar dois capitães sublevados e abandonou no deserto outros alçados. Magalhães é agora um troféu de carniça nas mãos dos indígenas das Filipinas que cravaram em sua perna uma flecha envenenada.

Dos duzentos e trinta e sete marinheiros e soldados que saíram de Sevilha três anos antes, regressaram dezoito. Chegaram em uma só nau queixosa, que tem a quilha carcomida e faz água por todos os lados.

Os sobreviventes. Estes mortos de fome que acabam de dar a volta ao mundo pela primeira vez.

(20 e 78)

1523
Cuzco

Huaina Cápac

Enfrentando o sol que aparece, atira-se na terra e humilha a face.

Recolhe com as mãos os primeiros raios e leva-os à boca e bebe a luz. Depois, ergue-se e fica em pé. Olha fixo o sol, sem pestanejar.

Atrás de Huaina Cápac, suas muitas mulheres aguardam com a cabeça baixa. Esperam também, em silêncio, os muitos príncipes. O Inca está olhando para o sol, olha-o de igual para igual, e um murmúrio de escândalo cresce entre os sacerdotes.

Passaram-se muitos anos desde o dia em que Huaina Cápac, filho do pai resplandecente, subiu ao trono com o título de poderoso e jovem chefe rico de virtudes. Ele estendeu seu império muito além das fronteiras de seus antepassados. Faminto de poder, descobridor, conquistador, Huaina Cápac conduziu seus exércitos da selva amazônica até as alturas de Quito, e de Chaco até a costa do Chile. A golpes de machado e voo de flechas, fez-se dono de novas montanhas e planícies e areais. Não há quem não sonhe com ele nem existe quem não o tema neste reino que é, agora, maior que a Europa. De Huaina Cápac dependem os pastos, a água e as pessoas. Por causa de sua vontade se moveram a cordilheira e as pessoas. Neste império que não conhece a roda, ele mandou construir edifícios, em Quito, com pedras de Cuzco, *para que no futuro se entenda sua grandeza e sua palavra seja acreditada pelos homens.*

O Inca está olhando fixo para o sol. Não por desafio, como temem os sacerdotes, mas por piedade. Huaina Cápac sente pena do sol, porque sendo o sol seu pai e pai de todos os incas desde o antigamente das idades, não tem direito à fadiga nem ao aborrecimento. O sol jamais descansa, jamais brinca, jamais esquece. Não pode faltar ao dever de cada dia e através do céu percorre, hoje, o caminho de ontem e de amanhã.

Enquanto contempla o sol, Huaina Cápac decide: "Breve, morrerei".

(47 e 76)

1523
Cuauhcapolca

As perguntas do cacique

Entrega comida e ouro e aceita o batismo. Mas pede que Gil González de Ávila, explique como Jesus pode ser homem e deus, e Maria virgem e mãe. Pergunta aonde vão as almas quando saem dos corpos e se está a salvo da morte o Santo Padre de Roma.

Pergunta quem escolheu o rei de Castilha. O cacique Nicarágua foi eleito pelos anciões das comunidades, reunidos ao pé de uma ceiba. Foi o rei eleito pelos anciões de suas comunidades?

Também pede o cacique que o conquistador lhe diga para que tão poucos homens querem tanto ouro. Terão corpos suficientes para tantos adornos?

Depois pergunta se é verdade, como anunciou um profeta, que perderão sua luz o sol, as estrelas e a lua, e se o céu cairá.

O cacique Nicarágua não pergunta por que não nascerão crianças nestas comarcas. Nenhum profeta lhe contou que daqui a poucos anos as mulheres se negarão a parir escravos.

(81 e 103)

1523
Painala

A Malinche

De Cortez teve um filho, e para Cortez abriu as portas de um império. Foi sua sombra e vigia, intérprete, conselheira, mensageira e amante, tudo isso ao longo da conquista do México; e continua cavalgando ao seu lado.

Passa por Painala vestida de espanhola, veludos, sedas, cetins, e no princípio ninguém reconhece a florida senhora que vem com os novos amos. Do alto de um cavalo alazão, a Malinche passeia seu olhar pelas margens do rio, respira fundo o aroma adocicado do ar e busca, em vão, os rincões da folhagem onde há mais de vinte anos descobriu a magia e o medo. Passaram-se muitas chuvas e vendavais e penas e pesares desde que sua mãe vendeu-a como escrava e foi arrancada da terra mexicana para servir aos senhores maias de Yucatán.

Quando a mãe descobre quem é a que chegou de visita a Painala, se atira aos seus pés e se banha em lágrimas suplicando perdão. A Malinche detém a choradeira com um gesto, levanta sua mãe pelos ombros, abraça-a e pendura em seu pescoço os colares que usa. Depois, monta o cavalo e segue seu caminho junto aos espanhóis.

Não necessita odiar sua mãe. Desde que os senhores de Yucatán a deram de presente a Hernán Cortez, há quatro anos, a Malinche teve tempo de vingar-se. A dívida está paga: os mexicanos se inclinam e tremem quando a veem chegar. Basta um olhar de seus olhos negros para que um príncipe balance na forca. Sua sombra flutuará, além da morte, sobre a grande Tenochtitlán que ela tanto ajudou a derrotar e a humilhar, e seu fantasma de cabelos soltos e túnica flutuante continuará metendo medo, para sempre, saído dos bosques e das grutas de Chapultepec.

(29 e 62)

1524
Quetzaltenango

O poeta contará às crianças a história desta batalha

O poeta falará de Pedro de Alvarado e de quem com ele veio para ensinar o medo.

Contará que quando as tropas indígenas já tinham sido arrasadas, e era a Guatemala campo de carnificina, o capitão Tecum Umán ergueu-se pelo ar e voou com asas e plumas nascidas de seu corpo. Voou e caiu sobre Alvarado e com um golpe feroz arrancou a cabeça de seu cavalo. Mas Alvarado e o cavalo se partiram em dois e divididos ficaram: o conquistador soltou-se do cavalo decapitado e se levantou. Novamente se pôs a voar o capitão Tecum e subiu, fulgurante até bem lá no alto. Quando precipitou-se das nuvens, Alvarado esquivou-se e atravessou-o com sua lança. Acudiram os cães para despedaçar Tecum Umán e a espada de Alvarado se interpôs. Longo tempo ficou Alvarado contemplando o vencido, seu corpo aberto, a plumagem de quetzal que brotava dos braços e pernas, as asas quebradas, a triple coroa de pérolas, diamantes e esmeraldas. Alvarado chamou seus soldados. E lhes disse: "Olhai", o obrigou-os a tirar os capacetes. As crianças, sentadas em volta do poeta, perguntarão:

– E tudo isso, você viu? Escutou?

– Você estava aqui?

– Não. Dos que estavam aqui, nenhum dos nossos sobreviveu.

O poeta apontará para as nuvens em movimento e para o balanço das copas das árvores.

– Veem as lanças? – perguntará. – Veem as patas dos cavalos? A chuva de flechas? A fumaça?

– Escutem – dirá, e apoiará a orelha na terra, cheia de estampidos.

E lhes ensinará a cheirar a história no vento, a tocá-la nas pedras polidas pelo rio e a conhecer seu sabor mascando certas ervas, assim, sem pressa, como quem mastiga tristeza.

(8 e 107)

1524
Utatlán

A vingança do vencido

Os chefes índios são um punhado de ossos, negros de fuligem, que jazem entre os escombros da cidade. Hoje não há nada que não cheire a queimado na capital dos quichés.

Quase um século antes, um profeta tinha falado. Foi um chefe dos cakchiqueles quem disse, quando os quichés iam arrancar-lhe o coração: *Saibam que uns homens, armados e vestidos dos pés à cabeça e não nus como nós, destruirão estes edifícios e os reduzirão a covas de corujas e gatos do monte e cessará toda esta grandeza.*

Ele falou enquanto o matavam, aqui, nesta cidade de barrancos que os soldados de Pedro de Alvarado acabam de converter em uma fogueira. O vencido amaldiçoou os quichés e fazia muito tempo já que os quichés dominavam os outros povos da Guatemala.

(8 e 188)

1524
Ilhas dos Escorpiões

Cerimônia de comunhão

O mar os engoliu, os vomitou, tornou a engoli-los e os espatifou contra as pedras. Pelos ares voavam toninhas e golfinhos e o céu inteiro era de espuma. Quando o pequeno navio saltou em pedaços, os homens se abraçaram como puderam aos penhascos. Durante toda a noite, as ondas lutaram para arrancá-los, golpe a golpe; muitos se soltaram e foram arrebentados pelas ondas contra as pedras, e depois as ondas os devoraram.

Ao amanhecer, cessou a tempestade e baixou a maré. Os que se salvaram tomaram o rumo da sorte e se deixaram ir em uma canoa esfrangalhada.

Faz cinco dias que os náufragos derivam pelos arrecifes. Não encontraram água doce nem fruto nenhum para levar à boca.

Esta manhã, desembarcaram em uma das ilhotas.

Avançam de quatro, debaixo de um sol de fritar pedras. Não há quem tenha forças para arrastar os que ficam. Despidos, machucados, amaldiçoam o capitão, o doutor Alonso Zuazo, bom advogado e mau navegante, e amaldiçoam a mãe que o pariu, e o rei e o papa e Deus.

Este montinho é a montanha mais alta do mundo. Os homens vão subindo e se consolam contando as horas que faltam para morrer.

E de repente, esfregam os olhos. Não podem crer. Cinco tartarugas gigantes esperam por eles na praia. Cinco tartarugas dessas que sobre o mar parecem rochedos e fazem o amor sem alterar-se enquanto roçam os navios.

Os náufragos se atiram. Agarram-se nos cascos, uivando de fome e raiva, e empurram até dar a volta nas tartarugas, que ficam chutando de barriga para cima, e cravam seus punhais e a punhaladas e socos abrem os ventres e afundam suas cabeças no sangue que emana.

E adormecem. Deixam-se ficar, abandonam-se mergulhados no sangue, metidos até o pescoço nestes barris de bom vinho, enquanto o sol continua sua lenta marcha até o centro do céu.

Ninguém escuta o doutor Alonso Zuazo. Com a boca untada, o doutor ajoelha-se na areia, ergue as mãos e oferece as tartarugas às cinco chagas de Nosso Redentor.

(166)

1524
Tuxkahá

Cuauhtémoc

Do galho de uma antiga ceiba balança, pendurado pelos tornozelos, o corpo do último rei dos astecas.

Cortez cortou-lhe a cabeça.

Tinha vindo ao mundo em berço rodeado de escudos e dardos, e estes foram os primeiros ruídos que ouviu:

– Tua própria terra é outra. À outra terra estás prometido. Teu verdadeiro lugar é o campo de batalha. Teu ofício é dar de beber ao sol com o sangue de teu inimigo e dar de comer à terra com o corpo de teu inimigo.

Há vinte e nove anos, os magos derramaram água sobre sua cabeça e pronunciaram as palavras do ritual:

– Em que lugar te escondes, desgraça? Em que membro te ocultas? Afaste-se deste menino!

Chamaram-no Cuauhtémoc, *águia que cai*. Seu pai tinha estendido o império de mar a mar. Quando o príncipe chegou ao trono, os invasores já tinham vindo e vencido. Cuauhtémoc ergueu-se em armas e resistiu. Foi o chefe dos bravos. Quatro anos depois da derrota de Tenochtitlán, ainda ressoam, do fundo da selva, os cantares que clamam pela volta do guerreiro.

Quem balança, agora, seu corpo mutilado? O vento ou a ceiba? Não é a ceiba quem o acalanta, de sua vasta copa? Não aceita a ceiba este galho partido, como um braço a mais entre os mil que nascem de seu tronco majestoso? Brotarão deste galho flores vermelhas?

A vida continua. A vida e a morte continuam.

(212)

1526
Toledo

O TIGRE AMERICANO

Pelos arredores do alcazar de Toledo, o domador passeia com o tigre que o rei recebeu do Novo Mundo. O domador, lombardo de largo riso e bigodes de ponta, leva-o pela corda, como um cachorrinho, e o jaguar desliza pelo cascalho com passos de algodão.

Gonzalo Fernández de Oviedo sente o sangue gelar. De longe, grita ao guardião que não se fie, que não dê conversa à fera, que tais animais não são para estar entre gentes.

O domador ri, solta o jaguar e acaricia seu lombo. Oviedo chega a escutar o profundo rosnar. Bem sabe ele que esse grunhido significa reza ao demônio e ameaça. Um dia não distante, este confiado domador cairá na emboscada. Estenderá a mão para acariciar o tigre e de um golpe veloz será engolido. Acreditará este infeliz que Deus deu ao jaguar garras e dentes para que um domador lhe sirva a comida em horas fixas? Nunca nenhum de sua linhagem comeu chamado à mesa por um sino, nem teve outra regra além da de devorar. Oviedo olha o lombardo sorridente e vê um montinho de carne picada entre quatro círios.

– Cortai-lhe as unhas! – aconselha, afastando-se. – Tirai-lhe as unhas pela raiz, e todos os dentes!

(166)

1528
Madrid

PARA QUE ABRAM A BOLSA

O frio escorre pelas fendas e congela a tinta nos tinteiros.

Carlos V deve a cada santo uma vela. Com dinheiro dos Wesler, banqueiros de Ausburgo, comprou sua coroa imperial, pagou sua boda e financiou boa parte das guerras que lhe permitiram humilhar Roma, abater a rebelião dos flamengos e esparramar a metade da nobreza guerreira da França nos campos de Pavia.

Ao imperador doem os dentes enquanto assina o decreto que concede aos Wesler a exploração, extração e governo da Venezuela.

Durante longos anos, a Venezuela terá governadores alemães. O primeiro, Ambrosio Alfinger, não deixará índio sem marcar e vender nos mercados de Santa Marta, Jamaica e São Domingos, e morrerá com a garganta atravessada por uma flecha.

(41, 103 e 165)

1528
Tumbes

Dia de espantos

A expedição ao mar do sul descobre finalmente uma costa limpa de mangues e mosquitos.

Francisco Pizarro, que tem notícia de um povoado próximo, ordena a um soldado e a um escravo africano que empreendam a marcha.

O branco e o negro chegam a Tumbes através de terras semeadas e bem regadas por açudes, sementeiras que eles jamais viram na América; em Tumbes, gente que não anda despida nem dorme à intempérie rodeiam os recém-chegados e lhes dá presentes e alegrias. Não bastam os olhos de Alonso de Molina para medir as pranchas de ouro e prata que cobrem as paredes do templo.

As pessoas de Tumbes estão deslumbradas por tantas coisas do outro mundo. Puxam a barba de Alonso de Molina e tocam sua roupa e seu machado de ferro. Com gestos perguntam que pede esse monstro prisioneiro, de crista vermelha, que grita em uma jaula. Alonso aponta, e diz: "Galo", e eles aprendem a primeira palavra na língua de Castilha.

Para o africano que acompanha o soldado, as coisas não vão tão bem. Agitando as mãos ele se defende dos índios, que querem raspar sua pele com espigas secas. Em um imenso recipiente, está fervendo a água. Vão metê-lo ali, para que se despinte.

(166 e 185)

1528
Ilha do Mau Fado

"Gente muito solta do que tem..."

Dos navios que saíram de San Lúcar de Barrameda rumo à Florida, um foi arrojado pela tempestade sobre as copas das árvores de Cuba e outros o mar devorou em naufrágios sucessivos. Não correram melhor sorte os barcos que os homens de Narváez e Cabeza de Vaca improvisaram com camisas como velas e cordame de crinas de cavalo.

Os náufragos, espectros despidos, tremem de frio e choram entre os rochedos da ilha do Mau Fado. Chegam uns índios para trazer-lhes água e peixes e raízes e ao vê-los chorar, choram com eles. Choram rios os índios, e quanto mais dura a estrepitosa choradeira, mais lástima os espanhóis têm de si.

Os índios os conduzem à sua aldeia. Para que o frio não os mate, vão acendendo fogos nos descansos do caminho. Entre fogueira e fogueira os levam nos braços, sem deixá-los pôr os pés no chão.

Imaginam os espanhóis que os índios os cortarão em pedaços e os jogarão em um caldeirão, mas na aldeia continuam partilhando com eles a pouca comida que têm. Conta Alvar Núñez Cabeza de Vaca que os índios se escandalizam e ardem de fúria quando ficam sabendo que, na costa, cinco cristãos *se comeram uns aos outros, até que só ficou um, que por ser um só não houve quem o comesse.*

(39)

1531
Rio Orinoco

Diego de Ordaz

O vento anda negando-se, e as chalupas rebocam a nau rio acima. O sol bate nas águas.

No escudo de armas do capitão brilha o cone do vulcão Popocatépetl, porque ele foi o primeiro dos espanhóis que pisou a neve da cimeira. Naquele dia ele chegou tão alto que através dos torvelinhos de cinzas via as costas das águias e via a cidade de Tenochtitlán tremendo na lagoa; mas teve de escapar correndo porque o vulcão tronou de ira e vomitou uma chuva de fogo e pedras e fumaça negra.

Agora Diego de Ordaz, feito um mingau, se pergunta se conduzirá este rio Orinoco ao lugar onde o ouro o espera. Os índios das aldeias vão mostrando o ouro cada vez mais longe, enquanto o capitão espanta mosquitos e avança, gemendo, o casco mal-armado da nau. Os macacos protestam e os papagaios, invisíveis, gritam *foradaqui, foradaqui,* e muitos pássaros sem nome revoam entre as margens cantando *nãosereiteu, nãosereiteu, nãosereiteu.*

(175)

Canção sobre o homem branco, do povo piaroa

A água do rio está ruim.
Se refugiam os peixes
no alto dos arroios
vermelhos de barro.
Passa o homem com a barba,
o homem branco.
Passa o homem com a barba
na canoa grande
de remos barulhentos
que as serpentes mordem.

(17)

1531
Cidade do México

A Virgem de Guadalupe

Essa luz, sobe da terra ou desce do céu? É farol ou estrela? A luz não quer ir embora do centro de Tepeyac e em plena noite persiste e fulgura nas pedras e se enreda nos galhos. Alucinado, iluminado, Juan Diego viu a luz, Juan Diego, índio despido: a luz de luzes abriu-se para ele, rompeu-se em fiapos dourados e avermelhados e no centro do brilho apareceu a mais lúcida e luminosa das mulheres mexicanas. Estava vestida de luz aquela que, em língua náhuatl, disse a ele: "Eu sou a mãe de Deus".

O bispo Zumárraga escuta e desconfia. O bispo é o protetor oficial dos índios, designado pelo imperador, e também o guardião de ferro que marca na cara dos índios o nome de seus donos. Ele atirou na fogueira os códices astecas, papéis pintados pela mão do Demônio, e aniquilou quinhentos templos e vinte mil ídolos. Bem sabe o bispo Zumárraga que no alto da montanha de Tepeyac tinha seu santuário a deusa da terra, Tonantzin, e que para lá caminharam os índios em peregrinação a render culto à nossa mãe, como chamavam essa mulher vestida de serpentes e corações e mãos.

O bispo desconfia e decide que o índio Juan Diego viu a Virgem de Guadalupe. É a Virgem nascida em Extremadura, morena dos sóis da Espanha, quem veio ao vale dos astecas para ser a mãe dos vencidos.

(60 e 79)

1531
São Domingos

UMA CARTA

Aperta a cabeça perseguindo as palavras que aparecem e fogem: *Não olhem minha baixeza de ser e rudeza de dizer,* suplica, *e sim a vontade com que a dizê-lo sou movido.*

Frei Bartolomé de las Casas escreve ao Conselho das Índias. Melhor teria sido para os índios, afirma, *ir ao inferno com sua infidelidade, seu pouco a pouco e a sós,* que ser salvos pelos cristãos. *Já chegam aos céus os alaridos de tanto sangue humano derramado: os queimados vivos, assados em grelhas, jogados a cachorros bravos...*

Levanta, caminha. Entre nuvens de pó ondula o hábito branco.

Depois, senta na beirada da cadeira cravejada de tachinhas. Com a pluma coça o nariz longo. A mão ossuda escreve. Para que na América se salvem os índios e se cumpra a lei de Deus, propõe que a cruz mande na espada. Que se submetam as guarnições aos bispos; e que se mandem colonos para cultivar a terra ao abrigo das praças fortes. Os colonos, diz, *poderiam levar escravos negros ou mouros ou de outra sorte, para servir-se, ou viver por suas mãos, ou de outra maneira que não fosse em prejuízo dos índios...*

(27)

1531
Ilha Serrana

O NÁUFRAGO E O OUTRO

Um vento de sal e de sol castiga Pedro Serrano, que perambula nu pelo despenhadeiro. Os alcatrazes revoam perseguindo-o. Com uma das mãos como viseira, ele tem os olhos postos no território inimigo.

Desce até a enseada e caminha pela areia. Ao chegar à linha da fronteira, mija. Não pisa a linha, mas sabe que se do lado de lá o outro estiver olhando de algum esconderijo, dará um pulo para pedir satisfações por este ato de provocação.

Mija e espera. Os pássaros gritam e fogem. Onde terá se metido? O céu é um resplendor branco, luz de cal, e a ilha uma pedra incandescente; brancas rochas, sombras brancas, espuma sobre a areia branca, um mundinho de sol e de cal. Onde terá ido parar este canalha?

Faz muito tempo que o barco de Pedro partiu-se em pedaços, naquela noite de tormenta, e os cabelos e a barba já lhe chegavam ao peito quando apareceu o outro, montado em uma madeira que a maré raivosa jogou à costa. Pedro escorreu-lhe a água dos pulmões, deu-lhe de comer e de beber e ensinou-lhe a não morrer nesta ilhota deserta, onde só crescem as rochas. Ensinou-lhe a virar as tartarugas e a degolá-las de um talho, a cortar a carne em rabanadas para secá-la ao sol e a recolher a água da chuva nos seus cascos. Ensinou-lhe a rezar pela chuva e a capturar mariscos debaixo da areia, mostrou-lhe refúgios de caranguejos e camarões e ofereceu-lhe ovos de tartaruga e as ostras que o mar trazia, grudadas nos galhos dos mangues. O outro soube por Pedro que era preciso recolher tudo que o mar entregasse aos arrecifes, para que noite e dia ardesse a fogueira, alimentada por algas secas, sargaços, ramos perdidos, estrelas-do-mar e ossos de peixe. Pedro ajudou-o a levantar um telhadinho de cascos de tartaruga, um quase nada de sombra contra o sol, na ilha sem árvores.

A primeira guerra foi a guerra da água. Pedro suspeitou que o outro roubava enquanto ele dormia, e o outro acusou-o de beber goles de animal. Quando a água esgotou-se, e se derramaram as últimas gotas disputadas a socos, não tiveram mais remédio além de beber cada um a própria urina e o sangue que arrancaram da única tartaruga que se deixou ver. Depois estenderam-se para morrer na sombra, e não lhes restava saliva para nada mais do que insultar-se baixinho.

Finalmente a chuva os salvou. O outro opinou que Pedro bem que poderia reduzir à metade o teto de sua casa, já que os cascos escasseavam tanto:

– Tens um palácio – disse – e em minha casa passo o dia torto.

– Que te fodas tu – disse Pedro – e a puta que te pariu. Se não gostares de minha ilha, dê o fora! – E com um dedo apontou o vasto mar.

Resolveram dividir a água. Desde então, há um depósito de chuva em cada ponta da ilha.

A segunda foi guerra do fogo. Se turnavam para cuidar da fogueira, para o caso de que algum navio passasse ao longe. Uma noite, estando o outro de guarda, a fogueira se apagou. Pedro despertou-o com maldições e safanões.

– Se a ilha é tua, ocupa-te dela, seu puto – disse o outro, e mostrou os dentes.

Rodaram pela areia. Quando se fartaram de golpear-se, resolveram que cada um acenderia seu próprio fogo. A faca de Pedro açoitou a pedra até arrancar-lhe chispas; e desde então há uma fogueira em cada ponta da ilha.

A terceira foi a guerra da faca. O outro não tinha com que cortar e Pedro exigia camarões frescos como pagamento cada vez que lhe emprestava a faca.

Explodiram depois a guerra da comida e a guerra dos colares de caracóis.

Quando acabou a última, que foi a pedradas, firmaram um armistício e um tratado de limites. Não houve documento, porque nesta desolação não se encontra nem uma folha de cactus para desenhar um rabisco, e além disso nenhum dos dois sabe assinar; mas traçaram uma fronteira e juraram respeitá-la por Deus e pelo rei. Jogaram para o alto uma vértebra de peixe. A Pedro coube a metade da ilha que dá para Cartagena. Ao outro, a que dá para Santiago de Cuba.

E agora, de pé frente à fronteira, Pedro morde as unhas, ergue a vista para o céu, como se buscasse chuva, e pensa: "Deve estar escondido em algum canto. Sinto seu cheiro. Porco. No meio do mar, e jamais toma banho. Prefere fritar-se em seu óleo. Por aí anda, sim, escondendo-se".

– Ei, miserável! – chama.

Lhe respondem o trovão da maré e o alvoroço das aves e as vozes do vento.

"Ingrato", grita, "Filho da Puta!", grita, e grita até arrebentar a garganta, e corre e percorre a ilha de ponta a ponta, a torto e a direito, sozinho e nu na areia sem ninguém.

(76)

1532
Cajamarca

Pizarro

Mil homens vão varrendo o caminho do Inca até a vasta praça onde aguardam, escondidos, os espanhóis. A multidão treme ao passar o Pai Amado, o Uno, o Único, o dono do trabalho e das festas; calam os que cantam e se detêm os que dançam. À pouca luz, a última do dia, relampagueiam de ouro e prata as coroas e as roupas de Atahualpa e seu cortejo de senhores do reino.

Onde estão os deuses trazidos pelos ventos? O Inca chega ao centro da praça e ordena esperar. Há uns dias, um espião se meteu no acampamento dos invasores, puxou-lhes as barbas e voltou dizendo que não eram mais que um punhado de ladrões saídos do mar. Esta blasfêmia custou-lhe a vida.

Onde estão os filhos de Wiracocha que levam estrelas nos calcanhares e descarregam trovões que provocam o estupor, o estampido e a morte?

O sacerdote Vicente de Valverde emerge das sombras e sai ao encontro de Atahualpa. Com uma das mãos ergue a Bíblia e com a outra um crucifixo, como conjurando uma tormenta em alto-mar, e grita que aqui está Deus, o verdadeiro, e que todo o resto é burla. O intérprete traduz e Atahualpa, no alto da multidão, pergunta:

– Quem te disse isso?

– Está dito na Bíblia, o livro sagrado.

– Então deixe que ela me diga.

A poucos passos, atrás de uma parede, Francisco Pizarro desembainha a espada.

Atahualpa olha a Bíblia, faz com que ela dê voltas em sua mão, sacode-a para que soe e aperta-a contra o ouvido:

– Não diz nada. Está vazia.

E a deixa cair.

Pizarro espera este momento desde o dia em que se ajoelhou frente ao imperador Carlos V, descreveu-lhe o reino grande como a Europa que tinha descoberto e se propunha a conquistar e prometeu-lhe o mais esplêndido tesouro da história da humanidade. E desde antes: desde o dia em que sua espada traçou uma linha na areia e uns poucos soldados mortos de fome, inchados pelas pragas, juraram acompanhá-lo até o final. E desde antes ainda, desde muito antes: Pizarro espera este momento desde cinquenta e quatro anos atrás, quando foi atirado à porta de uma igreja da Extremadura e bebeu leite de porca por não ter quem lhe desse de mamar.

Pizarro grita e se lança. Ao sinal, abre-se a armadilha. Soam as trombetas, carrega a cavalaria e estalam os arcabuzes, da paliçada, sobre a multidão perplexa e sem armas.

(76, 96 e 221)

1533
Cajamarca

O RESGATE

Para comprar a vida de Atahualpa, acodem a prata e o ouro. Formigueiam pelos quatro caminhos do império as longas fileiras de lhamas e a multidão de costas carregadas. O mais esplêndido tesouro vem de Cuzco: um jardim inteiro, árvores e flores de ouro maciço e pedrarias, em tamanho natural, e pássaros e animais de pura prata e turquesa e lápis-lazúli.

O forno recebe deuses e adornos e vomita barras de ouro e de prata.

Chefes e soldados exigem aos gritos a partilha. Faz seis anos que não percebem nada.

De cada cinco lingotes, Francisco Pizarro separa um para o rei. Depois, faz o sinal da cruz. Pede o auxílio de Deus, que tudo sabe, para guardar justiça; e pede o auxílio de Hernando de Soto, que sabe ler, para vigiar o escrivão.

Adjudica uma parte à Igreja e outra ao vigário do Exército. Recompensa longamente seus irmãos e os outros capitães. Cada soldado raso ganha mais do que o príncipe Felipe recebe em um ano e Pizarro se transforma no homem mais rico do mundo. O caçador de Atahualpa entrega a si mesmo o dobro do que em um ano gasta a corte de Carlos V com seus seiscentos criados – sem contar a liteira do Inca, oitenta e três quilos de ouro puro, que é seu troféu de general.

(76 e 184)

1533
Cajamarca

ATAHUALPA

Um arco-íris negro atravessou o céu. O Inca Atahulpa não quis acreditar.

Nos dias da festa do sol, um condor caiu sem vida na Praça da Alegria. Atahualpa não quis acreditar.

Enviava à morte os mensageiros que traziam más notícias e com um golpe de machado cortou a cabeça do velho profeta que anunciou-lhe a desgraça. Fez queimar a casa do oráculo e as testemunhas da profecia foram passadas à faca.

Atahualpa mandou amarrar os oitenta filhos de seu irmão Huáscar nos postes do caminho e os abutres se fartaram de carne. As mulheres de Huáscar tingiram de sangue as águas do rio Andamarca. Huáscar, prisioneiro de Atahualpa, comeu merda humana e mijo de carneiro e teve como mulher uma pedra vestida. Depois Huáscar disse, e foi a última coisa que disse: *Já o matarão como ele me mata.* E Atahualpa não quis acreditar.

Quando seu palácio foi convertido em seu cárcere, não quis acreditar. Atahualpa, prisioneiro de Pizarro, disse: *Sou o maior dos príncipes sobre a terra.* O resgate encheu de ouro um quarto e de prata dois quartos. Os invasores fundiram até o berço de ouro onde Atahualpa havia escutado a primeira canção.

Sentado no trono de Atahualpa, Pizarro anunciou-lhe que tinha decidido confirmar sua sentença de morte. Atahualpa respondeu:

– *Não me digas essas bobagens.*

Tampouco quer acreditar, agora, enquanto passo a passo sobe as escadarias, arrastando correntes, na luz leitosa da madrugada.

Logo a notícia se difundirá entre os incontáveis filhos da terra que devem obediência e tributo ao filho do sol. Em Quito chorarão a morte da sombra que protege: *perplexos, extraviados, morta a memória, sozinhos.* Em Cuzco haverá júbilo e bebedeiras..

Atahualpa está atado pelas mãos, pés e pescoço, mas ainda pensa: *Que fiz eu para merecer a morte?*

Aos pés do patíbulo, se nega a acreditar que foi derrotado pelos homens. Somente os deuses poderiam. Seu pai, o sol, o traiu.

Antes que o torniquete de ferro rompa sua nuca, chora, beija a cruz e aceita que o batizem com outro nome. Dizendo chamar-se Francisco, que é o nome de seu vencedor, bate nas portas do Paraíso dos europeus, onde não há lugar reservado para ele.

(53, 76 e 221)

1533
Xaquixaguana

O segredo

Pizarro marcha rumo a Cuzco. Encabeça, agora, um grande exército. Manco Cápac, novo rei dos incas, somou milhares de índios ao punhado de conquistadores.

Mas os generais de Atahualpa hostilizam o avanço. No vale de Xaquixaguana, Pizarro agarra um mensageiro de seus inimigos.

O fogo lambe a planta dos pés do preso.

– O que diz essa mensagem?

O *chasqui* é homem curtido em trotes de nunca acabar através dos ventos gelados do planalto e dos ardores do deserto. O ofício acostumou-o à dor e à fadiga. Uiva, mas cala.

Depois de longo tormento, solta a língua:

– Que os cavalos não poderão subir as montanhas.

– O que mais?

– Que não se deve ter medo. Que os cavalos assustam, mas não fazem nada.

– E o que mais?

Fazem com que pisem o fogo.

– E o que mais?

Perdeu os pés. Antes de perder a vida, diz:

– Que vocês também morrem.

(81 e 185)

1533
Cuzco

Entram os conquistadores na cidade sagrada

No radiante meio-dia, através da fumaça abrem caminho os soldados. Um cheiro de couro molhado se levanta e se mistura com o cheiro de coisa queimada, enquanto ressoa um estrépito de cascos de cavalo e rodas de canhões.

Nasce um altar na praça. Os pendões de seda, bordados de águias, escoltam o novo deus, que tem os braços abertos e usa barbas como seus filhos. Não está vendo o deus novo que seus filhos se lançam, machado na mão, sobre o ouro dos templos e das tumbas?

Entre as pedras de Cuzco, enegrecidas pelo incêndio, os velhos e os paralíticos aguardam, mudos, os dias que estão por chegar.

(47 e 76)

1533
Riobamba

Alvarado

Faz meio ano, as naves desembarcaram em Puerto Viejo.

Chamado pelas promessas de um reino virgem, Pedro de Alvarado tinha saído da Guatemala. Era seguido por quinhentos espanhóis e dois mil escravos índios e negros. Os mensageiros disseram:

— O poder que te espera humilha o que conheces. Ao norte de Tumbes, multiplicarás a fama e a riqueza. Do sul, Pizarro e Almagro já são donos, mas o fabuloso reino de Quito não pertence a ninguém.

Nas aldeias da costa, encontraram ouro, prata e esmeraldas. Carregados de rápidas fortunas, empreenderam marcha rumo à cordilheira. Atravessaram a selva, os pântanos, as febres que matam em um dia ou deixam louco, e as aterradoras chuvas de cinzas de vulcão. Nos páramos dos Andes, os ventos afiados e as tormentas de neve despedaçaram os corpos dos escravos, ignorantes do frio, e os ossos de muitos espanhóis se incorporaram à montanha. Ficaram gelados para sempre os soldados que desceram para apertar os arreios dos cavalos. Os tesouros foram arrojados ao fundo dos abismos: Alvarado oferecia ouro e os soldados clamavam por comida e abrigo. Queimados os olhos pelos resplendedores da neve, Alvarado continuou avançando, aos trambolhos, e a golpes de espada ia cortando cabeças de escravos que caíam e de soldados que se arrependiam.

Quase defuntos, músculos de gelo, congelado sangue, os mais duros conseguiram chegar ao altiplano. Hoje alcançam, finalmente, o caminho real dos incas, o que conduz a Quito, ao paraíso. Nem bem chegam, descobrem no barro as marcas frescas das ferraduras dos cavalos. O capitão Benalcázar chegou primeiro.

(81 e 97)

1533
Quito

Esta cidade se suicida

Aparecem, desembestados, os homens de Benalcázar. Espiam e lutam para eles milhares de aliados indígenas, inimigos dos incas. Ao cabo de três batalhas, a sorte está lançada.

Já está indo embora o general Rumiñahui quando bota fogo nos quatro cantos de Quito. Os invasores não poderão desfrutar a cidade viva, nem encontrarão outros tesouros além dos que possam arrancar das tumbas. A cidade de Quito, berço e trono de Atahualpa, é uma fogueira gigantesca entre os vulcões.

Rumiñahui, que jamais foi ferido pelas costas, afasta-se das altas chamas. Seus olhos choram, por causa da fumaça.

(158 e 214)

1533
Barcelona

As guerras santas

Da América chegam os heraldos da boa-nova. O imperador fecha os olhos e assiste o avanço das velas e sente o cheiro do breu e do sal. Respira o imperador como o mar, maré cheia, maré vazia; e sopra para apressar os navios inchados de tesouros.

A Providência acaba de dar-lhe de presente um novo reino, *onde o ouro e a prata abundam como o ferro em Vizcaya*. O assombroso tesouro está a caminho. Com ele poderá tranquilizar os banqueiros que o enforcam e poderá finalmente pagar os seus soldados, lanceiros suíços, mercenários alemães, infantes espanhóis, que não veem uma moeda nem em sonhos. O resgate de Atahualpa financiará as guerras santas contra a meia-lua do Islã, que chegou às portas de Viena, e contra os hereges que seguem Lutero na Alemanha. O imperador armará uma grande frota para varrer do Mediterrâneo o sultão Solimão e o velho pirata Barba Roxa.

O espelho devolve ao imperador a imagem do deus da guerra: a armadura adamascada, com rendas cinzeladas ao bordo da gola e da couraça, o casco de plumas, o rosto iluminado pelo sol da glória: as sobrancelhas ao ataque sobre os olhos melancólicos, o barbudo queixo lançado para a frente. O imperador sonha com Argel e escuta o chamado de Constantinopla. Tunes, caída em mãos infiéis, também espera pelo general de Jesus Cristo.

(41 e 47)

1533
Sevilha

O tesouro dos incas

Da primeira das naus se derrama o ouro e a prata sobre o cais de Sevilha.

Os bois arrastam as talhas repletas até a Casa de Contratação.

Murmúrios de estupor se levantam entre a multidão que assiste ao desembarque. Fala-se de mistérios e do monarca vencido além do mar.

Dois homens, duas uvas, saem abraçados da taberna que dá para o cais. Se metem na multidão e perguntam, aos gritos, aonde está o tabelião. Eles não celebram o tesouro dos incas. Estão avermelhados e resplandecentes pela jornada de bom vinho e porque fizeram um pacto de muita fraternidade. Resolveram trocar de mulheres, tu a minha, que é uma joia, e eu a tua, embora não valha nada, e buscam um tabelião para documentar o acordo.

Eles não dão confiança ao ouro e à prata do Peru; e as pessoas, deslumbradas, não dão confiança ao náufrago que chegou junto com o tesouro. O navio, atraído pela fogueira, resgatou o náufrago em uma ilhota do Caribe. Se chama Pedro Serrano e há nove anos tinha se salvado nadando. Usa agora o cabelo como assento e a barba como avental, tem a pele de couro e não parou de falar desde que o subiram a bordo. Continua contando sua história, agora, em meio ao alvoroço. Ninguém o escuta.

(41 e 76)

1534
Riobamba

A INFLAÇÃO

Quando chegaram a São Domingos as notícias do ouro de Atahualpa, todo mundo buscou barco. Alonso Hernández, repartidor de índios, foi dos primeiros a sair correndo. Embarcou no Panamá e ao chegar a Túmbes comprou um cavalo. O cavalo custava em Tumbes seis vezes mais do que no Panamá e trinta vezes mais do que em São Domingos.

O passo da cordilheira deixou Hernández a pé. Para seguir viagem até Quito, compra outro cavalo. Paga noventa vezes mais do que pagaria em São Domingos. Compra também, por trezentos e cinquenta pesos, um escravo negro. Em Riobamba, um cavalo custa oito vezes mais do que um homem.

Tudo se vende neste reino, até as bandeiras encharcadas de barro e sangue, e tudo se cotiza pelas nuvens. Cobra-se uma barra de ouro por duas folhas de papel.

Os mercadores, recém-chegados, derrotam os conquistadores sem desembainhar a espada.

(81, 166 e 184)

1535
Cuzco

O TRONO DE LATÃO

Nos joelhos do rei pequenino, rei vassalo de outro rei, não descansa o cetro de ouro, e sim um pau brilhante de vidros coloridos. Manco Cápac II mostra sobre sua cabeça a borla escarlate, mas o triple colar de ouro falta em seu peito, onde não brilha o sol, e de suas orelhas não descem discos resplandecentes. O irmão e inimigo e herdeiro de Atahualpa não leva nas costas o manto de fios de ouro e prata e lã de vicunha.

Das bandeiras, que o vento golpeia, desapareceram os falcões para dar lugar às águias do imperador da Europa.

Ninguém se ajoelha aos pés do Inca coroado por Pizarro.

(53)

1536
Cidade do México

Motolinía

Frei Toríbio de Motolinía caminha, descalço, montanha acima. Vai carregando uma bolsa pesada nas costas.

De *Motolinía* chamam, no linguajar do lugar, a quem é pobre ou aflito, e ele veste ainda o hábito remendado e esfarrapado que lhe deu nome há anos, quando chegou caminhando, descalço como agora, do porto de Veracruz.

Se detém no alto da ladeira. Aos seus pés, se estende a imensa lagoa e nela resplandece a cidade do México. Motolinía passa a mão na testa, respira fundo e crava na terra, uma depois da outra, dez cruzes toscas, galhos amarrados com cordão, e enquanto as crava vai oferecendo-as:

– Esta cruz, meu Deus, pelas pestes que aqui não se conheciam e com tanta sanha foram cevadas nos naturais.

– Esta pela guerra e esta pela fome, que tantos índios mataram como gotas há no mar e grãos na areia.

– Esta pelos arrecadadores de tributos, zangões que comem o mel dos índios; e esta pelos tributos, pois para cumprir com eles haverão de vender os índios seus filhos e suas terras.

– Esta pelas minas de ouro, que tanto fedem a morto que a uma légua não se pode passar.

– Esta pela grande cidade do México, erguida sobre as ruínas de Tenochtitlán, e pelos que nas costas trouxeram vigas e pedras para construí-la, cantando e gritando noite e dia, até morrer extenuados ou esmagados pelos derrubamentos.

– Esta pelos escravos que de todas as comarcas foram arrastados até esta cidade, como manadas de animais, marcados no rosto; e esta pelos que caem nos caminhos levando as grandes cargas de mantimentos para as minas.

– E esta, Senhor, pelos contínuos conflitos e escaramuças de nós, os espanhóis, que sempre terminam em suplício e matança de mulos.

Ajoelhado frente às cruzes, Motolinía roga:

– Perdoa-os, Deus. Te suplico que os perdoes. De sobra sei que continuam adorando seus ídolos sanguinários, e que se antes tinham cem deuses, contigo têm cento e um. Eles não sabem distinguir a hóstia de um grão de milho. Mas se merecem o castigo de Tua dura mão, também merecem a piedade de Teu generoso coração.

Depois Motolinía se persigna, sacode o hábito e empreende, ladeira abaixo, o regresso.

Pouco antes da Ave-Maria, chega ao convento. Solitário em sua cela, se estende na cama e lentamente come um pão.

(60 e 213)

1536
Machu Picchu

Manco Cápac II

Farto de ser tratado feito cachorro, o rei Manco Cápac se alça em armas contra os homens de cara peluda. No trono vazio, Pizarro instala Paullo, irmão de Manco Cápac e de Atahualpa e de Huáscar.

A cavalo, encabeçando um grande exército, Manco Cápac sitia Cuzco. Ardem as fogueiras em torno da cidade e chovem, incessantes, as flechas acesas, mas a fome castiga mais os sitiadores que os sitiados, e as tropas de Manco Cápac se retiram, ao cabo de meio ano, entre alaridos que partem a terra.

O Inca atravessa o vale do rio Urubamba e emerge entre os altos picos de névoa. A escadaria de pedra o conduz à morada secreta das alturas. Protegida por parapeitos e torreões, a fortaleza de Machu Picchu reina além do mundo.

(53 e 76)

1536
Valle de Ulúa

Gonzalo Guerrero

Se retiram, vitoriosos, os ginetes de Alonso de Ávila. No campo de batalha jaz, entre os vencidos, um índio com barba. O corpo, despido, está lavrado de arabescos de tinta e sangue. Símbolos de ouro estão pendurados em seu nariz, lábios e orelhas. Um tiro de arcabuz partiu-lhe a testa.

Se chamava Gonzalo Guerrero. Em sua primeira vida tinha sido marinheiro do porto de Palos. Sua segunda vida começou há vinte e cinco anos, quando naufragou na costa de Yucatán. Desde então, viveu entre os índios. Foi cacique na paz e capitão na guerra. De mulher maia teve três filhos.

Em 1519, Hernán Cortez mandou buscá-lo:

– *Não* – disse Gonzalo ao mensageiro. – *Olhe meus filhos, bonitos que são. Deixe-me algumas destas contas verdes que você traz. Eu as darei aos meus filhos, e lhes direi: "Estes brinquedos mandam meus irmãos, da minha terra".*

Muito depois, Gonzalo Guerrero caiu defendendo outra terra, lutando junto a outros irmãos, os irmãos que escolheu. Ele foi o primeiro conquistador conquistado pelos índios.

(62 e 119)

1536
Culiacán

Cabeza de Vaca

Oito anos passaram desde que naufragou Cabeza de Vaca na ilha do Mau Fado. Dos seiscentos homens que partiram da Andaluzia, uns quantos desertaram pelo caminho e muitos foram tragados pelo mar; outros morreram de fome, frio ou por causa dos índios, e quatro, apenas quatro, chegam agora a Culiacán.

Álvar Núñes Cabeza de Vaca, Alonso del Castillo, Andrés Dorantes y Estebanico, negro árabe, atravessaram, caminhando, toda a América, da Flórida até a costa do Pacífico. Nus, mudando de pele como as serpentes, comeram ervas pedreiras e raízes, minhocas e lagartixas e tudo que era vivo e que puderam encontrar, até que os índios lhes deram mantas e figos-da-índia e milho a troco de milagres e curas. A mais de um morto ressuscitou Cabeza de Vaca, rezando Pai-nossos e Aves-marias, e curou muitos debentes fazendo o sinal da cruz e soprando o lugar onde doía. De légua em légua, ia crescendo a fama dos milagreiros; multidões saíam para recebê-los nos caminhos e as aldeias se despediam deles com bailes e alegrias.

Em terras de Sinaloa, indo para o sul, apareceram as primeiras pegadas de cristãos. Cabeza de Vaca e seus companheiros encontraram fivelas, cravos de ferradura, estacas de atar cavalos. Também encontraram medo: cultivos abandonados, índios que fugiam para os montes.

– Estamos perto – disse Cabeza de Vaca. – Depois de tanto caminhar, estamos perto de nossa gente.

– *Eles não são como vocês* – *disseram os índios.* – *Vocês vêm donde sai o sol, e eles, de onde o sol se põe. Vocês curam os doentes e eles matam os sadios. Vocês andam nus e descalços. Vocês não tem cobiça de coisa alguma.*

(39)

1537
Roma

O papa diz que são como nós.

O papa Paulo III estampa seu nome no selo de chumbo, que mostra as efígies de São Pedro e São Paulo, e o amarra em um pergaminho. Uma nova bula sai do Vaticano. Se chama *Sublimis Deus* e descobre que os índios são seres humanos, dotados de alma e razão.

(103)

1538
São Domingos

O espelho

O sol do meio-dia arranca fumaça das pedras e relâmpagos dos metais. Alvoroço no porto: os galeões trouxeram de Sevilha a artilharia pesada para a fortaleza de São Domingos.

O prefeito, Fernández de Oviedo, dirige o transporte de colubrinas e canhões. A golpe de chibata, os negros arrastam a carga a todo vapor. Rangem os carros, sufocados pelo peso dos ferros e bronzes, e através do torvelhinho outros escravos vão e vêm jogando caldeirões de água contra o fogo que brota dos eixos aquecidos.

Em meio da zoeira e da gritaria, uma moça índia anda em busca de seu amo. Tem a pele coberta de bolhas. Cada passo é um triunfo e a pouca roupa que usa atormenta sua pele queimada. Durante a noite e meio dia, esta moça suportou, de alarido em alarido, os ardores do ácido. Ela mesma assou as raízes de *guao* e esfregou-as entre as mãos até convertê-las em pasta. Untou-se inteira de *guao*, da raiz dos cabelos até os dedos dos pés, porque o guao abrasa a pele e limpa a cor, e assim transforma as índias e negras em brancas damas de Castilha.

– Me reconhece, senhor?

Oviedo afasta-a com um empurrão; mas a moça insiste, com seu fio de voz, agarrada ao amo como sombra, enquanto Oviedo corre gritando ordens aos capatazes.

– Sabe quem sou?

A moça cai no chão e do chão continua perguntando:

– Senhor, senhor, não sabe quem sou?

(166)

1538
Vale de Bogotá

Barba Negra, Barba Vermelha, Barba Branca

Faz um ano que Gonzalo Jiménez de Quesada, barba negra, olhos negros, saiu em busca das fontes de ouro na nascente do rio Madalena. A metade da aldeia de Santa Marta veio atrás dele.

Atravessaram pântanos e terras que fumegam ao sol. Quando chegaram às margens do rio, já não sobrava vivo nenhum dos milhares de índios nus que tinham trazido para carregar os canhões e o pão e o sal. Como já não havia escravos para perseguir e capturar, jogaram os cachorros nos caldeirões de água fervendo. Depois, também os cavalos foram cortados em pedaços. A fome era pior que os crocodilos, as cobras e os mosquitos. Comeram raízes e correias. Disputaram a carne de quem caía, antes que o padre terminasse de dar-lhe a passagem para o Paraíso.

Navegaram rio acima, metralhados pelas chuvas e sem vento nas velas, até que Quesada decidiu mudar de rumo. El Dorado está do outro lado da cordilheira, decidiu, e não na origem do rio. Caminharam através das montanhas.

Depois de muito subir, Quesada aparece agora e vê os verdes vales da nação dos chibchas. Ante cento e sessenta esfarrapados comidos pelas febres, ergue a espada, toma posse e proclama que nunca mais obedecerá às ordens de seu governador.

Faz três anos e meio que Nicolás de Federmann, barba vermelha, olhos azuis, saiu de Córo em busca do centro dourado da terra. Peregrinou por montanhas e planícies. Os índios e os negros foram os primeiros a morrer.

Quando Federmann se ergue sobre os picos onde se enredam as nuvens, descobre os verdes vales da nação dos chibchas. Cento e sessenta soldados sobreviveram, fantasmas que se arrastam cobertos de peles de veado. Federmann beija a espada, toma posse e proclama que nunca mais obedecerá às ordens de seu governador.

Faz mais de três anos que Sebastián de Benalcázar, olhos cinzentos, barba branca da idade ou do pó dos caminhos, saiu em busca dos tesouros que a cidade de Quito, esvaziada e queimada, lhe tinha negado. Da multidão que o seguiu, restam cento e sessenta europeus extenuados e nenhum índio. Arrasador de cidades, fundador de cidades, Benalcázar deixou por sua passagem um rastro de cinza e sangue e novos mundos nascidos da ponta de sua espada: em torno do patíbulo, a praça; em torno da praça, a igreja, as casas, as muralhas.

Fulgura o casco do conquistador no topo da cordilheira. Benalcázar toma posse dos verdes vales da nação dos chibchas e proclama que nunca mais obedecerá às ordens de seu governador.

Pelo norte, chegou Quesada. Pelo oriente, Federmann. Pelo sul, Benalcázar. Cruz e arcabuz, céu e solo: ao final de tantas voltas loucas pelo planeta, os três capitães rebeldes descem pelos flancos da cordilheira e se encontram no planalto de Bogotá.

Benalcázar sabe que viajam em liteiras de ouro os caciques deste reino. Federmann sabe que escuta a doce melodia que a brisa arranca das lâminas de ouro penduradas sobre templos e palácios. Quesada sabe que se ajoelha à beira da lagoa onde os sacerdotes indígenas mergulham cobertos de ouro em pó.

Quem ficará com o El Dorado? Quesada, que veio de Granada, que diz que foi o primeiro? Federmann, o alemão de Ulm, que conquista em nome de Welser, o banqueiro? Benalcázar, que veio de Córdoba?

Os três exércitos em farrapos, chagas e ossos, se medem e esperam.

Explode então a risada do alemão. Não pode parar de rir e se dobra de riso e os andaluzes se contagiam até caírem no chão os três capitães, derrubados pelas gargalhadas e pela fome e por esse que marcou um encontro com eles e agora caçoa deles: esse que está sem estar e que chegou sem vir: esse que sabe que o El Dorado não será de ninguém.

(13)

1538
Vulcão Masaya

Vulcano, deus do dinheiro

Da boca do vulcão Masaya saía, em outros tempos, uma velha despida, sábia de muitos segredos, que dava bons conselhos sobre o milho e a guerra. Desde que chegaram os cristãos, dizem os índios, a velha se nega a sair do monte que arde.

Muitos cristãos acreditam que o Masaya é uma boca do inferno, e que as chamas e as fumaças fogosas anunciam castigos eternos. Outros asseguram que são fervores de ouro e prata os que se erguem até as nuvens nessa fumaceira incandescente, que se vê a cinquenta léguas. Os metais preciosos se derretem e se purificam, revolvendo-se no ventre do monte. Quanto mais fogo arde, mais puros ficam.

Durante um ano preparou-se a expedição. O padre Blas de Castillo se levanta cedinho e dá a confissão a Pedro Ruiz, Benito Dávila e Juan Sánchez. Os quatro pedem perdão com lágrimas nos olhos e começam a caminhada ao raiar o dia.

O sacerdote é o primeiro a descer. Se mete em um cesto, com um capacete na cabeça, a estola no peito e uma cruz na mão, e chega à vasta esplanada que rodeia a boca de fogo.

– Não se chama inferno, e sim paraíso! – proclama, negro de cinzas, enquanto crava a cruz entre as pedras. Em seguida descem seus companheiros. Lá de cima, os índios enviam a roldana, as correntes, as caldeiras, as vigas, os pernos...

Mergulham na caldeira de ferro. Das profundidades não chega ouro nem prata, e sim escória de enxofre. Quando metem mais fundo o caldeirão, o vulcão o devora.

(203)

1541
Santiago de Chile

Inês Suárez

Há poucos meses, Pedro de Valdívia descobriu este monte e este vale. Os araucanos, que tinham feito a mesma descoberta alguns milhares de anos antes, chamavam o monte de Huelén, que significa dor. Valdívia batizou-o de Santa Luzia.

Da crista do morro, Valdívia viu a terra verde entre os braços do rio e decidiu que não existia no mundo melhor lugar para oferecer uma cidade ao apóstolo Santiago, que acompanha os conquistadores e luta por eles.

Cortou os ares sua espada, nos quatro rumos da rosa dos ventos, e assim nasceu Santiago do Novo Extremo. Assim cumpre, agora, seu primeiro verão: umas poucas casas de barro e madeira, com telhado de palha, a praça ao centro, a paliçada ao redor.

Apenas cinquenta homens ficaram em Santiago. Valdívia anda com os outros pelas ribeiras do rio Cachapoal.

Ao despontar do dia, a sentinela dá o grito de alarma do alto da paliçada. Pelos quatro cantos aparecem os esquadrões indígenas.

Os espanhóis escutam os alaridos de guerra e em seguida cai em cima deles um vendaval de flechas.

Ao meio-dia, algumas casas são pura cinza e a paliçada caiu. Luta-se na praça, corpo a corpo.

Inês corre então até a choça onde funciona a prisão. O guardião vigia, ali, os sete chefes araucanos que os espanhóis tinham prendido tempos atrás. Ela sugere, suplica, ordena que lhes cortem as cabeças.

– Como?
– As cabeças!
– Como?
– Assim!

Inês agarra uma espada e as sete cabeças voam pelos ares.

A batalha muda de direção. As cabeças convertem os sitiados em perseguidores. Na acometida, os espanhóis não invocam o apóstolo Santiago, mas Nossa Senhora do Socorro.

Inês Suárez, a malaguenha, tinha sido a primeira a acudir quando Valdívia alçou a bandeira de alistamento em sua casa em Cuzco. Veio a estas terras do sul à cabeça das hostes invasoras, cavalgando ao lado de Valdívia, espada de aço bom e cota de fina malha, e desde então junto a Valdívia macha, luta e dorme. Hoje, ocupou seu lugar.

É a única mulher entre os homens. Eles dizem: "É um macho", e a comparam com Roldão e com El Cid, enquanto ela esfrega azeite sobre os dedos do capitão Francisco de Aguirre, que ficaram presos no punho da espada e não existe maneira de abri-los, embora a guerra, por enquanto, tenha terminado.

(67, 85 e 130)

1541
Peñón de Nochistlán

Nunca

Tinham embargado até a sua mula. Os que agora comem em sua baixela de prata e pisam seus tapetes, tinham-no expulsado do México, com os tornozelos atados a grilhões.

Dez anos depois, eles, os funcionários, convocaram o guerreiro. Alvarado abandonou o governo da Guatemala e veio castigar índios nestas terras ingratas que ele tinha conquistado junto a Cortez. Ele queria continuar viagem para o norte, até as sete cidades de ouro do reino de Cíbola, mas nesta manhã, em plena batalha, um cavalo caiu em cima dele e despencou ladeira abaixo.

Pedro de Alvarado voltou ao México e no México jaz. Nenhum cavalo irá levá-lo para o norte nem a lugar nenhum. O elmo está pendurado em um galho e entre as sarças caiu sua espada. *Não me embainhes sem honra*, ainda se lê na folha de aço.

(81)

1541
Cidade Velha da Guatemala

Beatriz

Pedro de Alvarado tinha casado com Francisca, mas Francisca caiu fulminada pela água de flor de laranjeira que bebeu no caminho a Veracruz. Então, casou com Beatriz, a irmã de Francisca.

Beatriz estava esperando por ele na Guatemala quando soube, há dois meses, que era viúva. Cobriu sua casa de negro por dentro e por fora e pregou portas e janelas para fartar-se de chorar sem que ninguém visse.

Chorou olhando no espelho seu corpo nu, que tinha ficado seco de tanto esperar e já não tinha nada para esperar, corpo que não cantava, boca que só era capaz de dizer:

– Estás aí?

Chorou por esta casa que odeia e por esta terra que não é a sua e pelos anos gastos entre esta casa e a igreja, da missa à mesa e do batismo ao enterro, rodeada de soldados bêbados e de servas indígenas que lhe provocam asco. Chorou pela comida que lhe faz mal e por aquele que não vinha nunca, porque sempre havia alguma guerra para guerrear ou terra para conquistar. Chorou por tudo que tinha chorado em sua cama sem ninguém, quando dava um salto cada vez que latia um cão ou cantava um galo e sozinha aprendia a ler a escuridão e escutar o silêncio e a desenhar no ar. Chorou e chorou, partida por dentro.

Quando por fim saiu do claustro, anunciou:

– Eu sou a governadora da Guatemala.

Pouco pôde governar.

O vulcão está vomitando uma catarata de água e pedras que afoga a cidade e mata tudo o que toca. O dilúvio vai avançando até a casa de Beatriz, enquanto ela corre ao oratório, sobe no altar e se abraça à Virgem. Suas onze criadas se abraçam às suas pernas e se abraçam entre si, e Beatriz grita:

– Estás aí?

A tromba arrasa a cidade que Alvarado fundou, e enquanto o rugido cresce Beatriz continua gritando:

– Estás aí?

(81)

1541
Cabo Frio

Ao amanhecer, o grilo cantou

Tinha ficado mudo desde que foi embarcado no porto de Cádiz, dois meses e meio calado e triste na gaiolinha, até que seu grito de júbilo soou, hoje, da proa à popa, e despertou todo mundo.
– Milagre! Milagre!
O tempo foi suficiente apenas para desviar o navio. O grilo estava celebrando a proximidade da terra. Graças ao seu alarme, os navegantes não se destroçaram contra os penhascos da costa do Brasil.
Cabeza de Vaca, chefe desta expedição ao rio da Prata, é muito sabido nessas coisas. Chamam ele de Alvar o Milagreiro desde que atravessou a América de costa a costa ressuscitando mortos nas aldeias indígenas.

(39)

1542
Quito

El Dorado

Longo tempo andaram os homens de Gonzalo Pizarro, selva adentro, buscando o príncipe de pele de ouro e os bosques de canela. Encontraram serpentes e morcegos, exércitos de mosquitos, pântanos e chuvas de nunca acabar. Os relâmpagos iluminaram, noite após noite, esta caravana de despidos, grudados um a outro pelo pânico.
Esta noite estão chegando, chagas e ossos, aos limites de Quito. Cada um diz seu nome para ser reconhecido. Dos quatro mil escravos índios da expedição, não regressou nem um.

O capitão Gonzalo Pizarro se ajoelha e beija a terra. Ontem à noite, ele tinha sonhado com um dragão que se atirava em cima dele e o despedaçava e comia seu coração. Por isso fecha os olhos, agora, quando chega a notícia:

– Teu irmão Francisco foi assassinado em Lima.

(97)

1542
Conlapayara

As amazonas

Não tinha jeito ruim a batalha, hoje, dia de São João. Dos bergantins, os homens de Francisco de Orellana estavam esvaziando de inimigos, com rajadas de arcabuz e de balestra, as brancas canoas vindas da costa.

Mas aí, a bruxa deu as caras. Apareceram as mulheres guerreiras, tão belas e ferozes que eram um escândalo, e então as canoas cobriram o rio e os navios saíram correndo, rio acima, como porco-espinhos assustados, eriçados de flechas de proa à popa e até no mastro-mor.

As capitãs lutaram rindo. Se puseram à frente dos homens, fêmeas garbosas, e já não houve medo na aldeia de Conlapayara. Lutaram rindo e dançando e cantando, as tetas vibrantes ao ar, até que os espanhóis se perderam para lá da boca do rio Tapajós, exaustos de tanto esforço e assombro.

Tinham ouvido falar destas mulheres, e agora acreditam. Elas vivem ao sul, em senhorios sem homens, onde afogam os filhos que nascem varões. Quando o corpo pede, dão guerra às tribos da costa e conseguem prisioneiros. Os devolvem na manhã seguinte. Ao cabo de uma noite de amor, o que chegou rapaz regressa velho.

Orellana e seus soldados continuarão percorrendo o rio mais caudaloso do mundo e sairão ao mar sem piloto, nem bússola, nem carta de navegação. Viajam nos bergantins que eles construíram ou inventaram a golpes de machado, em plena selva, fazendo pregos e bisagras com as ferraduras dos cavalos mortos e soprando o carvão com botinas convertidas em foles. Deixam-se ir sem rumo pelo rio das Amazonas, costeando a selva, sem energias para o remo, e vão murmurando orações: rogam a Deus que sejam machos, por mais machos que possam ser, os próximos inimigos.

(45)

1542
Rio Iguazú

A PLENA LUZ

Jorrando fumaça debaixo de sua roupa de ferro, atormentado pelas picadas e as chagas, Alvar Núñez Cabeza de Vaca desce do cavalo e vê Deus pela primeira vez.

As mariposas gigantes voam ao seu redor. Cabeza de Vaca se ajoelha frente às cataratas do Iguaçu. As torrentes, estrepitosas, espumosas, caem do céu para lavar o sangue de todos os caídos e redimir todos os desertos, caudais que desatam vapores e arco-íris e arrancam selvas do fundo da terra seca: águas que bramam, ejaculação de Deus fecundando a terra, eterno primeiro dia da Criação.

Para descobrir esta chuva de Deus caminhou Cabeza de Vaca metade do mundo e navegou a outra metade. Para descobri-la sofreu naufrágios e penas; para vê-la nasceu com olhos na cara. O que lhe sobre de vida será um presente.

(39)

1534
Cubagua

Os pescadores de pérolas

A cidade de Nova Cádiz caiu, derrubada pelo maremoto e os piratas. Antes tinha caído a ilha inteira, esta ilha de Cubagua onde há quarenta e cinco anos. Colombo trocou com os índios pratos quebrados por pérolas. No fim de tanta pescaria, esgotaram-se as ostras e os mergulhadores jazem no fundo do mar.

Nestas águas mergulharam os escravos índios, com pedras atadas nas costas, para chegar bem fundo, onde estavam as pérolas maiores, e sem descanso nadaram de sol a sol, arrancando as ostras grudadas nas rochas e no chão.

Nenhum escravo durou muito. Mais cedo que tarde, seus pulmões arrebentavam: um jorro de sangue subia, no lugar deles, à superfície. Os homens que tinham agarrado ou comprado esses escravos diziam que o mar ficava vermelho porque as ostras, como as mulheres, tinham menstruação.

(102 e 103)

1544
Machu Picchu

O trono de pedra

Deste lugar reinou Manco Cápac sobre as terras de Vilcabamba. Deste lugar guerreou longa e dura guerra, guerra de incêndios e emboscadas, contra os invasores. Eles não conhecem os labirintos que conduzem à cidade secreta. Nenhum inimigo os conhece.

Somente o capitão Diego Méndez pôde chegar ao esconderijo. Vinha fugindo. Cumprindo ordens do filho de Almagro, sua espada tinha atravessado a garganta de Francisco Pizarro.

Manco Cápac deu-lhe refúgio. Depois, Diego Méndez cravou o punhal nas costas de Manco Cápac.

Entre as pedras de Machu Picchu, onde as flores acesas oferecem mel a quem as fecunde, jaz o Inca envolvido em belas mantas.

(53)

Canção de guerra dos incas

Beberemos no crânio do traidor
e com seus dentes faremos um colar.
De seus passos faremos flautas,
de sua pele faremos um tambor.
Então, dançaremos.

(202)

1544
Campeche

Las Casas

Faz tempo que espera, aqui no porto, tendo como única companhia o calor e os mosquitos. Perambula pelo cais, descalço, escutando o vaivém do mar e o golpear de seu cajado, passo a passo, sobre as pedras. Ninguém oferece uma palavra ao recém-ungido bispo de Chiapas.

Este é o homem mais odiado da América, o *anti-Cristo* dos senhores coloniais, o *açoite destas terras*. Por sua culpa, o imperador promulgou novas leis que despojam de escravos índios os filhos dos conquistadores. O que será deles sem os braços que os sustentam nas minas e nas lavouras? As novas leis estão arrancando a comida de suas bocas.

Este é o homem mais amado da América. Voz dos mudos, teimoso defensor *dos que recebem pior tratamento que o esterco das praças*, denunciador de quem *por cobiça converte Jesus Cristo no mais cruel dos deuses e o rei em lobo faminto de carne humana.*

Nem bem desembarcou em Campeche, frei Bartolomé de Las Casas anunciou que nenhum dono de índios seria absolvido na confissão. Responderam-lhe que aqui não valiam suas credenciais de bispo nem valiam tampouco as novas leis, porque tinham chegado em letras de forma e não de punho e letra dos escrivães do rei. Ameaçou com a excomunhão, e deram risada. Riram forte, gargalharam, porque frei Bartolomé tem fama de surdo.

Esta tarde chegou o mensageiro da Cidade Real de Chiapas. O cabildo manda dizer que estão vazios os cofres para pagar a viagem do bispo até sua diocese, e manda-lhe moedas da cota de enterros.

(27 e 70)

1544
Lima

Carvajal

As luzes do amanhecer dão forma e rosto às sombras penduradas nos faróis da praça. Algum madrugador, espantado, as reconhece: dois conquistadores de primeira hora, daqueles que capturaram o Inca Atahualpa em Catamarca, balançam com a língua de fora e os olhos arregalados.

Soar de tambores, estrépito de cavalos: a cidade desperta de um salto. Grita o pregoeiro com toda força e ao seu lado Francisco de Carvajal dita e escuta. O pregoeiro anuncia que todos os senhores principais de Lima serão enforcados como esses dois, e não ficará pedra sobre pedra, se o cabildo não aceitar como governador Gonzalo Pizarro. O general Carvajal, comandante de campo das tropas rebeldes, dá de prazo até o meio-dia.

– Carvajal!

Antes que se apague o eco, já os auditores da Real Audiência e os notáveis de Lima vestiram alguma roupa e meio desabotoados chegaram correndo até o palácio e estão assinando, sem discussão, a ata que reconhece Gonzalo Pizarro como autoridade única e absoluta.

Falta apenas a assinatura do advogado Zárate, que acaricia o próprio pescoço e duvida enquanto os demais esperam, atordoados, tremelicantes, escutando ou pensando escutar e resfolegar dos cavalos e a maldições dos soldados que tomam campo, com as rédeas curtas, ansiosos por desembestar.

– Depressa! – suplicam.

Zárate pensa que deixa um bom dote à sua filha casadeira, Teresa, e que suas quantiosas oferendas à Igreja pagarão de sobra outra vida mais serena que esta.

– Que espera vosmecê?

– Curta é a paciência de Carvajal!

Carvajal: mais de trinta anos de guerras na Europa, dez na América. Bateu-se em Ravena e em Pávia. Esteve no saqueio de Roma. Lutou ao lado de Cortez no México e no Peru junto a Francisco Pizarro. Seis vezes atravessou a cordilheira.

– O demônio dos Andes!

No meio da batalha, sabe-se, o gigante joga fora o elmo e a couraça e oferece o peito. Come e dorme em cima de seu cavalo.

– Calma, senhores, calma!

– Correrá sangue de inocentes!

– Não há tempo para perder!

A sombra da forca se fecha sobre os recém-comprados títulos de nobreza.

– Assinai, senhor! Evitemos ao Peru novas tragédias!

O advogado Zárate molha a pluma de ganso, desenha uma cruz e embaixo, antes de assinar, escreve: *Juro por Deus e por esta Cruz e pelas palavras dos Santos Evangelhos, que assino por três motivos: por modo, por medo e por medo.*

(167)

1545
Cidade Real de Chiapas

De Valladolid chega a má notícia

A Coroa espanhola suspendeu as mais importantes leis novas, que faziam dos índios homens livres.

Enquanto duraram, apenas três anos, quem as cumpriu? Na realidade continuam sendo escravos até os índios que levam marcada no braço, em carne viva, a palavra *livre*.

– Para isto me deram razão?

Frei Bartolomé sente-se abandonado por Deus, folha sem galho, solitário e ninguém.

– Me disseram que sim para que nada mude. Agora, nem o papel protegerá os que não têm mais escudo que seus ventres. Para isso receberam os reis o Novo Mundo das mãos do Papa? É Deus mero pretexto? Esta sombra de verdugo sai de meu corpo?

Acocorado em uma manta, escreve uma carta ao príncipe Felipe. Anuncia que viajará a Valladolid sem esperar resposta ou licença

Depois, Frei Bartolomé se ajoelha sobre a esteira, de cara para a noite, e reza em voz alta uma oração inventada.

(70)

1546
Potosí

A prata de Potosí

Cinquenta índios caídos por terem-se negado a servir nos túneis da mina. Não faz um ano que apareceu o primeiro veio e já se mancharam de sangue humano as ladeiras do morro. E a uma légua daqui, os penhascos da quebrada mostram manchas de um verde quase negro: sangue do Diabo. O Diabo tinha fechado a pau e pedra a quebrada que conduz a Cuzco e esmagado os espanhóis que passavam por ali. Um arcanjo arrancou o Demônio de sua cova e despedaçou-o contra as rochas. Sangue de índio, sangue de Diabo: agora, as minas de prata de Potosí têm mão de obra e caminho aberto.

Antes da conquista, em tempos do Inca Huaina Cápac, quando o pico de pedra afundou nas veias de prata do morro, houve um espantoso estrondo que estremeceu o mundo. Então, a voz do morro disse aos índios:

– Outros donos tem esta riqueza.

(21)

1547
Valparaíso

A despedida

Zunem as moscas entre os restos do banquete. Nem o muito vinho nem o bom sol adormecem os comilões. Esta manhã, os corações batem apressados. Debaixo da folhagem, frente ao mar, Pedro de Valdívia diz adeus aos que vão partir. No fim de tanta guerra e fome nas terras bravias do Chile, quinze de seus homens se dispõem a regressar à Espanha. Alguma lágrima roda quando Valdívia recorda os anos passados juntos, as cidades nascidas do nada, os índios domados pelo ferro das lanças:

– *Não me sobra outro consolo* – se inflama no discurso – *além de entender que vais descansar e gozar o que bem merecido tem, e isso alivia, em parte pelo menos, o meu penar.*

Não longe da praia, as ondas acalantam o navio que os levam ao Peru. De lá, viajarão ao Panamá; através do Panamá, ao outro mar, e depois... Será longo, mas o que estica as pernas sente que já está pisando as pedras do cais de Sevilha. A bagagem, roupa e ouro, está na coberta desde a noite anterior. Três mil pesos de ouro levará do Chile o escrivão Juan Pinel. Com seu maço de papéis, uma pluma de ave e um tinteiro, seguiu Valdívia como uma sombra, dando fé de cada um de seus passos e força de lei a cada um de seus atos. Várias vezes roçou a morte. Esta fortuninha sobrará para remediar a sorte das filhas donzelas que esperam pelo escrivão Pinel na distante Espanha.

Estão os soldados sonhando em voz alta, quando de repente alguém dá um pulo e pergunta:

– E Valdívia? Onde está Valdívia?

Todos se precipitam para a beira do mar. Saltam, gritam, erguem os punhos.

Valdívia aparece, cada vez menor. Lá vai, remando o único bote, rumo ao navio carregado do ouro de todos.

Na praia de Valparaíso, as maldições e as ameaças soam mais forte que o barulho das ondas.

As velas se inflam e se afastam rumo ao Peru. Vai-se Valdívia em busca de seu título de governador do Chile. Com o ouro que leva e o brio de seus braços, espera convencer os que mandam em Lima.

No alto de um rochedo, o escrivão Juan Pinel aperta a cabeça e ri sem parar. Morrerão virgens as suas filhas na Espanha. Alguns choram, vermelhos de raiva; e o corneteiro Alonso de Torres desafina uma velha melodia e depois arrebenta seu clarim, que é o que lhe restou.

(67 e 85)

Canção de saudade do cancioneiro espanhol

Saudade tenho de ti,
terra minha onde nasci.
Se morresse sem ventura,
sepultem-me em alta serra,
para que não sinta saudade
meu corpo na sepultura;
e em serra de grande altura
para ver se verei dali
a terra onde nasci.

(7)

1548
Xaquixaguana

A batalha de Xaquixaguana acabou

Gonzalo Pizarro, o melhor lanceiro da América, o homem capaz de partir um mosquito em pleno voo com o arcabuz ou a balestra, entrega a espada a Pedro de La Gasca

Gonzalo tira lentamente sua armadura de aço de Milão. La Gasca veio com a missão de cortar-lhe as asas e agora o chefe dos rebeldes já não sonha em coroar-se rei do Peru. Agora só sonha que La Gasca perdoe a sua vida.

Na tenda dos vencedores chega Pedro de Valdívia. A infantaria lutou sob suas ordens.

– A honra do rei estava em vossas mãos, governador – diz La Gasca.

Esta é a primeira vez que o representante do rei o chama de governador. Governador do Chile. Valdívia agradece, inclinando a cabeça. Tem outras coisas para pedir, mas nem bem abre a boca e entram os soldados que trazem o segundo homem de Gonzalo Pizarro. O general Carvajal aparece com o elmo, bem alto de plumas. Quem o fez prisioneiro não se atreve a tocá-lo.

De todos os oficiais de Pizarro, Carvajal é o único que não se passou para o lado inimigo. Quando La Gasca ofereceu o perdão do rei aos rebeldes arrependidos, muitos soldados e capitães fincaram subitamente as esporas e a galope, através do pântano, mudaram de acampamento. Carvajal ficou e lutou até que derrubaram seu cavalo.

– Carvajal – diz Diego Centeno, comandante das tropas vitoriosa. – Caíste com honra, Carvajal.

O velho nem olha para ele.

– Será que não me reconheces? – insiste Centeno, e avança a mão para receber a espada.

Carvajal, que mais de uma vez derrotou Centeno e o pôs em fuga e o perseguiu por meio Peru, crava-lhe os olhos e diz:

– Só te conhecia de costas.

E entrega a espada a Pedro de Valdívia

(67 e 85)

1548
Xaquixaguana

O verdugo

Enrolado em cordas e correntes, vem Carvajal dentro de uma cesta enorme que as mulas arrastam. Entre redemoinhos de pó e gritos de ódio, o guerreiro canta. Sua bronca voz atravessa o clamor dos insultos, alheia às patadas e aos golpes de quem ontem o aplaudia e hoje cospe-lhe na cara:

Que ventura!
Criança no berço
velho no berço!
Que ventura!

canta na cesta que o leva aos trambolhões. Quando as mulas chegam ao patíbulo, lá em cima, os soldados atiram Carvajal aos pés do verdugo. Brame a multidão enquanto o verdugo desembainha, lento, o alfanje.

– Irmão Juan – pede Carvajal. – Já que somos do ofício, trate-me de alfaiate a alfaiate.

Juan Enríquez é o nome deste rapaz de rosto doce. Outro nome tinha em Sevilha, quando passeava pelo cais sonhando com ser verdugo do rei na América. Se comenta que ama o ofício porque mete medo e não há senhor principal nem grande guerreiro que não se afaste de seus passos pelas ruas. Também se diz que é um vingador afortunado. Pagam a ele para que ele mate; e não se enferruja sua arma, nem se apaga seu sorriso.

Ai avô!
Ai avô! ,

cantarola Carvajal, em voz baixa e triste, porque bem agora deu para pensar em seu cavalo, Boscanillo, que também está velho e derrotado, e pensar em como se entendiam bem.

Juan Enríquez empunha a barba com a mão esquerda e com a direita corta-lhe o pescoço de um talho.

Debaixo do sol, explode uma ovação.

O verdugo exibe a cabeça de Carvajal, que até um instante atrás tinha oitenta e quatro anos e jamais tinha perdoado ninguém.

(76 e 167)

1548
Xaquixaguana

Sobre o canibalismo na América

Desde que Francisco Pizarro assistiu, de luto, ao enterro de sua vítima, o imperador Atahualpa, vários homens sucederam-se no mando e poder do vasto reino que foi dos incas.

Diego de Almagro, governador de uma parte, alçou-se contra Francisco Pizarro, governador da outra. Ambos tinham jurado, frente à hóstia consagrada, que dividiriam honras, índios e terras *sem que ninguém leve mais*, mas Pizarro avançou e venceu e Almagro foi degolado.

O filho de Almagro vingou seu pai e proclamou-se governador sobre o cadáver de Pizarro. Depois o filho de Almagro foi enviado ao patíbulo por Cristóbal Vaca de Castro, que passou à história por ser o único que se salvou da forca, do machado e da espada.

Depois ergueu-se em armas Gonzalo Pizarro, irmão de Francisco, contra Blasco Núfiez Vela, primeiro vice-rei do Peru. Nufiez Vela caiu, fulminado, de seu cavalo. Cortaram-lhe a cabeça, que foi cravada num poste.

A ponto esteve Gonzalo Pizarro de coroar-se rei. Hoje, segunda-feira 9 de abril, sobe a ladeira que conduz ao degoladeiro. Marcha montado em uma mula. Ataram-lhe as mãos às costas e atiraram sobre ele uma capa negra, que cobre sua cara e impede que ele veja a cabeça sem corpo de Francisco de Carvajal.

(76 e 81)

1548
Guanajuato

Nascem as minas de Guanajuato

— Na paz de Deus, irmão.
— Que assim seja, viajante.

Encontram-se os arrieiros que vêm da Cidade do México e decidem acampar. Fez-se noite e nas sombras espreitam os que dormem de dia.

— Não é aquele o morro do Cubilete?
— Dos malfeitores, deveria chamar-se.

Mestre Pedro e Martin Rodrigo vão para Zacatecas, buscar fortuna naquelas minas, e levam o que têm, umas poucas mulas, para vendê-las a bom preço: ao amanhecer, continuarão o caminho.

Juntam alguns galhos, sobre um colchão de folhas secas, e os rodeiam de pedras. O ferro castiga o pedernal, a chispa se faz chama: cara ao fogo, os arrieiros contam suas histórias, suas má sortes, e estão nessa quando um dos dois, entre farrapos e nostalgias, grita:

– Brilham!

– O quê?

– As pedras !

Martin Rodrigo salta até o céu, esquálida estrela de cinco pontas à luz da lua, e Mestre Pedro arrebenta as unhas contra as pedras quentes e queima os lábios beijando-as.

(182)

1549
La Serena

O REGRESSO

Acaba de desembarcar Pedro de Valdívia na enseada de Quintero e a pouco caminhar sente o cheiro ácido da carniça.

No Peru, a Valdívia sobravam forças para evitar as armadilhas e vencer dúvidas e inimigos. Muito eloquentes foram, frente aos que mandam em Lima, o vigor de seus braços postos ao serviço do rei e o fulgor do ouro que tinha arrebatado a seus homens na praia de Valparaíso. Ao cabo de dois anos, regressa com seu título de governador do Chile bem amarrado e assinado e confirmado. Também traz a obrigação de devolver aquele ouro até o último grama. E outra obrigação, que lhe morde o peito: para estrear seu título novinho em folha, deverá pôr ponto final a seus amores com Inês Suarez e deverá trazer da Espanha a sua esposa legítima.

O Chile não o recebe sorrindo. Nesta cidade de La Serena, que ele batizou com o nome da comarca onde havia nascido, os espanhóis jazem, sem mãos, sem cabeças, entre ruínas. Suas histórias alucinantes não interessam aos urubus.

(67 e 85)

1549
Santiago do Chile

Última vez

O amanhecer abre um corte ondulante na negra neblina e separa a terra do céu.

Inês, que não dormiu, se solta dos braços de Valdívia. Está toda empapada dele e sente ferozmente vivo cada cantinho de seu corpo; olha suas próprias mãos, na brumosa primeira luz, e assusta-se com esses dedos que queimam. Busca o punhal. Ergue o punhal.

Valdívia dorme ronroneando. Vacila o punhal no ar, sobre o corpo despido.

Passam-se séculos.

Inês crava suavemente o punhal no travesseiro, junto à cara dele, e se afasta, na ponta dos pés pelo chão de terra. Deixa a cama toda vazia de mulher.

(67 e 85)

1552
Valladolid

Já está mandando aquele que sempre serviu

A mulher beija a barra de prata com os lábios, com a testa, com os peitos, enquanto o padre lê em voz alta a carta de seu marido, Juan Prieto, escrita em Potosí. Quase um ano levaram a carta e o lingote para cruzar o oceano e chegar a Valladolid.

Diz Juan Prieto que enquanto os outros gastam seu tempo em bebedeiras e touradas, ele não aparece nas tabernas nem na arena de touros, que em Potosí por qualquer coisinha metem os homens a mão na espada e sopra ali um vento de pó que arruina a roupa e enlouquece os ânimos. Que ele não pensa mais que no regresso à Espanha e que agora manda esta barra grande de prata para que possam ir construindo o jardim onde se celebrará o banquete de boas-vindas.

O jardim haverá de ter um duplo portão de ferro e um arco de pedra largo o suficiente para que passem as carruagens dos convidados à festa. Será um jardim cercado de muros, de altos muros sem nenhuma abertura, cheio de árvores e flores e coelhos e pombas. No centro haverá de ter uma grande mesa com manjares, para os senhores de Valladolid a quem ele tinha servido, anos atrás, como criado. Terá um tapete sobre a grama, junto à poltrona da cabeceira, e sobre o tapete deverão sentar-se sua mulher e sua filha Sabina.

Encarece muito à esposa que não tire o olhar de sua Sabina e não permita que nem o sol a toque, pois por buscar-lhe bom dote e boa boda passou ele todos estes anos nas Índias.

(120)

1553
Margens do rio San Pedro

Miguel

Bastante pele tinha deixado nos chicotes. O acusavam de trabalhar sem vontade ou de perder a ferramenta e dizia o mordomo: "Que pague com o corpo". Quando iam amarrá-lo para outra dose de açoites, Miguel arrebatou uma espada e perdeu-se na montanha.

Outros escravos das minas de Buría fugiram atrás dele. Uns quantos índios se somaram aos chimarrãos. Assim nasceu o pequeno exército que no ano passado atacou as minas e investiu contra a recém-nascida cidade de Barquisimeto.

Depois os rebeldes vieram montanha adentro e longe de tudo fundaram, nas margens do rio, este reino livre. Os índios jirajaras pintaram de negro seus corpos, da cabeça aos pés, e junto com os africanos proclamaram como monarca o negro Miguel.

A rainha Guiomar passeia, rumbosa, entre as palmeiras. Range sua ampla saia de brocados. Dois pajens erguem as pontas de seu manto de seda.

De seu trono de pau, Miguel manda cavar trincheiras e levantar paliçadas, designa oficiais e ministros e proclama bispo o mais sabido dos homens. Aos seus pés, brinca com pedrinhas o príncipe herdeiro.

– Meu reino é redondo e de águas claras – diz Miguel, enquanto um cortesão ajeita sua gola de rendas e outro estica as mangas do gibão de cetim.

Já se prepara em Tocuyo, ao mando de Diego de Losada, a tropa que matará Miguel e aniquilará seu reino. Virão os espanhóis armados de arcabuzes e cães e balestras. Os negros e os índios que sobreviverem perderão suas orelhas ou seus testículos ou os tendões de seus pés, para exemplo de toda Venezuela.

(2)

1553
Concepción

Um sonho de Pedro de Valdívia

Treme no breu a luz das tochas. Ruído de esporas que arrancam faíscas do chão de pedras, em uma praça de armas que não é do Chile, nem de nenhum lugar. Na galeria, uma fila de homens nobres, de palácio: longas capas negras, espadas na cinta, chapéus de plumas. À passagem de Pedro de Valdívia, cada um dos homens se inclina e tira o chapéu. Ao tirar o chapéu, sai junto a cabeça.

(67 e 85)

1553
Tucapel

Lautaro

A flecha da guerra percorreu todas as comarcas do Chile.

Chefiando os araucanos ondeia a capa vermelha de Caupolicán, o cíclope de braços capazes de arrancar as árvores com raiz e tudo.

Avança a cavalaria espanhola. O exército de Caupolicán se abre em leque, deixa-a entrar e em seguida se fecha e a devora pelos flancos.

Valdívia envia o segundo batalhão, que se arrebenta contra uma muralha de milhares de homens. Então ataca, seguido por seus melhores soldados. Avança gritando a toda carreira, lança na mão, e os araucanos se desmoronam ante sua ofensiva fulminante.

Enquanto isso, à frente dos índios que servem ao exército espanhol, Lautaro aguarda sobre uma colina.

– Que covardia é esta? Que infâmia de nossa terra?

Até este instante, Lautaro foi o pajem de Valdívia. À luz de um relâmpago de fúria, o pajem escolhe a traição, escolhe a lealdade: sopra o corno que leva cruzado no peito e a galope se lança ao ataque. Abre caminho a golpes, partindo couraças e ajoelhando cavalos, até que chega a Valdívia, olha-o na cara e o derruba.

Não cumpriu vinte anos o novo caudilho dos araucanos.

(5)

1553
Tucapel

Valdívia

Há festa ao redor da árvore de canela.

Os vencidos, vestidos de tangas, assistem às danças dos vencedores, que usam elmo e couraça. Lautaro usa as roupas de Valdívia, o gibão verde coberto de ouro e prata, a fulgurante couraça e o capacete de viseira de ouro, cheio de plumas e coroado de esmeraldas.

Valdívia, nu, se despede do mundo.

Ninguém se enganou. Esta é a terra que há treze anos Valdívia escolheu para morrer, quando saiu de Cuzco seguido por sete espanhóis a cavalo e mil índios a pé. Ninguém se enganou, exceto dona Marina, sua esquecida esposa da Extremadura, que no fim de vinte anos decidiu cruzar o oceano e está navegando, agora, com bagagem digna do cargo de governadora, a poltrona de prata, a cama de veludo azul, os tapetes e toda sua corte de parentes e servos.

Os araucanos abrem a boca de Valdívia e a enchem de terra. Fazem com que ele engula terra, punhado atrás de punhado, incham seu corpo de terra do Chile, enquanto dizem:

– Queres ouro? Come ouro. Farta-te de ouro.

(5 e 26)

1553
Potosí

O alcaide e a bela

Se Potosí tivesse hospital e ela passasse pela porta, os doentes ficariam curados.

Mas esta cidade ou amontoado de casas nascido há menos de seis meses não tem hospital.

Cresceu loucamente o acampamento mineiro, que já soma vinte mil almas. Brotam novos tetos, cada amanhecer, ao impulso dos aventureiros que de todas as partes acodem, dando cotoveladas e estocadas, em busca de fortuna fácil. Nenhum homem se arrisca pelas ruelas de terra sem armar-se de espada e malha de couro, e estão as mulheres condenadas a viver atrás dos pórticos. Mais perigo correm as menos feias: e entre elas, a mais bela solteira não tem mais remédio que esconder-se do mundo. Só sai ao amanhecer, muito escoltada, para ir à missa: porque ao vê-la qualquer um teria vontade de bebê-la inteirinha, de um gole ou aos pouquinhos.

O alcaide-mor da vila, dom Diego de Esquivel, pôs-lhe o olho. Dizem que por isso anda sorrindo de orelha a orelha, e todo mundo sabe que ele não tinha tornado a sorrir desde aquela distante vez que tentou fazê-lo, na infância, e seus músculos ficaram doendo.

(167)

Ao som do realejo,
canta um cego à que dorme sozinha

Senhora,
por que dormes sozinha
podendo dormir
com um mancebo
que tenha calções
de polidos botões
e casaca
de ilhós de prata?
Lá em cima
há uma verde oliveira.
Lá embaixo

há um verde laranjal.
E no meio
há um pássaro negro
que chupa
seu torrão de açúcar.

(196)

1553
Potosí

O ALCAIDE E O GALÃ

– Não dorme sozinha – diz alguém. – Dorme com esse aí.

E o apontam. O preferido da moça é um soldado de boa postura e com mel nos olhos e na voz. Dom Diego mastiga o despeito e resolve esperar.

A oportunidade chega uma noite, em uma das casas de jogo de Potosí, vinda na mão de um frade que tinha jogado o dinheiro das esmolas. Um mago dos baralhos está recolhendo os frutos de seu ofício quando o padre depenado deixa cair um braço, tira um punhal da batina e crava a mão dele no tapete. O galã, que anda por ali por pura curiosidade, se mete na briga.

Vão todos presos.

Toca ao alcaide, dom Diego, decidir. Encara o galã e oferece:

– Multa ou chibata.

– Multa, não posso pagar. Sou pobre, mas fidalgo de sangue puro e solar conhecido.

– Doze chibatadas para este príncipe – decide o alcaide.

– A um fidalgo espanhol! protesta o soldado.

– Conte-me isso pela outra orelha, porque esta não te crê – diz dom Diego e senta-se para desfrutar as chibatadas.

Quando o desamarram, o castigado amante ameaça:

— Em vossas orelhas, senhor alcaide, cobrarei vingança. As empresto a vós por um ano. Podeis usá-las por um ano, mas são minhas.

(167)

1554
Cuzco

O ALCAIDE E AS ORELHAS

Desde que o galã fez a ameaça, dom Diego apalpa as orelhas cada manhã, ao despertar, e as mede no espelho. Descobriu que as orelhas crescem quando estão contentes e que as encolhem o frio e as melancolias; que as transformam em ferro em brasa os olhares e as calúnias e que batem asas desesperadamente, como pássaros na gaiola, quando escutam o ruído de uma folha de aço que se afia.

Para pô-las a salvo, dom Diego as traz para Cuzco. Guardas e escravos o acompanham na longa viagem.

Um domingo de manhã, dom Diego sai da missa, mais desfilando que caminhando, seguido por um negrinho que leva seu reclinatório de veludo. De repente um par de olhos se cravam, certeiros, em suas orelhas, e uma capa azul atravessa em rajada a multidão e se desvanece, ondulando, na distância.

Ficam as orelhas como que machucadas.

(167)

1554
Lima

O alcaide e o cobrador

Daqui a pouco, os sinos da catedral anunciarão a meia-noite. E então se cumprirá um ano exato daquele estúpido episódio que obrigou dom Diego a mudar-se para Cuzco, e de Cuzco a Lima.

Dom Diego confirma pela milésima vez que estão as trancas postas e que não dormiram os que montam Barda até no teto. Ele mesmo revistou a casa canto por canto, sem esquecer nem a lenha da cozinha

Daqui a pouco oferecerá uma festa. Haverá touros e mascaradas, jogos de canas e fogos de artifício, aves assando-se nas fogueiras e barris de vinho com a torneira aberta. Dom Diego deixará Lima inteira vesga de deslumbramento. Na festa estreará sua capa de damasco e sua nova sela de veludo negro, tacheada de cravos de ouro, que tão bom jogo faz com as abas de sua casaca carmesim.

Senta-se para esperar pelos sinos. Conta as badaladas. Suspira fundo.

Um escravo ergue o candelabro e ilumina o caminho de tapetes até o dormitório. Outro escravo tira seu gibão e suas calças, estas calças que parecem luvas, e as meias brancas. Os escravos fecham a porta e se retiram para ocupar seus postos de vigilância até o amanhecer.

Dom Diego sopra as velas, afunda a cabeça no travesseiro de seda e, pela primeira vez em um ano, mergulha em um sono sem sobressaltos.

Muito depois, começa a mover-se a armadura que enfeita um canto do dormitório. Espada em punho, a armadura avança na escuridão, muito lentamente, até a cama.

(167)

1554
Cidade do México

Sepúlveda

O cabildo da Cidade do México, flor e nata do senhorio colonial, resolve mandar a Juan Ginés de Sepúlveda duzentos pesos de ouro, em reconhecimento por sua tarefa e para animá-lo no futuro.

Sepúlveda, o humanista, não é somente doutor e arcipreste, cronista e capelão de Carlos V. Brilha também nos negócios, segundo prova sua crescente fortuna, e nas cortes trabalha como ardoroso agente de propaganda dos donos de terras e índios da América.

Ante os alegados de Bartolomé de las Casas, assegura Sepúlveda que os índios são servos pela natureza, segundo desejo de Deus, e que sobrados exemplos brindam as Sagradas Escrituras do castigo aos injustos. Quando Las Casas pretende que os espanhóis aprendam a língua dos índios tanto como os índios a língua de Castilha, contesta Sepúlveda que a diferença entre os espanhóis e os índios é a mesma que separa machos e fêmeas e quase a que diferencia homens de macacos. O que Las Casas chama de abuso e crime, para Sepúlveda é legítimo sistema de domínio e recomenda a arte da caça contra quem, tendo nascido para obedecer, recusa a escravidão.

O rei, que publica os ataques de Las Casas, proíbe, em compensação, o tratado de Sepúlveda sobre as justas causas da guerra colonial. Sepúlveda aceita a censura sorrindo e sem protestar. Pode mais, afinal das contas, a realidade que a má consciência, e bem sabe ele o que no fundo sabem todos os que mandam: que é o desejo de ganhar ouro, e não o de ganhar almas, o que levanta impérios.

(90 e 118)

1556
Assunção do Paraguai

As conquistadoras

Em suas costas carregaram lenha e feridos. As mulheres trataram os homens como menininhos: lhes deram água fresca e consolo e teias de aranha para fechar as feridas. As vozes de ânimo e de alarma brotaram de suas bocas, e também as maldições que fulminaram os covardes e empurraram os frouxos. Elas dispararam as balestras e os canhões enquanto eles se arrastavam buscando sombra onde morrer. Quando chegaram aos bergantins os sobreviventes da fome e das flechas, foram as mulheres que içaram as velas e buscaram o rumo, rio acima, remando e remando sem queixas. Assim ocorreu em Buenos Aires e no rio Paraná.

Ao cabo de vinte anos, o governador Irala reparte índios e terras em Assunção do Paraguai.

Bartolomé García, que foi daqueles que chegaram nos bergantins do sul, murmura seus protestos. Irala não lhe deu mais que dezesseis índios, a ele que tem ainda afundada no braço uma ponta de flecha e soube lutar corpo a corpo com as onças que saltavam as paliçadas de Buenos Aires.

– E eu? Se tu te queixas, que direi eu? – geme dona Isabel de Guevara.

Ela também esteve desde o princípio. Veio da Espanha para fundar Buenos Aires ao lado de Mendoza e ao lado de Irala subiu até Assunção. Por ser mulher, não ganhou do governador nem um índio.

(120)

1556
Assunção do Paraguai

"O paraíso de Maomé"

Rodam os dados. Uma índia segura o candeeiro. Despida será levada por quem a ganhe, porque sem roupas a apostou quem a perde.

No Paraguai, as índias são os troféus das rodas de dados ou de baralho, a presa das expedições da selva, a causa dos duelos e dos assassinatos. Embora existam muitas, a mais feia vale tanto como um toucinho ou um cavalo. Os conquistadores das Índias e das índias acodem à missa seguidos de manadas de mulheres. Nesta terra estéril de ouro e prata, alguns têm oitenta ou cem, que durante o dia moem cana e pela noite tecem algodão e se deixam amar, para dar a seus senhores mel, roupas, filhos: elas ajudam a esquecer as riquezas sonhadas que a realidade negou e as distantes noivas que na Espanha envelhecem esperando.

– Cuidado. Vão para a cama com ódio – adverte Domingo Martínez, pai de infinitos mestiços e futuro frade. Ele diz que são índias rancorosas e teimosas, sempre ávidas por regressar aos montes onde foram caçadas, e que não se lhes pode confiar nem uma onça de algodão porque o escondem ou queimam ou dão, *que sua glória é outra a não ser pôr a perder os cristãos e destruir tudo que existe*. Algumas se mataram enforcando-se ou comendo terra e tem as que negam o peito a seus filhos recém-nascidos. E a índia Juliana matou uma noite o conquistador Nuño de Cabrera e, aos gritos, incitou as outras para que seguissem seu exemplo.

(73 e 74)

Canção do mulherengo,
do cancioneiro espanhol.

Como os mouros gastam
sete mulheres,
também os espanhóis
sete querem. Ai, que alegria,
que já se fez da Espanha
uma mouraria!
Querer uma é nenhuma,
querer duas é mentira
querer três e enganar quatro
é glória que nem Deus tira!

(196)

1556
A Imperial

Mariño de Lobera

O cavalo, pelo de ouro e muito brio, decide o rumo e o ritmo. Se quer galopar, galopa: busca o campo e salta entre os pastos altos, vai até o arroio e regressa: respeitoso, a trote lento vai e vem pelas ruas de terra da cidade novinha.

Rédeas soltas, montado em pelo, Pedro Mariño de Lobera passeia e celebra. Todo o vinho que havia na Imperial circula por suas veias. De vez em quando, dá risadas e faz comentários. O cavalo vira a cabeça, olha e aprova.

Hoje faz quatro anos que dom Pedro abandonou o séquito do vice-rei em Lima e empreendeu o longo caminho até o Chile.

– Eu tenho quatro anos – diz dom Pedro ao cavalo. – Quatro aninhos. Você é mais velho e mais burro.

Neste tempo, foi muito o que viu e lutou. Ele diz que destas terras chilenas brotam alegrias e ouro como as plantas crescem em outras comarcas. E quando há guerra, que sempre há, a Virgem faz surgir neblina espessa para cegar os índios e o apóstolo Santiago junta sua lança e seu cavalo branco às hostes da conquista. Não longe daqui, faz pouco tempo, estando as esquadras araucanas de costas para o mar, uma onda gigantesca os arrebatou e tragou.

Dom Pedro lembra e comenta e o cavalo move a cabeça.

Um relâmpago escorre, de repente, no céu, e os trovões atordoam a terra.

– Chove – comprova dom Pedro. – Chove leite!

O cavalo ergue a boca e bebe.

(130)

1558
Cañete

A GUERRA CONTINUA

Com cem flechas no peito acaba Caupolicán. O grande chefe de um olho só cai derrotado pela traição. A lua costumava parar para contemplar suas façanhas e não havia entre os homens quem não o amasse ou temesse, mas um traidor pôde com ele.

No ano passado, a traição surpreendeu também Lautaro:

– E tu, que fazes aqui? – perguntou o chefe dos espanhóis.

– Venho oferecer-te a cabeça de Lautaro – disse o traidor.

Lautaro não entrou em Santiago chefiando seus homens, com passo de vencedor. Uma lança, a mais longa do exército espanhol, levou a Santiago sua cabeça, vinda do morro Chilipirco.

A traição é uma arma tão devastadora como o tifo, a varíola e a fome, que atormentam os araucanos enquanto a guerra vai arrasando os plantios.

Mas os lavradores e os caçadores destas terras do Chile têm outras armas. Dominam agora os cavalos que antes davam terror: atacam a cavalo, torvelinho de ginetes, e se protegem com couraças de couro cru. Sabem disparar os arcabuzes que arrancam no campo de batalha e atam as espadas nas pontas de suas lanças. Atrás dos arbustos que se movem na bruma do amanhecer, avançam sem que ninguém os veja. Depois simulam retirar-se, para que os cavalos inimigos afundem nos pântanos ou quebrem as patas nas armadilhas ocultas. As colunas de fumaça lhes dizem por onde andam as tropas espanholas: atacam e desaparecem. De repente regressam e atiram-se sobre o inimigo quando brilha forte o sol do meio-dia e os soldados estão cozinhando-se dentro das armaduras. Os laços corrediços, que Lautaro inventou, derrubam os ginetes.

Além disso, os araucanos voam. Antes de sair para a luta, esfregam no corpo as penas dos pássaros mais velozes.

(5 e 66)

Canção Araucana do Ginete Fantasma

Quem é o que cavalga no vento,
como o tigre,
com seu corpo de fantasma?
Quando os carvalhos o veem,
quando o veem as pessoas,
se dizem em voz baixa
uns a outros: "Veja, irmão,
aí vem o espectro de Caupolicán".

(42)

1558
Michmaloyan

Os tzitzime

Prenderam e estão castigando Juan Téton, índio predicador do povo de Michmaloyan, no vale do México, e também quem o escutou e acatou. Andava Juan anunciando o fim de um ciclo e dizia que estava próximo o laço dos anos. Então, dizia, chegará a completa escuridão, se secarão os verdores e haverá fome. Em animais se transformarão todos os que não lavem a cabeça para apagar o batismo. Os *tzitzime*, espantosos pássaros negros, baixarão do céu e comerão todos os que não tenham tirado de si as marcas dos padres.

Também tinha anunciado os *tzitzime* Martín Océlotl, que foi preso e açoitado, despojado e desterrado de Texcoco. Também ele disse que não haverá lume na festa do fogo novo e que se acabará o mundo por culpa dos que esqueceram as lições dos pais e avós e já não sabem a quem devem o ter nascido e crescido. Através das sombras se abaterão sobre nós os *tzitzime*, dizia, e devorarão as mulheres e os homens. Segundo Martín Océlotl, os frades missionários são *tzitzime* disfarçados, *inimigos de toda alegria, que ignoram que nascemos para morrer e que depois de mortos não temos prazer os regozijo.*

E algo assim também opinam sobre os frades os antigos senhores que sobreviveram em Tlaxcala. *Coitados*, dizem. *Coitados. Devem estar doentes ou loucos. Ao meio-dia, à meia-noite e ao quarto da madrugada, quando todos se regozijam, estes gritam e choram. Mal grande haverão de ter. São homens sem sentido. Não buscam prazer ou alegria, e sim tristeza e solidão.*

(109)

1558
Yuste

Quem sou, quem terei sido?

Respirar é uma façanha e a cabeça arde. Já não caminham os pés, inchados pela gota. Deitado no terraço, o que foi monarca da metade do mundo espanta os bufões e contempla o crepúsculo neste vale da Extremadura. O sol já se vai, além da serra roxa, e os últimos reflexos pintam de vermelho as sombras sobre o convento dos jerônimos.

Com passo de vencedor entrou em muitas cidades. Foi aclamado e odiado. Muitos deram a vida por ele; e a muitos mais arrancaram a vida em seu nome. Depois de quarenta anos de viajar e lutar, o mais alto prisioneiro de seu próprio império quer descanso e esquecimento. Hoje fez que celebrassem uma missa de requiém por si próprio. Quem sou, quem terei sido? Pelo espelho, viu entrar a morte. O que mente ou o mentido?

Entre batalha e batalha, à luz das fogueiras, assinou mais de quatrocentos empréstimos com banqueiros alemães, genoveses e flamengos, e nunca trouxeram bastante ouro e prata os galeões da América. Ele que tanto amava a música escutou mais estrondos de canhões e cavalos que melodias de alaúdes; e no fim de tanta guerra seu filho, Felipe, herda um império em bancarrota.

Através da névoa, pelo norte, Carlos tinha chegado à Espanha aos dezessete anos, seguido por seu séquito de mercadores flamengos e banqueiros alemães, em uma infinita caravana de carretas e cavalos. Naquele então ele não sabia nem cumprimentar na língua de Castilha. Mas amanhã escolherá esta língua para despedir-se:

– *Ai, Jesus!* – serão suas últimas palavras.

(41 e 116)

1559
Cidade do México

Os doentes

A águia dos Austrias abre suas asas de ouro contra o céu limpo do altiplano. Sobre um pano negro, rodeado de bandeiras, resplandece a coroa. O túmulo rende homenagem a Carlos V e também à morte, *que a monarca tão invencível venceu.*

A coroa, cópia exata da que usava o imperador da Europa, percorreu ontem as ruas do México. Sobre uma almofada de damasco trouxeram-na em procissão. A multidão orava e cantava atrás dela, enquanto repicavam, fúnebres, os sinos de todas as igrejas. A cavalo desfilaram os senhores principais, cetins negros, negros brocados, capotes de veludo negro bordados de ouro e prata, e debaixo de um pálio atravessaram as nuvens de incenso o arcebispo, os bispos e suas mitras fulgurantes.

Há várias noites não dormem os alfaiates. A colônia inteira se veste de luto.

Nos arrabaldes, os astecas também estão de luto. Há meses, um ano quase, que estão de luto. A peste mata em quantidade. Uma febre, que não se conhecia antes da conquista, arranca sangue do nariz e dos olhos e mata.

(28)

Conselho dos velhos sábios astecas

Agora que já olhas com teus olhos,
percebe.
Aqui, é assim: não há alegria,
não há felicidade.
Aqui na terra é o lugar de muito pranto,
o lugar onde se rende o fôlego

e onde bem se concebe
o abatimento e a amargura.
Um vento de pedra sopra e se abate
sobre nós.
A terra é lugar de alegria penosa,
de alegria que fere.

Mas ainda que assim fosse,
ainda que fosse verdade que só se sofre,
ainda que fossem assim as coisas na terra,
haverá que estar sempre com medo?
haverá que estar sempre tremendo?
haverá que viver sempre chorando?

Para que não andemos sempre gemendo,
para que nunca nos sature a tristeza,
o Senhor Nosso nos deu
o riso, o sonho, os alimentos,
nossa força,
e finalmente
o ato de amor
que semeia gentes.

(110)

1560
Huexotzingo

A RECOMPENSA

Os chefes indígenas de Huexotzingo usam, agora, os nomes de seus novos senhores. Se chamam Felipe de Mendoza, Hernando de Meneses, Miguel de Alvarado, Diego de Chaves e Mateo de la Corona. Mas escrevem em sua língua, em língua náhuatl, e nela dirigem uma carta ao rei da Espanha: *Desafortunados somos, pobres vassalos vossos de Hgexotzingo...*

Explicam a Felipe II que não podem chegar a ele de outra maneira, porque não têm com que pagar a viagem, e por carta contam sua história e formulam sua petição. Como falaremos? Quem falará por nós? Desafortunados somos.

Eles não guerrearam nunca com os espanhóis. Vinte léguas caminharam até Hernán Cortez e o abraçaram, o alimentaram e o serviram e carregaram seus soldados doentes. Deram a ele homens e armas e a madeira para construir os bergantins que assaltaram Tenochtitlán. Caída a capital dos astecas, os de Huexotzingo lutaram depois junto a Cortez na conquista de Michoacán, Jalisco, Colhuacan, Pánuco, Oaxaca, Tehuantepec e Guatemala. Muitos morreram. E depois, *quando nos disseram que rompêssemos as pedras e queimássemos as madeiras que adorávamos, o fizemos, e destruímos nossos templos... Tudo o que mandaram, obedecemos.*

Huexotzingo era um reino independente quando os espanhóis chegaram. Eles nunca tinham pago tributo aos astecas. Nossos pais, avós e antepassados não conheciam o tributo e não o pagavam a ninguém.

Agora, em compensação, os espanhóis exigem tributos tão altos em dinheiro e milho que *declaramos ante Vossa Majestade que não se passará muito tempo antes de que nossa cidade de Huexotzingo desapareça e morra.*

(120)

1560
Michoacán

Vasco de Quiroga

Cristianismo primitivo, comunismo primitivo: o bispo de Michoacán redige as ordenanças para suas comunidades evangélicas. Ele fundou-as inspirando-se na *Utopía* de Thomas Morus, nos profetas bíblicos e nas antigas tradições dos índios da América.

Os povoados criados por Vasco de Quiroga, onde ninguém é dono de ninguém ou de nada e não se conhece a fome ou o dinheiro, não se multiplicarão, como ele queria, por todo o México. O Conselho das Índias jamais levará a sério os projetos do insensato bispo nem dará ao menos uma olhada nos livros que ele, teimosamente, recomenda. Mas a utopia já regressou à América, que era sua realidade de origem. A quimera de Thomas Morus encarnou-se no pequeno mundo solidário de Michoacán; e os índios daqui sentirão sua, nos tempos que estão por vir, a memória de Vasco de Quiroga, o alucinado que pregou seus olhos no delírio para ver além do tempo da infâmia.

(227)

1561
Vila dos Bergantins

A PRIMEIRA INDEPENDÊNCIA DA AMÉRICA

Foi coroado ontem. Os macacos apareceram, curiosos, entre as árvores. Da boca de Fernando de Guzmán escorria suco de fruta-de-conde e havia sóis em seus olhos. Um após outro, os soldados se ajoelharam frente ao trono de madeira e palha, beijaram a mão do eleito e juraram obediência. Depois assinaram a ata, com nome ou cruz, todos os que não eram mulheres, nem criados, nem índios, ou negros. O escrivão deu fé e testemunho e proclamada ficou a independência.

Os buscadores do El Dorado, perdidos no meio da selva, têm agora o seu próprio monarca. Nada os une à Espanha, a não ser o rancor. Negaram vassalagem ao rei do outro lado do mar:

– Não o conheço! – gritou ontem Lope de Aguirre, puro osso e cólera, erguendo sua espada coberta de mofo. – Não o conheço, nem quero conhecê-lo, ou tê-lo, ou obedecê-lo!

Na choça maior da aldeia se instala a corte. À luz de um candelabro, o príncipe Fernando come incessantes broas de mandioca regadas de mel. É servido por seus pajens; entre broa e broa, dá ordens a seus secretários, dita decretos aos escrivãos e concede audiências e mercês. O tesoureiro do reino, o capelão, o mordomo-mor e o mestre-sala vestem gibões em farrapos e têm as mãos inchadas e os lábios partidos. O chefe de campo é Lope de Aguirre, manco, caolho, quase anão, pele queimada, que pelas noites conspira e durante o dia dirige a construção dos bergantins.

Soam os golpes de machados e de martelos. As correntes do Amazonas despedaçaram as naus, mas já duas novas quilhas se erguem na areia. A selva oferece boa madeira. Com o couro dos cavalos, fizeram foles; das ferraduras saíram pregos, pernos e pinças.

Atormentados pelos mosquitos e pernilongos, envolvidos nos vapores da umidade e da febre, os homens esperam que os barcos cresçam. Comem ervas e carne de urubu, sem sal. Já não sobram cães ou cavalos e os anzóis não trazem mais que barro e algas podres; mas ninguém no acampamento duvida que chegou a hora da vingança. Saíram há meses do Peru, em busca do lago onde, conta a lenda, há ídolos de ouro maciço grandes como rapazes, e ao Peru querem regressar, agora, em pé de guerra. Não vão perder nem um dia mais perseguindo a terra da promissão, porque entenderam que já a conhecem e estão fartos de maldizer seu azar. Navegarão o Amazonas, sairão ao oceano, ocuparão a ilha Margarita, invadirão a Venezuela e o Panamá..

Os que dormem, sonham com a prata de Potosí. Aguirre, que jamais fecha o olho que lhe resta, vê essa prata acordado.

(123 e 164)

1561
Nova Valência do Rei

Aguirre

No centro do palco, machado na mão, aparece Lope de Aguirre rodeado de dezenas de espelhos. O perfil do rei Felipe II se recorta, negro, imenso, sobre o pano de fundo.

LOPE DE AGUIRRE *falando ao público.* Caminhando nossa derrota, e passando por mortes e desventuras, tardamos mais de dez meses e meio em chegar à boca do rio das Amazonas, que é rio grande e temeroso e mal afortunado. Depois, tomamos posse da ilha Margarita. Ali cobrei em forca ou porrete vinte e cinco traições. E depois, abrimos passo em terra firme. Tremem de medo os soldados do rei Felipe! Logo sairemos da Venezuela... Logo entraremos triunfantes no reino do Peru! (*Dá a volta e enfrenta sua própria imagem, de dar pena, em um dos espelhos.*) Eu fiz de dom Fernando de Guzmán rei no rio das Amazonas! (*Ergue o machado e parte o espelho.*) Eu o fiz rei e eu o matei! E o capitão de sua guarda e o tenente-general e quatro capitães! (*Enquanto fala, vai despedaçando todos os espelhos, um atrás do outro*). E seu mordomo e seu capitão capelão! E uma mulher que estava contra mim, e um comendador de Rodas, e um almirante... e seis outros aliados!... E nomeei de novo capitães e sargento-mor! E quiseram me matar e os enforquei! (*Pulveriza os últimos espelhos.*) Matei todos! Todos! (*Senta-se, muito sufocado, no chão coberto de cristais. Nas mãos, vertical, o machado. O olhar perdido. Longo silêncio.*) Em minha mocidade passei o oceano indo às terras do Peru, por valer mais com a lança na mão... Um quarto de século!... Mistérios, misérias... Eu cavei cemitérios arrancando para outros pratarias e xícaras de ouro... Montei forca no centro de cidades não nascidas... A cavalo, persegui multidões... Os índios fugindo apavorados através das chamas. Cavaleiros de pomposo título e emprestadas roupas de seda, filhos de sei lá quem, filhos de ninguém, agonizando na selva, raivosos, mordendo terra, o sangue envenenado pelos dardos... Na cordilheira, guerreiros de armadura de aço atravessados de lado a lado por vendavais mais violentos que qualquer tiro de arcabuz... Muitos encontraram sepultura no ventre dos abutres.... Muitos ficaram amarelos como o ouro que buscavam... A pele amarela, os olhos amarelos.... E o ouro... (*Deixa cair o machado. Abre com dificuldade as mãos, que são como garras. Mostra as palmas.*) Desvanecido... Ouro que virou sombra ou orvalho... (*Olha com estupor. Fica mudo, longos momentos. De repente, se levanta. De costas para o público, ergue o punho seco e torto contra a enorme sombra de Felipe II, projetada, a barba em ponta, no pano de fundo.*) Poucos reis vão ao inferno, porque poucos sois! (*Caminha até o pano de fundo arrastando sua perna manca.*) Ingrato! Eu perdi meu corpo defendendo-te contra os rebeldes do Peru! Te entreguei uma perna e um olho e estas mãos que pouco me servem! Agora, o rebelde sou eu! Rebelde até a morte, por tua ingratidão! (*Encara o público, desembainha a espada.*) Eu, Príncipe dos rebeldes! Lope de Aguirre o Peregrino, Ira de Deus, Caudilho dos feridos! Não te necessitamos, rei da Espanha! (*Se acendem luzes coloridas sobre vários pontos do palco.*) Não deixaremos com vida ministro teu! (*Se atira, com a espada na mão, contra um facho de luz avermelhada.*) Auditores, governadores, presidentes, vice-reis! Guerra de morte contra os alcaguetes cortesãos! (*O facho de luz continua em seu lugar, indiferente à espada que o corta.*) Usurpadores! Ladrões! (*A espada fere o ar.*) Vós destruístes as Índias! (*Avança contra o facho de luz dourada.*) Letrados, tabeliães, caga-tintas! Até quando haveremos de sofrer vossos roubos nestas terras por nós ganhadas? (*As cuteladas atravessam um facho de luz branca.*) Frades, bispos, arcebispos! Vós não quereis enterrar nenhum índio pobre! Por penitência tens na cozinha uma dúzia de moças! Traficantes! Traficantes de sacramentos! Ladrões! (*E assim continua o inútil torvelinho da espada contra os fachos de luz imóvel, que se multiplicam no palco. Aguirre vai perdendo as forças e parece cada vez mais solitário e pequenino.*)

(123 e 164)

1561
Nova Valencia del Rei

Da carta de Lope de Aguirre ao rei Felipe II

...Já de fato percebemos neste reino quanto de cruel és e quebrantador de fé e palavra, e assim temos nesta terra tuas promessas por de menos crédito que os livros de Martim Lutero, pois teu Vice-rei Marquês de Cañete enforcou Martin de Robles homem destacado a teu serviço e o bravoso Tomas Vázquez conquistador do Piru, e o triste do Alonso Deaz que trabalhou mais no descobrimento deste reino que os exploradores de Moisés no deserto...

Olha, olha Rei espanhol, que não sejas cruel a teus vassalos nem ingrato, pois estando tu e teu pai nos reinos de Espanha sem nenhuma tristeza, te deram teus vassalos a custa de seu sangue e sua fazenda tantos reinos e senhorias como nestas partes tens, e olha rei e senhor, que não podes levar com título de rei justo nenhum interesse destas partes onde não aventurastes nada, sem que primeiro os que nisso trabalharam e suaram sejam gratificados...

Ai, ai que pena tão grande que César e Imperador teu pai conquistasse com as forças de Espanha a soberba Germania e gastasse tanta moeda levada destas Índias descobertas por nós, que não te apiades de nossa velhice e cansaço sequer para matar-nos a fome um dia!...

(123)

1561
Barquisimeto

Restabelecem a ordem

Abandonado pelos seus, que preferiram o perdão ou as mercês reais, Lope de Aguirre crava punhaladas em sua filha

Elvira, *Para que não venha a ser colchão de velhacos*, e enfrenta seus verdugos. Corrige-lhes a pontaria, assim não, assim não, mau tiro, e cai sem encomendar-se a Deus.

Quando Felipe II lê a carta, sentado em seu trono muito longe daqui, a cabeça de Aguirre está cravada em uma estaca, para advertência de todos os peões do desenvolvimento europeu.

(123 e 164)

1562
Maní

SE ENGANA O FOGO

Frei Diego de Landa atira às chamas, um após outro, os livros dos maias.

O inquisidor amaldiçoa Satanás e o fogo crepita e devora. Em volta do queimadeiro, os hereges uivam de cabeça para baixo. Pendurados pelos pés, em carne viva pelas chibatadas, os índios recebem banhos de cera fervendo enquanto crescem as chamas e gemem os livros, como queixando-se.

Esta noite se transformam em cinzas oito séculos de literatura maia. Nestes longos rolos de papel de casca de árvore, falavam os sinais e as imagens: contavam os trabalhos e os dias, os sonhos e as guerras de um povo nascido antes que Cristo. Com pincéis de pelos de javali, os sabedores de coisas tinham pintado estes livros iluminados, iluminadores, para que os netos dos netos não fossem cegos e soubessem ver-se e ver a história dos seus, para que conhecessem os movimentos das estrelas, as frequências dos eclipses e as profecias dos deuses, e para que pudessem chamar as chuvas e as boas colheitas de milho.

Ao centro, o inquisidor queima os livros. Ao redor da fogueira imensa, castiga os leitores. Enquanto isso, os autores, artistas-sacerdotes mortos há anos ou séculos, bebem chocolate na sombra fresca da primeira árvore do mundo. Eles estão em paz, porque morreram sabendo que a memória não se incendeia. Não se cantará e dançará, por acaso, pelos tempos dos tempos, o que eles tinham pintado?

Quando queimam suas casinhas de papel, a memória encontra refúgio nas bocas que cantam as glórias dos homens e deuses, *cantares que de gente em gente ficam*, e nos corpos que dançam ao som dos troncos ocos, dos cascos de tartaruga e das flautas de taquara.

(205 e 219)

1563
Forte de Arauco

A história que será

O cerco afoga. Neste forte de fronteira, duas vezes queimado e renascido, quase não resta água. Logo haverá que beber o pouco que se mija. Tantas flechas caíram dentro que os espanhóis as usam como lenha para cozinhar.

O chefe dos araucanos se aproxima, a cavalo, até os pés da muralha:

– Capitão! Me escutas?

Lorenzo Bernal aparece lá no alto.

O chefe indígena anuncia que rodearão a fortaleza com palha e acenderão o fogo. Diz que não deixaram homem com vida em Concepción.

– Que nada! – grita Bernal.

– Renda-se, capitão! Não tem saída!

– Que nada! Nunca!

O cavalo fica em pé em duas patas.

– Então, vão morrer!

– Pois morreremos – diz Bernal, e grita: "Mas com o tempo ganharemos a guerra! Seremos cada vez mais!"

O índio responde com uma gargalhada.

– Com que mulheres? – pergunta.

– Se não há espanholas, teremos as vossas – diz o capitão, lento, saboreando, e acrescenta:

– *E nelas faremos filhos que serão vossos amos.*

(130)

1564
Plymouth

Hawkins

Os quatro navios, ao mando do capitão John Hawkins, esperam a maré da manhã. Nem bem subam as águas, partirão rumo à África, para caçar homens nas costas da Guiné. Dali porão a proa rumo às Antilhas, para trocar os escravos por açúcar, couros e pérolas.

Há um par de anos Hawkins fez esse trajeto por conta própria. Em uma nau chamada *Jesus*, vendeu de contrabando trezentos negros em São Domingos. Explodiu de fúria a rainha Isabel quando ficou sabendo, mas desfez-se sua ira quando soube o lucro da viagem. Em um piscar de olhos, se tornou sócia do audaz lobo-do-mar do condado de Devon, e os condes de Pembroke e Leicester e o alcaide-mor de Londres compraram as primeiras ações da nova empresa.

Enquanto os marinheiros içam as velas, o capitão Hawkins discursa da ponte de comando. A armada britânica fará suas essas ordens nos séculos vindouros:

– *Sirvam a Deus diariamente!* – manda Hawkins. – *Amai-vos uns aos outros! Reservai vossas provisões! Cuidai-vos do fogo! Mantenhai-vos em boa companhia!*

(127, 187 e 198)

1564
Bogotá

Desventuras da vida conjugal

– Diga. Me achas esquisita?
– Pois um pouco.
– Um pouco o quê?
– Um pouco gorda, senhora, queira desculpar-me.
– Vamos ver se adivinhas. Gorda estou de comer ou de rir?
– Gorda de amar, pareceria, e isso não é ofender.
– Qual o que, mulher, se por isso te chamei...

Está a senhora muito preocupada. Pouca paciência teve seu corpo, incapaz de esperar pelo marido ausente; e alguém lhe disse que o traído está chegando a Cartagena. Quando descubra sua barriga... O que não fará esse homem tão categórico, que decapitando cura as dores de cabeça?

– Por isso te chamei, Juana. Ajuda-me, tu que és tão voadora e que podes beber vinho de uma taça vazia. Diz-me. Vem meu marido na frota de Cartagena?

Em bacia de prata, a negra Juana García revolve águas, terras, sangues, ervas. Mergulha um livrinho verde e o deixa navegar. Depois afunda o nariz:

– Não – informa. – Não vem. E se a senhora quer ver o seu marido, olhe aqui.

Se inclina a senhora sobre a bacia. À luz das velas, vê o marido. Ele está sentado ao lado de uma bela mulher, em um lugar de muitas sedas, enquanto alguém corta um vestido de pano bordado.

– Ah, farsante. Diz-me, Juana, que lugar é este?
– A casa de um alfaiate, na ilha de São Domingos.

Nas espessas águas aparece a imagem de um alfaiate cortando uma manga.

– Devo tirá-la? – propõe a negra.
– Pois tire!

A mão emerge da bacia com uma manga de fino tecido gotejando entre os dedos.

A senhora treme, mas de fúria.

– Merece mais barrigas o porcalhão!

De um canto, um cãozinho rosna com os olhos entreabertos.

(194)

1565
Caminho de Lima

A ESPIÃ

Na fazenda de dom Antonio Sola, nas margens do rio Lurín, cresceram melões grandes como sóis. É a primeira vez que por aqui se plantam essas frutas trazidas da Espanha; e o capataz envia ao amo dez amostras para seu prazer e glória. A enormidade destes melões é comparável à grandeza dos rabanetes do vale de Cuzapata, dos quais se diz que se pode amarrar cinco cavalos aos seus ramos.

Dois índios levam a Lima, em dois sacos, a oferenda do capataz. O capataz deu-lhes uma carta para que entregassem, com os melões, a dom Antonio Sola:

– Se comerem algum melão – advertiu – a carta dirá.

Na metade do caminho, quando estão a um par de léguas da Cidade dos Reis, os índios se sentam em um barranco para descansar.

– E que sabor terá esta fruta tão estranha?

– Haverá de oferecer maravilhas.

– E se provarmos? Um melão. Unzinho.

– *Carta canta* – adverte um dos índios.

Olham a carta, odeiam a carta. Buscam uma prisão para ela. Escondem a carta atrás de uma pedra, de onde não possa ver nada, e com rápidas dentadas devoram um melão, polpa de água doce, delícia jamais imaginada, e depois comem outro, para igualar as cargas.

Então apanham a carta, que guardam entre suas roupas, jogam os sacos às costas e continuam seu caminho.

(76)

1565
Yauyos

Essa pedra sou eu

O funcionário do rei aguarda a bruxa, sábia em maldades, que virá prestar contas. Aos seus pés jaz, de boca para baixo, o ídolo de pedra. A bruxa foi surpreendida quando estava velando esta *huaca* escondida, e daqui a pouco pagará por sua heresia. Mas antes do castigo, o funcionário quer escutar de sua boca a confissão de suas conversas com o demônio. Enquanto espera que ela chegue, se distrai pisando a *huaca* e meditando sobre o destino destes índios, que dá pena a Deus tê-los feito.

Os soldados atiram a bruxa e a deixam tremendo no umbral.

Então a *huaca* de pedra, feia e velha, cumprimenta em idioma quechua a bruxa velha e feia:

– *Bem-vinda sejas, princesa* – diz a voz, rouca, debaixo das solas do funcionário.

O funcionário fica vesgo e cai, esparramado, no chão.

Enquanto o abana com um chapéu, a velha se agarra à casaca do desmaiado e clama: "Não me castigues, senhor, não a quebre!"

A velha queria explicar-lhe que nessa pedra vivem as divindades e que se não fosse por causa da *huaca*, ela não saberia como se chama, nem quem é, nem de onde vem e andaria pelo mundo nua e perdida.

(221)

Oração dos incas em busca de Deus

Ouça-me,
do mar de cima onde permaneces,
do mar de baixo onde estás.
Criador do mundo,
alfareiro do homem,
Senhor dos Senhores,
a ti,
com meus olhos que se desesperam por ver-te
ou de pura vontade de conhecer-te
pois ao ver-te,
ao conhecer-te,
ao considerar-te,
ao compreender-te,
tu me verás e me conhecerás.
O sol,
a lua,
o dia,
a noite,
o verão,
o inverno,
não em vão caminham,
ordenados,
ao lugar designado
e a bom termo chegam.
Por todas as partes levas contigo
teu cetro de rei.
Ouça-me,
escuta-me.
Que não seja que eu canse
e morra.

(105)

1565
Cidade do México

Cerimônia

Cintila a túnica dourada. Quarenta e cinco anos depois de sua morte, Montezuma encabeça a procissão. Os cavaleiros entram, a trote lento, na praça maior da Cidade do México.

Os bailarinos dançam ao som dos tambores e ao lamento dos pífanos. Muitos índios, vestidos de branco, levantam ramos de flores; outros sustentam enormes caçarolas de barro. A fumaça do incenso se mistura aos aromas das comidas picantes.

Na frente do palácio de Cortez, Montezuma desce do cavalo.

A porta se abre. Entre seus pajens, armados com altas e afiadas alabardas, aparece Cortez.

Montezuma humilha sua cabeça, coroada de plumas e ouro e pedras preciosas. Ajoelhado, oferece *grinaldas* de flores. Cortez toca seu ombro. Montezuma se levanta. Com gesto lento, tira a máscara e descobre os cabelos cacheados e os bigodes de pontas altas de Alonso de Ávila.

Alonso de Ávila, senhor de forca e punhal, dono de índios, terras e minas, entra no palácio de Martín Cortez, marquês do vale de Oaxaca. O filho do conquistador abre sua casa ao sobrinho de outro conquistador.

Hoje começa oficialmente a conspiração contra o rei da Espanha. Na vida da colônia, nem tudo são saraus e torneios, baralhos e caçadas.

(28)

1566
Madrid

O fanático da dignidade humana

Frei Bartolomé de Las Casas está passando por cima do rei e do Conselho das Índias. Será castigada a sua desobediência? Aos noventa e dois anos, pouco lhe importa. Meio século lutou ele. Não estão em sua façanha as chaves de sua tragédia? Muitas batalhas deixaram que ele ganhasse; faz tempo que sabe disso, porque o resultado da guerra estava decidido por antecipação.

Os dedos já não lhe dão confiança. Dita a carta. Sem autorização de ninguém, se dirige diretamente à Santa Sé. Pede ao papa Pio V que mande cessar as guerras contra os índios e que ponha fim ao saqueio que usa a cruz como álibi. Enquanto dita se indigna, sobe-lhe o sangue à cabeça e se rompe a voz que lhe sobra, rouca e pouca.

Subitamente, cai ao chão.

(70 e 90)

1566
Madrid

Mesmo perdendo, vale à pena.

Os lábios se movem, dizem palavras sem som.
– Me perdoarás, Deus?
Frei Bartolomé pede clemência no Juízo Final, por ter acreditado que os escravos negros e mouros aliviariam a sorte dos índios.

Jaz estendido, úmida a testa, pálido, e não cessam de mover-se os seus lábios.

Um trovão explode, lento, ao longe. Frei Bartolomé, o nascedor, o fazedor, fecha os olhos. Embora tenha sido sempre duro de ouvido, escuta a chuva sobre o telhado do convento de Atocha. A chuva molha a sua cara. Sorri.

Um dos sacerdotes que o acompanham murmura alguma coisa sobre a estranha luz que acendeu-lhe o rosto. Através da chuva, livre de dúvida e tormento, frei Bartolomé está viajando, pela última vez, para os verdes mundos onde conheceu a alegria.

– Obrigado – dizem seus lábios, em silêncio, enquanto lê as orações à luz de vaga-lumes, salpicado pela chuva que golpeia o teto de folhas de palmeiras.

– Obrigado – diz, enquanto celebra missa em choupanas sem paredes e batiza crianças nuas nos rios.

Os sacerdotes fazem o sinal da cruz. Caíram os últimos grãos de areia do relógio. Alguém vira a ampulheta, para que o tempo não pare.

(27, 70 e 90)

1568
Los Teques

GUAICAIPURO

Nunca mais o rio refletirá seu rosto, seu penacho de altas plumas. Esta vez os deuses não escutaram sua mulher, Urquía, que pedia que não o tocassem balas nem doenças e que nunca o sono, irmão da morte, esquecesse de devolvê-lo ao mundo ao fim de cada noite.

A tiros, os invasores derrubaram Guaicaipuro. Desde que os índios o tinham escolhido como chefe, não houve trégua neste vale nem nas serras de Ávila. Na recém-nascida cidade de Caracas se benziam ao dizer, em voz baixa, seu nome. Frente à morte e seus funcionários, o último dos livres caiu gritando *matem-me, matem-me, livrem-se do medo*.

(158)

1568
Cidade do México

Os filhos de Cortez

Martín se chama o filho mais velho de Hernán Cortez, filho natural nascido da índia Malinche. Seu pai deixou-lhe, ao morrer, uma pensão anual magra.

Martín se chama, também, o filho legal de Hernán Cortez, nascido de uma espanhola filha de conde e sobrinha de duque. Este Martín herdou o brasão e a fortuna: é o marquês do vale de Oaxaca, dono de milhares de índios e léguas nesta terra que seu pai tinha humilhado e amado e escolhido para dormir para sempre.

Em poltrona de veludo carmesim e beiradas de ouro, costumava passear Martín, o marquês, pelas ruas do México. Atrás dele marchavam seus guardas de libré vermelha, armados de espadas. Quem se cruzava com ele se descobria, lhe rendia homenagem e se somava ao séquito. O outro Martín, o bastardo, fazia parte da comitiva.

Martín, o marquês, quis romper com a Espanha, e proclamar-se rei do México. Quando a conjura fracassou, balbuciou arrependimentos e delatou nomes. Perdoaram-lhe a vida.

Martín, o bastardo, que serviu a seu irmão na conspiração e em todo o resto, se contorce agora na tortura. Ao seu lado, o escrivão anota: *Foi despido e posto na cilha. Admoestado, disse que não devia nada.*

O verdugo dá uma volta na roda. As cordas arrebentam carne e esticam os ossos.

O escrivão anota: *Admoestam-lhe de novo. Diz que não tem mais a dizer do que já disse.*

Segunda volta de corda. Terceira, quarta, quinta.

(28)

1569
Havana

São Simão contra as formigas

As formigas acossam a cidade e arrasam plantios. Andam devorando pelo umbigo mais de um cristão de sono pesado.

Em sessão extraordinária, as autoridades de Havana resolvem pedir proteção a um santo padroeiro contra as *bibijaguas* e outras formigas bravas.

Frente ao reverendo Alonso Álvarez, celebra-se o sorteio entre os doze apóstolos. Sai favorecido São Simão, a quem tomam por advogado *para que seja intercessor ante Deus Nosso Senhor, para que tire todas as formigas de sobre este povo, casa e fazendas desta vila e seus limites.*

Em retribuição, a cidade celebrará festa anual para honra e reverência do bem-aventurado São Simão, com canto de véspera, missa, procissão de assistência obrigatória e tourada.

(161)

1571
Cidade do México

Delatarás ao próximo

Dos balcões escorrem, pendurados, os escudos de armas, tapetes coloridos, veludos, bandeirolas. Fulguram a armadura do cavaleiro de Santiago, que inclina seu estandarte ante o vice-rei. Os pajens erguem seus grandes machados, em torno da enorme cruz cravada no patíbulo.

O inquisidor geral está chegando de Madrid. É anunciado com atabaques e clarins. Vem em lombo de mula, com arreio cravejado, no meio de uma multidão de círios acesos e capuzes negros.

Sob sua autoridade suprema serão atormentados ou queimados os hereges. Há séculos, o papa Inocêncio IV mandou agoniar com tormentos os assassinos das almas e os ladrões da fé de Cristo; e muito depois o papa Paulo III proibiu que a tortura durasse mais de uma hora. Desde então, os inquisidores interrompem um pouquinho seu trabalho a cada hora. O inquisidor geral recém-chegado ao México cuidará que nunca se use lenha verde nas execuções, para que não feda a cidade a fumaças ruins; e as ordenará em dias de céu claro, para que todos possam admirá-las. Não se ocupará dos índios, *por ser novos na fé, gente fraca e de pouca substância.*

O inquisidor geral se senta ao lado do vice-rei. É saudado por uma salva de artilharia.

Repicam os tambores e o pregoeiro proclama o edital geral da fé. Manda o edital que todos delatem o que saibam ou tenham visto ou ouvido, sem reservar mulher, marido, pai ou quem quer que seja, por mais íntimo que seja. Estão todos obrigados a denunciar vivos ou mortos que tenham dito ou acreditado em *palavras ou opiniões heréticas, suspeitas, errôneas, temerárias, malsoantes, escandalosas ou blasfemas.*

(115 e 139)

1571
Madrid

A CULPA É DO CRIMINOSO OU DA TESTEMUNHA?

Do espelho ou da cara? O rei não pensa duas vezes. Por decreto ordena a incautação de todos os manuscritos que deixou frei Bartolomé de Las Casas, para que não cheguem às mãos dos maus espanhóis e dos inimigos da Espanha. Sobretudo, preocupa-se Felipe II que possa publicar-se ou de algum modo difundir-se a muito volumosa História das

Índias, que Las Casas não pôde concluir e que vive, prisioneira trancada à chave, no mosteiro de São Gregório.

(70 e 90)

1572
Cuzco

Túpac Amaru I

Vem arrastando os pés pela rua de pedras. No lombo de um burrico anão, com a corda no pescoço, caminha Túpac Amaru para o lugar onde será degolado. Na frente, o pregoeiro o proclama tirano e traidor.

Na praça maior, cresce o alvoroço.

– Inca, por que te levam para cortar a tua cabeça?

Os murmúrios da multidão indígena se transforma em gritaria. *Que mandem matar-nos todas!*, pedem os gritos das mulheres.

Do alto do tablado, Túpac Amaru levanta uma das mãos, apoia essa mão sobre o ouvido e deixa-a cair parcimoniosamente. Cala-se, então, a multidão.

Não há nada que não seja silêncio quando o sabre do verdugo parte o pescoço do neto de Huaina Cápac.

Com Túpac Amaru se acabam quatro séculos de dinastia dos incas e quase quarenta anos de resistência nas montanhas de Wilcabamba. Já não descerão sobre o vale de Cuzco os vendavais da guerra, o ronco ritmo dos caracóis-do-mar.

(76)

1572
Cuzco

Acreditam os vencidos:

Ele voltará e pela terra andará. As mais altas montanhas sabem. Como são as mais altas, veem mais longe e sabem.

Foi filho do sol e de mulher boa.

Ele prendeu o vento; e o sol, seu pai, foi por ele amarrado, para que o tempo dure.

A chibatadas, guiando-as, levou pedras até as alturas. Com essas pedras fez templos e fortalezas.

Por onde foi, foram-se os pássaros. Os pássaros o cumprimentavam e alegravam seu passar. Por muito caminhar, derramou sangue dos pés. Quando o sangue dos pés dele se misturou com a terra, nós aprendemos a cultivar. Aprendemos a falar quando ele nos disse: "Falem". Ele foi mais forte e mais jovem que nós.

Nem sempre tivemos medo no peito. Nem sempre andamos aos tombos, como os besouros dos caminhos. É longa a nossa história. Nossa história nasceu no dia em que fomos arrancados da boca, dos olhos, das axilas e da vagina da terra.

O irmão de Inkarrí, Españarrí, cortou-lhe a cabeça. Foi ele. A cabeça de Inkarrí se transformou em dinheiro. Ouro e prata brotaram das tripas cheias de merda de seu ventre.

As mais altas montanhas sabem. A cabeça de Inkarrí está querendo crescer rumo aos pés. Seus pedaços haverão de juntar-se algum dia. Esse dia, amanhecerá ao anoitecer. Esse dia, ele andará pela terra perseguido pelos pássaros.

(15 e 162)

1574
Cidade do México

O PRIMEIRO AUTO DE FÉ NO MÉXICO

Desde que os pregoneiros difundiram o edital das delações choveram denúncias contra hereges e bígamos e bruxas e blasfemos.

Celebra-se o auto de fé no primeiro domingo da Quaresma. Desde que sai o sol até que apareça a noite, o Tribunal do Santo Ofício da Inquisição dita as sentenças contra os espantalhos arrancados das celas e das câmaras de tortura. Os verdugos trabalham no alto do tablado suntuoso, rodeados de lanças e ovações da multidão. *Não há memória de tanta multidão que tenha acudido a nenhum regozijo público nem a outra coisa de muito grande solenidade que na terra tenha sido oferecida,* diz o vice-rei da Nova Espanha, que assiste ao espetáculo sentado em poltrona de veludo e com almofadinha aos seus pés.

Aplica-se o castigo de vela, corda, mordaça, abjuração *de levi* e entre cem e duzentos açoites a um prateiro, um fazedor de facas, um dourador, um escrivão e um sapateiro *por ter dito que a simples fornicação não era pecado mortal.* Penas semelhantes sofrem vários bígamos, e entre eles o frade Agostinho Juan Sarmiento, que com as costas em carne viva vai remar galeras durante cinco anos.

Cem açoites recebem o negro Domingo, nascido aqui, *porque tem o costume de renegar a Deus,* e Miguel Franco, mestiço, *porque fazia que sua mulher se confessasse com ele.* Outros cem o boticário sevilhano Gaspar de los Reyes, *por ter dito que era melhor estar amancebado que casado e que aos pobres e aflitos era lícito cometer perjúrio por dinheiro.*

A remar galeras, *duro cárcere de travessos,* vão vários luteranos e judeus *que no leite mamaram sua heresia,* uns quantos ingleses da armada do pirata. John Hawkins e um francês *que chamava de poltrões o Papa e o Rei.*

Nas fogueiras acabam seus hereges dias um inglês das minas de Guanajuato e um barbeiro francês de Yucatán.

(139)

1576
Guanajuato

Dizem os frades:

Chegou ao México há vinte anos. Duas pombas a guiaram até Guanajuato. Sem um arranhão chegou, embora tenha cruzado o mar e atravessado o deserto e tenham-se extraviado os que a traziam. O rei a mandou para nós, em gratidão pelas riquezas que a jorros brotam, sem nunca cessar, das entranhas destes montes.

Durante mais de oito séculos, ela tinha vivido na Espanha. Sobreviveu escondida, oculta dos mouros, em uma gruta de Granada. Quando os cristãos a descobriram a resgataram, não encontraram em seu corpo de madeira nenhuma ferida. Intacta chegou a Guanajuato. Intacta continua, fazendo milagres. A pobres e ricos consola da pobreza. Nossa Senhora de Guanajuato; e do frio salva os que dormem na intempérie ou em abrigado palácio. Em sua infinita indulgência, não distingue servos de senhores. Não há quem a invoque e não receba o favor divino.

Por sua graça estão se salvando, agora, muitos índios de Guanajuato que a ela acodem com arrependimento e fé. Ela deteve a espada do Senhor, que com justa fúria castiga nestes dias idolatrias e pecados dos índios do México. Não foram tocados pela peste os infelizes que a ela elevaram suas súplicas e pagaram a devida esmola.

Nas demais comarcas, morre de fome ou de pena o índio que não foi morto pelo tifo. Há cadáveres nos campos e nas praças e estão cheias de mortos as casas onde, morrendo todos, não ficou quem corresse para dar aviso. Por todo México vem erguendo a peste tal cheiro de podridão e fogueiras que temos de andar, os espanhóis, com os narizes tapados.

(79 e 131)

1576
Xochimilco

O apóstolo Santiago contra a peste

Aqui pagaram tributo, em dinheiro ou em milho, até os bebês de peito. Se a peste continua, quem pagará? Braços daqui levantaram a catedral do México. Se não cessa a peste, quem semeará estes campos? Quem fiará e tecerá? Quem erguerá igrejas e porá pedras nas ruas?

Os franciscanos discutem a situação no convento. Dos trinta mil índios que existiam em Xochimilco quando os espanhóis chegaram, sobram quatro mil, e exagerando. Muitos morreram lutando ao lado de Hernán Cortez, conquistando homens e terras para ele, e mais morreram trabalhando para ele e para Pedro de Alvarado, e muitos mais estão morrendo graças à epidemia.

Frei Jerônimo de Mendieta, guardião do convento, tem uma ideia salvadora.

Preparam o sorteio. Um coroinha, de olhos vendados, remexe os papeizinhos na bacia de prata. Em cada papelzinho está escrito o nome de um santo de provado predicamento na corte celestial. O coroinha escolhe um e o padre Mendieta desdobra e lê:

– É o apóstolo Santiago!

Do balcão, faz o anúncio aos índios de Xochimilco na língua deles. O apocalíptico frade fala de joelhos, erguendo os braços:

– Santiago derrotará a peste!

Promete-lhe um altar.

(79 e 161)

1577
Xochimilco

São Sebastião contra a peste

Durante os duros anos da conquista, ouviam-se ruídos de armas na tumba de Santiago, na véspera de cada batalha; e lutava o apóstolo junto com as hostes invasoras, lança em punho, em seu cavalo branco. Está visto que o apóstolo Santiago tem o costume de matar índios, mas não de salvá-los. A peste, que mal roça os espanhóis, continua massacrando índios em Xochimilco e nas demais comarcas do México.

De sua cela, quando cai a noite, o padre Mendieta escuta alaridos e lamentos mais fortes que os coros dos arcanjos.

Alguém haverá de intervir junto ao Senhor, já que o apóstolo Santiago não se interessa, ou daqui a pouco Xochimilco ficará sem índios. Discutem os franciscanos e se celebra um novo sorteio. A sorte escolhe o bem-aventurado Sebastião para santo advogado.

Prometem-lhe um altar.

(79 e 161)

1579
Quito

O filho de Atahualpa

Para Beto, sacerdote índio da região de Archidona, apareceu o diabo na forma de uma vaca e disse-lhe que Deus estava muito zangado com os cristãos e que não ia defendê-los. Guami, sacerdote índio de Tambisa, viveu cinco dias em outro mundo. Lá viu maravilhas e escutou Deus e agora tem o poder da chuva e o poder da ressurreição. Anunciam Beto e Guami que os índios que não se unam à rebelião colherão sapos e serpentes em terras para sempre estéreis.

Os profetas se fazem chefes de muitas lanças. A sudeste de Quito, se alçam os índios quijos. Assaltam os índios vários povoados e esperam, em vão, o levantamento da serra. O filho do Inca Atahualpa, Francisco capitão das tropas espanholas, prende os conjurados da serra e evita a insurreição. Os índios quijos ficam sozinhos.

Depois de alguns combates, chega a derrota. Os espanhóis obrigam todos os índios da região de Quijos e dos arredores de Quito a presenciar a execução dos profetas Beto e Guami. Os passeiam de carro pelas ruas de Quito, os atormentam com tenazes candentes, os enforcam, os esquartejam e exibem seus pedaços. Do palco de honra, o capitão Francisco Atahualpa assiste à cerimônia.

(156)

1580
Buenos Aires

Os fundadores

Há cerca de meio século, um capitão espanhol se fez ao mar, em Sevilha, rumo a estas costas sem fama. Gastou na expedição toda a fortuna que tinha feito no saqueio a Roma.

Aqui fundou uma cidade, um forte rodeado de ranchos, e daqui perseguiu, rio acima, a serra da prata e o misterioso lago onde dorme o sol.

Dez anos antes, Sebastián Gaboto tinha buscado os tesouros do rei Salomão remontando este rio da Prata inocente de seu nome, que só tem barro em uma margem e areia na outra e conduz a outros rios que conduzem à selva.

Pouco durou a cidade de dom Pedro de Mendoza. Enquanto seus soldados se comiam entre si, loucos de fome, o capitão lia Virgílio e Erasmo e pronunciava frases para a imortalidade. Em pouco tempo, desvanecida a esperança de outro Peru, quis voltar à Espanha. Não chegou vivo. Depois veio Alonso Cabrera, que incendiou Buenos Aires em nome do rei. Ele, sim, pôde regressar à Espanha. Lá matou a mulher e terminou seus dias em um manicômio.

Juan de Garay chega agora de Assunção. Santa María de los Buenos Aires nasce de novo. Acompanham Garay uns quantos paraguaios, filhos de conquistadores, que receberam de suas mães guaranis o primeiro leite e a língua indígena que falam.

A espada de Garay, cravada nesta terra, desenha a sombra da cruz. Tiritam de frio e medo os fundadores. A brisa arranca uma música que range nas copas das árvores e mais além, nos campos infinitos, silenciosos espiam os índios e os fantasmas.

(74, 97 e 99)

1580
Londres

Drake

– Ao ouro dos galeões! À prata de Potosí!

Vem o dragão!, gritavam as mulheres; e tocavam com força os sinos das igrejas. Em três anos, Francis Drake deu a volta ao mundo. Cruzou o equador duas vezes e saqueou os mares da Espanha, esvaziando portos e navios do Chile ao México.

Regressa agora com um barco só e uma tripulação de dezoito moribundos, mas traz tesouros que multiplicam por cento e vinte o capital investido na expedição. A rainha Isabel, principal acionista e autora do plano, converte o pirata em cavalheiro. Sobre as águas do Tâmisa realiza-se a cerimônia. A espada que o consagra leva gravada esta frase da rainha: *Quem te golpeia me golpeia, Drake.* De joelhos, ele oferece a Sua Majestade um broche de esmeraldas roubado no Pacífico.

Erguida sobre a névoa e a fuligem, Isabel está no topo do império que nasce. Ela é filha de Henrique VIII e Ana Bolena, que por pari-la mulher tinha perdido a cabeça na torre de Londres. A Rainha Virgem devora seus amantes, trata a murros suas donzelas de honra e cospe na roupa de seus cortesãos.

Francis Bacon será o filósofo e o chanceler do novo império e William Shakespeare seu poeta. Francis Drake, o capitão de seus navios. Desafiador de tempestades, amo das velas e dos ventos, o pirata Drake sobe na corte como se trepasse mastros e cordames. Baixinho fornido, de barba de fogo, nasceu na beira-mar e foi educado no temor a Deus. O mar é sua casa; e nunca se lança ao assalto sem uma Bíblia apertada contra o peito, debaixo da casaca.

(149, 187 e 198)

1582
Cidade do México

DE QUE COR É A PELE DOS LEPROSOS?

O candelabro avança violando a escuridão e a golpes de luz vai arrancando caras da negrura, caras de espectros, mãos de espectros, e as prega na parede.

O funcionário não toca nada, as mãos enluvadas escondidas debaixo do capote, e olha quase que fechando as pálpebras, como se tivesse medo de contagiar os olhos. Veio o funcionário comprovar o cumprimento da nova ordem sobre este hospital de São Lázaro. Manda o vice-rei que não se misturem os doentes varões. Os brancos e mestiços devem ocupar uma sala, outra os negros e os mulatos e outra os índios, sozinhos. As mulheres, em compensação, devem estar todas juntas na mesma peça.

(148)

1583
Copacabana

A MÃE AYMARA DE DEUS

Atravessa o lago Titicaca na barca de junco. Ela viaja ao seu lado. Está vestida de festa. Na cidade de La Paz douraram a sua túnica.

Ao desembarcar, cobre-a com a manta, para defendê-la da chuva; e com ela nos braços, tapadinha, entra no povoado de Copacabana. A chuva metralha a multidão que se reuniu para recebê-los.

Francisco Tito Yupanqui entra com ela no santuário e a descobre. A sobem ao altar. Do alto, a Virgem de Copacabana abraça todos. Ela evitará as pestes e as penas e o mau tempo de fevereiro.

O escultor índio talhou-a em Potosí e de lá ele a trouxe. Quase dois anos esteve trabalhando para que ela nascesse com a devida formosura. Os índios só podem pintar ou talhar imagens que imitem os modelos europeus e Francisco Tito Yupanqui não pretendeu violar a proibição. Ele se dispôs a fazer uma virgem idêntica à Nossa Senhora da Candelária, mas suas mãos modelaram este corpo do altiplano, amplos pulmões ansiosos de ar, torso grande e pernas curtas, e esta larga cara de índia, de lábios carnudos e olhos amendoados que olham, tristes, a terra ferida.

(56 e 103)

1583
Santiago do Chile

FOI LIVRE POR UM INSTANTE

Ergue-se sobre as mãos e cai de bruços. Quer apoiar um cotovelo e escorrega. Consegue enterrar um joelho e afunda no barro.

De cara contra o barro, debaixo da chuva, chora.

Hernando Maravilla não tinha chorado durante os duzentos açoites que recebeu nas ruas de Lima a caminho do porto, e nem uma lágrima foi vista em sua cara enquanto recebia outras duzentas chibatadas aqui em Santiago.

Agora é açoitado pela chuva que arranca seu sangue seco e o barro dos tombos.

– Desgraçado! Assim mordes a mão que te alimenta! – disse a dona, dona Antonia Nabía, viúva de longo luto, quando foi devolvido o escravo fugido.

Hernando Maravilla tinha escapado porque um dia viu uma mulher bela como uma bandeira e não teve mais remédio a não ser seguir seus passos. Foi agarrado em Lima e interrogado pela Inquisição. Foi condenado a quatrocentos açoites por ter dito que os casamentos os fez o diabo e que não era nada o bispo e que cagava para o bispo.

O que nasceu na África, neto de mago, filho de caçador, se retorce e chora, com as costas em carne viva, enquanto a chuva cai sobre Santiago do Chile.

(31 e 138)

1583
Tlatelolco

Sahagún

Tóssozim', Tossozim' canta a pomba.

Uma mulher oferece flores a uma pedra em pedaços:

– Senhor – diz a mulher à pedra. – Senhor, como sofreste.

Os velhos sábios indígenas oferecem seu testemunho a frei Bernardino de Sahagún: "Que nos deixem morrer", pedem, "já que mataram nossos deuses".

Frei Bernardino de Ribeira, natural de Sahagún: filho de São Francisco, pés descalços, batina remendada, buscador da plenitude do Paraíso, buscador da memória destes povos vencidos: mais de quarenta anos leva Sahagún percorrendo comarcas do México, do senhorio de Huexotzingo, à Tula dos toltecas e à região de Texcoco, para resgatar as imagens e as palavras dos tempos passados. Nos doze livros da *História Geral das coisas da Nova Espanha*, Sahagún e seus jovens ajudantes salvaram e reuniram as vozes antigas, as festas dos índios, seus rituais, seus deuses, seu modo de contar a passagem dos anos e dos astros, seus mitos, seus poemas, sua medicina, seus relatos de épocas remotas e da recente invasão europeia.... A história canta nesta primeira grande obra da antropologia americana.

Há seis anos, o rei Felipe II mandou arrancar esses manuscritos das mãos de Sahagún, e todos os códices indígenas por ele copiados e traduzidos, *sem que deles reste original ou cópia alguma*. Onde terão ido parar esses livros suspeitos de perpetuar e divulgar idolatrias? Ninguém sabe. O Conselho das Índias não respondeu a nenhuma das súplicas do desesperado autor e compilador. Que fez o rei com estes quarenta anos da vida de Sahagún e vários séculos da vida do México? Dizem em Madrid que suas páginas foram usadas para embrulhar especiarias.

O velho Sahagún não se dá por vencido. Aos oitenta anos longos, aperta contra o peito uns poucos papéis salvos do desastre, e dita a seus alunos, em Tlatelolco, as primeiras linhas de uma obra nova, que se chamará *Arte adivinhatória*. Depois, se porá a trabalhar em um calendário mexicano completo. Quando o calendário acabar, começará o dicionário náhuatl-castelhano-latim. E nem bem termine o dicionário...

Lá fora uivam os cães, temendo chuva.

(24 e 200)

1583
Á coma

O PEDREGOSO REINO DE CÍBOLA

O capitão Antonio de Espejo, que tinha feito grande e rápida fortuna na fronteira do México, acudiu ao chamado das sete cidades de ouro. A mando de uns quantos ginetes guerreiros, empreendeu a odisseia do norte; e em vez do fabuloso reino de Cíbola encontrou um imenso deserto, salpicado muito de vez em quando de povoados em forma de fortaleza. Não há pedras preciosas penduradas nas árvores, porque não há árvores a não ser nos raros vales, e não há mais fulgor de ouro que o que arranca o sol dos rochedos, quando golpeia duro.

Nestes povoados erguem os espanhóis sua bandeira. Os índios ainda não sabem que logo serão obrigados a mudar de nome e a levantar templos para adorar outro deus, embora o Grande Espírito dos hopis tenha anunciado a eles há tempos que uma nova raça chegaria, raça de homens de língua bifurcada, trazendo a cobiça e a jactância. Os hopis recebem o capitão Espejo com oferendas de broas de milho e perus e peles; e os índios navajos, da serra, dão-lhe as boas-vindas trazendo água e milho.

Mais além, no alto do céu cor de púrpura, se ergue uma fortaleza de pedra e barro. Do fio da meseta, o povoado dos ácomas domina o vale, verdoso de milharais irrigados por canais e represas. Os ácomas, inimigos dos navajos, têm fama de muito ferozes, e nem Francisco Vázquez de Coronado, que andou por aqui há quarenta anos, atreveu-se a se aproximar.

Os ácomas dançam em honra do capitão Espejo e põem a seus pés mantas coloridas, perus, milho e peles de veado.

Daqui a alguns anos, se negarão a pagar tributos. O assalto durará três dias e três noites. Aos sobreviventes cortarão um pé com um golpe de machado, e os chefes serão jogados no precipício.

(89)

Canto noturno, do povo navajo

Casa feita de alvorada,
casa feita de luz do entardecer,
casa feita de nuvem escura...
A nuvem escura está na porta
e de nuvem escura é o caminho que aparece
sob o relâmpago que se ergue...
Feliz, possa eu caminhar.
Feliz, com chuvas abundantes, possa caminhar.
Feliz, entre muitas folhas, possa caminhar.
Feliz, pelo rastro do pólen, possa caminhar.
Feliz, possa caminhar.
Que seja belo o que me espera.
Que seja belo o que deixo atrás.
Que seja belo o que está embaixo.
Que seja belo o que está em cima.
Que seja belo tudo o que me rodeia
em beleza acabe.

(42)

1586
Cauri

A peste

A gripe não brilha como a espada de aço, mas não há índio que possa esquivar-se dela. Mais mortes fazem o tétano e o tifo que mil cães de olhos de fogo e bocas de espuma. A varíola ataca em segredo e o canhão com grande estrépito, entre nuvens de faíscas e fumaça de enxofre, mas a varíola aniquila mais índios que todos os canhões.

Os ventos da peste estão arrasando estas comarcas. Quem é golpeado, é derrubado: devoram seu corpo, comem seus olhos, fecham sua garganta. Tudo tem cheiro de podridão.

Enquanto isso, uma voz misteriosa percorre o Peru. Anda pisando os calcanhares da peste e atravessa as ladainhas dos moribundos, esta voz que sussurra, de ouvido em ouvido: "Quem atirar o crucifixo para fora de casa, voltará da morte".

(221)

1588
Quito

O neto de Atahualpa

Suam ouro as colunas, arabescos e folhagens de ouro; rezam os santos de ouro e as adoradas virgens de dourado manto e o coro de anjos e asinhas de ouro: esta é uma das casas que Quito oferece ao que há séculos nasceu em Belém, em palha de estábulo, e morreu despido.

A família do Inca Atahualpa tem um altar nesta igreja de São Francisco, no retábulo grande do cruzeiro, ao lado do Evangelho. Aos pés do altar, descansam os mortos. O filho do Atahualpa, que se chamou Francisco como seu pai e o assassino de seu pai, ocupa a tumba principal. Deus há de ter em sua glória o capitão Francisco Atahualpa se Deus escuta, como dizem, os pareceres dos que mandam com maior atenção da que presta aos alaridos dos mandados. O filho do Inca soube afogar os alçamentos indígenas no sul. Ele trouxe a Quito, prisioneiros, os caciques rebeldes de Cañaribamba e Cuyes e foi recompensado com o cargo de diretor de Trabalhos Públicos desta cidade.

As filhas e as sobrinhas de Francisco vieram instalar a imagem de Santa Catarina que um escultor de Toledo, Juan Bautista Vázquez, talhou para que brilhe no alto do altar dos Atahualpa. Alonso, o filho de Francisco, enviou a imagem da Espanha; e a família ainda não sabe que Alonso morreu em

Madrid enquanto Santa Catarina atravessava o mar rumo a esta igreja.

Alonso Atahualpa, neto do Inca, morreu na prisão. Sabia tocar a harpa, o violino e o clavicórdio. Só vestia roupas espanholas, cortadas pelos melhores alfaiates, e há muito tempo deixara de pagar o aluguel de sua casa. Os fidalgos não vão à prisão por causa das suas dívidas, mas Alonso foi parar na cadeia, denunciado pelos alfaiates, os joalheiros e os chapeleiros e os fabricantes de luvas mais importantes de Madrid. Tampouco tinha pago a escultura que sua família está colocando agora, entre grinaldas de ouro, no dourado altar.

(155 e 215)

1588
La Habana

São Marcial contra as formigas

As formigas devoradoras continuam assustando as pessoas e corroendo as paredes. Cortam árvores, arrasam plantios e engolem frutas e milhos e a carne dos distraídos.

Tendo em vista a ineficácia de Simão, santo padroeiro, o cabildo escolhe, por unanimidade, outro protetor.

A cidade promete que cada ano celebrará sua festa e guardará seu dia. São Marcial é o novo escudo de La Habana contra os avanços das formigas *bibijaguas*. São Marcial, que há três séculos foi bispo de Limoges, tem fama de especialista; e a ele se atribui grande influência junto ao Senhor.

(161)

1589
Cuzco

Diz que teve o sol

Duro entre os lençóis, Mancio Serra de Leguízamo descarrega a consciência. Frente ao tabelião, dita e jura:
– *Que achamos estes reinos de tal maneira que em todos eles não havia um ladrão, um homem de vícios! nem folgazão, nem havia mulher adúltera nem nada...*

O velho capitão de Pizarro não quer ir embora do mundo sem dizer pela primeira vez:
– *Que as terras e montes e minas e pastos e caça e madeiras e todo gênero de aproveitamentos estavam governados ou repartidos de maneira que cada um conhecia e tinha sua fazenda, sem que nenhum outro a ocupasse ou tomasse...*

Do exército que conquistou o Peru, dom Mancio é o último sobrevivente. Há mais de meio século, ele foi um dos que invadiram esta cidade sagrada de Cuzco, saquearam as joias das tumbas e as casas e a machadadas arrancaram as paredes do Templo do Sol tão coalhado de ouro que seus resplendores davam cor de defunto a quem entrava. Pelo que diz, recebeu a melhor parte: o rosto de ouro do sol, com seus raios e chamas de fogo, que reinava, imenso, sobre a cidade e deixava cego os cuzquenhos na hora do amanhecer.

Uma noite, dom Mancio apostou o sol no baralho. Perdeu.

(118)

1592
Lima

Um auto de fé em Lima

O vento leva as cinzas de três ingleses luteranos, capturados na ilha de Puná. Um deles, Henry Oxley, foi queimado vivo porque não quis renegar a sua fé.

Flameia a fumaça no centro de um círculo de altas lanças, enquanto delira a multidão e o Tribunal do Santo Ofício dita penas de açoites e outras dores e humilhações.

Vários sofrem castigo por serem *casados duas vezes* ou pela simples formação e outros delitos em razão do pecado da carne. São condenados, por *solicitantes de monjas*, um frade dominicano, um franciscano, um agostinho e um jesuíta Juan de la Portilla, soldado por *jurar pelas orelhas de Deus*. Isabel de Angulo, mulher de soldado porque *para que a quisessem os homens recitava em voz baixa as palavras da Consagração*. Bartolomé de Lagares, marinheiro, por *afirmar que sendo solteiro e pagando, não se comete pecado*. Lorenzo de la Pena, barbeiro, *que disse que se tomavam o assento de sua mulher na igreja que se acontecia assim, é que não havia Deus*.

Sai com mordaça rumo a dez anos de cárcere o sevilhano Pedro Luís Enríquez, *por ter afirmado que levando um galo a um campo onde não houvesse ruído de cães, cortando-lhe a cabeça à meia-noite se achava dentro uma pedrinha como uma avelã, com a qual esfregando os próprios lábios, a primeira mulher formosa que visse, ao falar-lhe, morreria de amor por quem isso fizesse, e que matando um gato no mês de janeiro e metendo-lhe uma fava em cada junta e enterrando-o, as favas que assim nascessem, indo as mordendo, olhando-se em um espelho, tinham virtude de fazer a quem isso fizesse que se tornasse invisível, e porque declarou que era sacana e cumprimentador, e que em sinal disso tinha uma cruz no peito e outra no céu da boca, e referiu que na prisão via resplendores e sentia suavíssima fragrância.*

(137)

1593
Guarapari

Anchieta

Ignácio de Loyola aprontou o horizonte e declarou:
– *Ide, e incendiai o mundo!*

José de Anchieta era o mais jovem dos apóstolos que trouxeram a mensagem de Cristo, a boa-nova, às selvas do Brasil. Quarenta anos depois, os índios o chamavam de *caraibebé*, homem com asas, e dizem que fazendo o sinal da cruz Anchieta desvia tempestades e converte um peixe em presunto e um moribundo em atleta. Coros de anjos baixam do céu para anunciar-lhe a chegada dos galeões ou os ataques dos inimigos, e Deus o eleva da terra quando reza, ajoelhado, as pregações. Raios de luz despede seu corpo magro, queimado pelo cinturão de silício, quando ele se açoita compartindo os tormentos do filho único de Deus.

Outros milagres o Brasil lhe agradecerá. Da mão deste santo esfarrapado nasceram os primeiros poemas escritos nesta terra, a primeira gramática tupi-guarani e as primeiras obras de teatro, autos sacramentais que em língua indígena transmitem o evangelho misturando personagens nativas com imperadores romanos e santos cristãos. Anchieta foi o primeiro mestre-escola e o primeiro médico do Brasil, e foi o descobridor e o cronista dos animais e plantas desta terra, em um livro que conta como muda de cores a penugem dos guarás, como desova o peixe-boi nos rios orientais e quais são os costumes do porco-espinho.

Aos sessenta anos, continua fundando cidades e levantando igrejas e hospitais; sobre os ombros ossudos carrega, junto com os índios, as vigas-mestres. Como que chamados por sua limpa e humilde luminosidade, os pássaros o procuram e o procuram as pessoas. Ele caminha léguas sem se queixar. Não aceita que o carreguem em redes, através destas comarcas onde tudo tem a cor do calor e tudo nasce e apodrece em um instante para tornar a nascer, fruta que se faz mel, água, morte, semente de novas frutas: ferve a terra, ferve o mar a fogo lento e Anchieta escreve na areia, com um pauzinho, seus versos de alabança ao Criador da vida incessante.

(10 e 38)

1596
Londres

Raleigh

Bailarino do tabaco, fogueteiro fanfarrão, sir Walter Raleigh jorra pelo nariz cobrinhas de fumaça e pela boca anéis e espirais, enquanto diz:

— Se me cortarem a cabeça, ela cairá feliz com o cachimbo entre os dentes.

— Você fede — comenta seu amigo.

Não há mais ninguém na taverna, a não ser um escravinho negro que espera sentado em um canto.

Raleigh está contando que descobriu o Paraíso Terrestre na Guiana, no ano passado, lá onde se esconde a Manoa de ouro. Lambe os lábios recordando o sabor dos ovos de iguana e fecha as pálpebras para falar das frutas e das folhas que jamais caem das copas das árvores.

— Escuta, colega diz. — Essa obra tua, a dos jovens amantes... Sim, essa. Naqueles bosques, que maravilha! Você a colocou em Verona e ela ficou com cheiro de porão. Se enganou de paisagem, querido. Aqueles ares...

O amigo de Raleigh, um calvo de olhos malandros, sabe que a tal Guiana é um pântano com o céu sempre negro de mosquitos, mas escuta em silêncio e concorda com a cabeça, porque também sabe que Raleigh não está mentindo.

(198)

1597
Sevilha

Em um lugar do cárcere

Foi ferido e mutilado pelos turcos. Foi assaltado pelos piratas e açoitado pelos mouros. Foi excomungado pelos curas. Esteve preso em Argel e em Castro del Río. Agora está preso em Sevilha.

Sentado no chão, na frente da cama de pedra, duvida. Molha a pluma no tinteiro e duvida, os olhos fixos na luz da vela, a mão útil quieta no ar.

Valerá a pena insistir? Ainda dói a resposta do rei Felipe, quando pela segunda vez lhe pediu um emprego na América: *Busque por aqui no que se lhe faça mercê.* Mudaram as coisas desde então, mas para pior. Antes teve, pelo menos, a esperança de uma resposta. Há tempos que o rei de negras roupas, ausente do mundo, não fala com ninguém além de seus próprios fantasmas, entre os muros do Escorial.

Miguel de Cervantes, solitário em sua cela, não escreve ao rei. Não pede nenhum cargo disponível nas Índias. Sobre a folha nua, começa a contar as desventuras de um poeta errante, *fidalgo dos de lança em riste, adaga antiga, cavalgadura magra e galgo corredor.*

Soam tristes ruídos no cárcere. Não os escuta.

(46 e l95)

1598
Potosí

História de Floriana Rosales, virtuosa mulher de Potosí (em versão abreviada da crônica de Bartolomé Arzáns de Orsúa y Vela)

Por causa da grande formosura que desde o berço manifestava como terna e bela flor, e por ser Ana o nome de sua mãe, a batizaram Floriana.

Exercitada sempre na virtude e recolhimento de sua casa, a belíssima donzela excusava o ver e ser vista, mas isto mesmo acendia mais o desejo dos pretendentes que desde que cumpriu doze anos rondavam. Entre eles, os que com maior eficácia permaneciam na solicitação eram dom Júlio Sánchez Farfán, senhor de minas, o capitão dom Rodrigo de Albuquerque e o governador do Tucumán, que por aqui passou indo para Lima e por ter visto Floriana na igreja ficou em Potosí.

Por puro despeito vendo-se rejeitado, o governador do Tucumán desafiou para duelo o pai de Floriana, e em um ermo de mananciais sacaram espadas e entre os dois se esfaquearam até que umas damas, não sem falta de valor, se meteram no meio.

Ardeu em iras Floriana ao ver o pai ferido e determinou satisfazer por sua mão aquele agravo. Enviou a dizer ao governador que na seguinte noite o esperava em certa tenda, onde sem nenhuma testemunha queria falar com ele.

Se pôs o governador em gala rica, que nisto era vaníssimo, vício abominável nos homens que cursaram a escola de Heliogábalo, de quem disse Herodiano que menosprezava a vestidura romana e grega por ser feita de lã e a trazia de ouro e púrpura com preciosas pedras à maneira dos persas, como refere Lampridio. Pontualmente esteve o governador, ataviado de ricas telas, e à hora combinada apareceu Floriana trazendo entre as belas flores de seu rosto o venenoso áspide de suas raivas. Tirando um largo e bem afiado punhal que trazia na manga, como uma leoa arremeteu para cortar-lhe a cara dizendo-lhe mizitos insultos. Com a mão rebateu o talho o governador, e mostrou uma adaga. Percebendo Floriana seu risco, atirou-lhe ao rosto um envoltório de mantas, após o que teve como empunhar com as duas mãos um grosso tronco que ali deparou sua fortuna. Tão grande golpe lhe deu que caiu duro o governador do Tucumán.

Com grande pesar e sobressalto, os pais de Floriana trataram de escondê-la em sua casa, mas já não foi possível. O corregidor, máxima autoridade em assuntos de justiça e polícia, veio com toda diligência, e não pôde fazer outra coisa Floriana além de subir a seu quarto e atirar-se pela janela à rua. Quis Deus prender-lhe a anágua de uma madeira que sobressaía da moldura da janela, e ficou ela pendurada com a cabeça para baixo.

Uma criada que conhecia dom Júlio Sánchez Farfán e sabia que amava a sua senhora, lhe disse que fosse ao beco que estava nas costas das casas e visse se Floriana andava por lá, porque fazia tempo que se atirara da janela. Mas como o capitão Rodrigo de Albuquerque visse falar em segredo com dom Júlio a criada, foi-lhe seguindo os passos até o beco.

Chegou dom Júlio no ponto em que a aflita Floriana, que bom tempo levava pendurada, com ânsias mortais pedia já favor dizendo que se sufocava. Aproximou-se o amante cavalheiro e estendendo os braços tomou-a pelos ombros e puxando-a fortemente caiu com ela ao chão.

Nisto acudiu o capitão Rodrigo, e com palavras de enamoramento cobriu com sua capa Floriana e levantou-a. Vendo-o assim dom Júlio, ardente em ciúmes pôs-se em pé e sacando um punhal investiu ao capitão dizendo-lhe que era traidor vilão. Ferido de morte no peito, caiu em terra o capitão pedindo confissão, ouvindo o que Floriana amaldiçoou sua sorte e os padecimentos de sua honra e marcou-se a toda pressa.

Pôs-se Floriana em hábitos de índia para ausentar-se desta vila de Potosí, mas quando estava por montar em uma mula não faltou quem avisasse o corregidor que veio a ponto de colocá-la em prisão. Quando o corregidor via Floriana, o menino cego que chamam de Cupido atravessou-lhe o coração com terrível flecha, de lado a lado. Tomou-lhe desejoso as mãos, e levou-a ao palácio.

Dadas as dez da noite, hora em que haveria de ir à alcova do corregedor, Floriana amarrou uma corda ao balcão e deixou-se cair até pôr-se em mãos de dom Júlio, que a esperava abaixo. Disse a donzela a dom Júlio que antes de dar um só passo lhe fizesse juramento de segurança em sua pessoa e pureza.

Vendo o cavalheiro o perigo que corriam, pois já se havia descoberto a fuga, tomou Floriana sobre seus ombros e correu carregando-a até a distante praça do Gato. Voou sobre pedras e barro, suando e suando, e quando por fim pode sentar-se para descansar e desceu Floriana de suas costas, repentinamente caiu.

Julgando que fosse algum desmaio, ela pôs a cabeça de dom Júlio em seu regaço. Mas percebendo que era morto, com grande sobressalto pôs-se de pé e fugiu para os bairros de San Lorenzo, no mês de março daquele ano de 1598.

Ali permaneceu, decidida a guardar perpétua castidade e a continuar sendo, até o fim de seus dias, obediente serva do Senhor.

(21)

Versos espanhóis de cantar e dançar

*Eu vi um homem viver
com mais de cem punhaladas
e depois o vi morrer
por causa de uma olhada.
Suspirava uma baleia
no profundo do mar
e nos suspiros dizia:
"Quem tem amor, tem penar".*

*Desejos sinto agora
de muito cantar
amanhã talvez seja
minha vez de chorar.*

(196)

1598
Cidade do Panamá

Horas de sono e sorte

Simón de Torres, boticário do Panamá, queria dormir, mas não pode soltar o olhar do buraco do teto. Cada vez que fecha as pálpebras, os olhos abrem sozinhos e se grudam ali. Simón acende e apaga e acende o cachimbo, enquanto espanta mosquitos com a fumaça e com a mão, e dá voltas e reviravoltas, empapado, fervendo, na cama torta por causa do desmoronamento do outro dia. As estrelas piscam os olhos pelo buraco do teto e ele gostaria de não pensar. Assim vão passando as horas até que canta o galo, anunciando o dia ou exigindo galinhas.

Há uma semana, uma mulher caiu do teto sobre Simón.

– Quem, quem, quem és? – gaguejou o boticário.

– Temos pouco tempo – disse ela, enquanto arrancava as roupas.

Ao amanhecer ergueu-se, luminosa, saborosa, e vestiu-se em um instante.

– Aonde vais?

– A Nombre de Deus. Lá deixei o pão no forno.

– Mas está a vinte léguas! – assombrou-se o boticário.

– Dezoito – corrigiu ela. E enquanto desaparecia, avisou:

– Cuide-se. Quem entra em mim, perde a memória

(157)

1599
Quito

Os cafusos de Esmeraldas

Olham vigiando. Não movem nem as pestanas. Desconfiam. Esse pincel que está roubando-lhes a imagem, não estará roubando-lhes a alma? O pincel é mágico como o espelho. Como o espelho, se apodera da gente.

De vez em quando espirram, por culpa destes frios de Quito, e o artista reclama. Incômodos, meio enforcados pelas golas, tornam a colocar-se em pose, rígidos, até o próximo espirro. Estão nesta cidade há alguns dias e ainda não entendem porque gente tão poderosa veio viver em um lugar tão frio, nem entendem porque as casas têm portas nem porque as portas têm fechaduras, trancas e cadeados.

Há meio século, a tempestade arrebentou um barco negreiro contra os arrecifes da costa, pertinho do boca do rio Esmeralda. O barco levava escravos da Guiné para vender em Lima. Os negros fugiram e se perderam monte adentro. Fundaram aldeias e tiveram filhos com mulheres indígenas e esses filhos também se multiplicaram. Dos três que o pintor Andrés Sánchez Gallque está retratando agora, dois nasceram dessa mistura de africanos e equatorianas. O outro, Francisco de Arobe, veio da Guiné. Tinha dez anos na época do naufrágio.

Estão disfarçados de floridos senhores, saios e capas, punhos bordados, chapéus, para que não deem má impressão ao rei quando receba, em Madrid, este retrato de seus novos súditos, *estes bárbaros que até agora tinham sido invencíveis.* Também levam lanças nas mãos, colares de dentes e conchas sobre as roupas espanholas; e nos rostos mostram adornos de ouro que atravessam as suas orelhas, seus narizes e seus lábios.

(176)

1599
Rio Chagres

Não falam os sábios

Este é o caminho mais brilhante do mundo. De mar a mar serpenteia o longo fio de prata. Infinitas fileiras de mulas esmagadas pelo peso dos metais de Potosí, atravessam a selva rumo aos galeões que esperam em Portobelo.

Os micos acompanham a rota da prata voando de galho em galho através do Panamá. Gritando sem trégua, caçoam dos arrieiros e disparam goiabas.

Nas margens do rio Chagres, frei Diego de Ocaña os está admirando. Para atravessar o rio, os micos formam uma corrente da copa de uma árvore, agarrando-se uns a outros pelos rabos: a corrente balança e toma impulso até que um empurrão forte a atira até os galhos mais altos da outra margem.

O índio peruano que carrega a bagagem de Ocaña se aproxima e comenta:

– Padre, esses são gente. Não falam para que os espanhóis não percebam. Se veem que são gente, os mandam trabalhar nas minas.

(157)

1599
La Imperial

As flechas flamejantes

A rebelião estala na costa do Pacífico e os trovões sacodem a cordilheira dos Andes.

Martín García Oñez e de Loyola, sobrinho de Santo Ignácio, tinha vindo do Peru com fama de caçador incansável e certeiro matador. Lá tinha capturado Túpac Amarú, o último dos Incas. O mandaram como governador ao Chile para que amansasse os araucanos. Aqui, matou índios, roubou ovelhas e queimou sementeiras sem deixar um grão. Agora os araucanos passeiam sua cabeça na ponta de uma lança.

Os índios chamam para a luta soprando ossos de cristãos como se fossem trombetas. Máscaras de guerra, couraças de couro: a cavalaria araucana arrasa o sul. Sete povoados se desmoronam, um depois do outro, sob a chuva de flechas de fogo. A presa se faz caçador. Os araucanos sitiam La Imperial. Pra deixá-la sem água, desviam o curso do rio.

Meio reino do Chile, todo o sul do Bío-Bío, volta a ser araucano.

Os índios dizem, apontando a lança: *Este é meu amo. Este não me manda tirar ouro para ele, nem que traga ervas ou lenhas, nem que guarde seu gado, nem que plante e colha para ele. Com este amo quero andar.*

(66 e 94)

1599
Santa Marta

Fazem a guerra para fazer o amor

A rebelião estala no litoral do Caribe e os trovões sacodem a serra Nevada. Os índios se alçam pela liberdade de amar.

Na festa da lua cheia, dançam os deuses no corpo do chefe Cuchacique e dão magia a seus braços. Dos povoados de Jeriboca e Bonda, as vozes da guerra despertam a terra toda dos índios tairona e sacodem Masinga e Masinguilla, Zaca e Mamazaca, Mendiguaca e Rotama, Buritaca e Tairama, Taironaca, Guachaca Chonea, Cinto e Nahuange, Maroma, Ciénaga, Dursino e Gairaca, Origua e Durama, Dibocaca, Daona, Chengue e Masaca, Daodama, Sacasa, Cominca, Guarinea, Mamatoco, Mauracataca, Choquenca e Masanga.

O chefe Cuchacique veste pele de onça. Flechas que assoviam, flechas que queimam, flechas que envenenam: os tairona incendeiam capelas, arrebentam cruzes e matam frades, lutando contra o deus inimigo que proíbe seus costumes.

No mais distante dos tempos, nestas terras se divorciava quem queria e faziam o amor os irmãos, se tinham vontade, e a mulher com o homem ou o homem com o homem ou a mulher com a mulher. Assim foi nestas terras até que chegaram os homens de negro e os homens de ferro, que lançam aos cães quem ama como os antepassados amavam.

Os tairona celebram as primeiras vitórias. Em seus templos, que o inimigo chama de casas do Diabo, tocam a flauta nos ossos dos vencidos, bebem vinho de milho e dançam ao som dos tambores e das trombetas de caracol. Os guerreiros fecharam todas as passagens e caminhos para Santa Marta, e se preparam para o assalto final.

(189)

1600
Santa Marta

Eles tinham uma pátria

O fogo tarda em arder.

Ruídos de ferro, perambular de armaduras. O assalto a Santa Marta fracassou e o governador ditou a sentença de arrasamento. Armas e soldados chegaram de Cartagena no momento preciso e os tairona, esgotados por tantos anos de tributos e escravidões, se espalharam na derrota.

Extermínio através do fogo. Ardem povoados e plantações, milharais e algodoais, campos de mandioca e batata, os pomares. Ardem os regadios e os celeiros que alegravam a vista e davam de comer, os campos de lavoura onde os tairona faziam o amor em pleno dia, porque nascem cegas as crianças feitas na escuridão.

Quantos mundos iluminam estes incêndios? O que estava e era visto, e o que estava e não era visto...

Desterrados ao cabo de sessenta e cinco anos de revolta, os tairona fogem pelas montanhas rumo aos cantos mais áridos e distantes, onde não há peixe nem milho. Para lá os expulsam, serra acima, para arrancar-lhes a terra e a memória: para que lá longe se isolem e esqueçam, na solidão, os cantos de quando estavam juntos, federação de povos livres, e eram poderosos e vestiam mantas de algodão colorido e colares de ouro e pedras fulgurantes: para que nunca mais lembrem que seus avós foram jaguares.

Às suas costas, deixam ruínas e sepulturas.

Sopra o vento, sopram as almas em pena, e o fogo se afasta dançando.

(189)

Técnica da caça e da pesca

No fundo da selva amazônica, um pescador da tribo dos desana senta sobre uma rocha alta e contempla o rio. As águas deslizam, levam peixes, polem pedras, águas douradas pelas primeiras luzes do dia. O pescador olha e olha e sente que o velho rio se faz fluxo de seu sangue pelas veias. Não pescará o pescador até que tenha cativado as mulheres dos peixes.

Pertinho, na aldeia, se prepara o caçador. Já vomitou, já banhou-se no rio, está limpo por dentro e por fora. Bebe agora infusões de plantas que têm a cor do veado, para que seus aromas impregnem seu corpo, e pinta a cara com a máscara que o veado prefere. Depois de soprar fumaça de tabaco sobre suas armas, caminha suavemente até o manancial onde o veado bebe. Ali derrama suco de abacaxi, que é leite da filha do sol.

O caçador dormiu sozinho estas últimas noites. Não esteve com mulheres nem sonhou com elas, para não provocar ciúmes ao animal que perseguirá e penetrará com sua lança ou suas flechas.

(189)

1600
Potosí

A OITAVA MARAVILHA DO MUNDO

Incessantes caravanas de lhamas e mulas levam ao porto de Arica a prata que, por todas as suas bocas, sangra o morro de Potosí. Ao cabo de longa navegação, os lingotes se despejam na Europa para financiar, lá, a guerra, a paz e o progresso.

Em troca chegam a Potosí, de Sevilha ou de contrabando, vinhos da Espanha e chapéus e sedas da França, bordados, espelhos e tapeçaria de Flandres, espadas alemãs e papelaria genovesa, meias de Nápoles, cristais de Veneza, ceras de Chipre, diamantes do Ceilão, marfins da Índia e perfumes da Arábia, Málaca e Goa, tapetes da Pérsia e porcelanas da China, escravos negros de Cabo Verde e Angola e cavalos chilenos de muito brio.

Tudo é caríssimo nesta cidade, a mais cara do mundo. Só são baratas a *chicha* e as folhas de coca. Os índios, arrancados à força das comunidades de todo o Peru, passam o domingo nos currais, dançando ao redor de tambores e bebendo *chicha* até rodar pelo chão. Ao amanhecer da segunda-feira são arrastados morro adentro e mascando coca perseguem, a golpes de picareta, as veias de prata, serpentes alviverdes que aparecem e fogem pelas tripas deste ventre imenso, nenhuma luz, ar nenhum. Ali trabalham os índios a semana inteira, prisioneiros, respirando pó que mata os pulmões e mascando coca que engana a fome e disfarça a extenuação, sem saber quando anoitece nem quando amanhece, até que no fim do sábado soa o toque de oração e saída. Avançam então, abrindo caminho com velas acesas, e emergem o domingo ao amanhecer, que são assim fundas as covas e os infinitos túneis e galerias.

Um padre, recém-chegado a Potosí, os vê aparecer nos subúrbios da cidade, longa procissão de fantasmas esquálidos, as costas marcadas pelo chicote, e comenta:

– Não quero ver este retrato do inferno.

– Pois feche os olhos, padre – aconselham.

– Não posso – diz o sacerdote. – Com os olhos fechados, vejo mais.

(21 e 157)

Profecias

Ontem à noite se casaram, frente ao fogo, como quer a tradição, e escutaram as palavras sagradas.

A ele:

– *Que quando nele se acenda o fogo do amor, não estejas gelada.*

A ela:

– *Que quando nela se acenda o fogo do amor, não estejas gelado.*

Ao resplendor do fogo despertam, abraçados, se felicitam com os olhos e contam os sonhos.

Durante o sonho, viaja a alma fora do corpo e conhece, em uma eternidade ou em um piscar de olhos, o que acontecerá. Os belos sonhos, se oferecem; e para isso despertam cedinho os casais. Os sonhos maus, porém, a gente joga aos cães.

Os sonhos maus, pesadelos de abismos ou abutres ou monstros podem anunciar o pior. E o pior é ser obrigado a ir para as minas de mercúrio de Huancavélica ou ao distante morro da prata em Potosí.

(150 e 151)

Cantar do Cuzco

Uma lhama eu queria,
que tivesse de ouro o pelo,
brilhante como o sol
forte como o amor
e suave como a nuvem que a aurora desfaz,
para tecer um cordão onde marcaria,
nó após nó,
as luas que passam,
as flores que morrem.

(202)

1600
Cidade do México

As carruagens

Voltaram as carruagens às largas ruas do México.

Há mais de vinte anos, o ascético Felipe II as tinha proibido. Dizia o decreto que o uso do carro apoltrona os homens e os acostuma à vida mansa e preguiçosa; e que assim perdem músculos para a arte da guerra.

Morto Felipe II, as carruagens reinam novamente nesta cidade. Por dentro, sedas e cristais; por fora, ouro e o brasão na portinhola. Soltam aroma de madeiras finas e rodam com andar de gôndola e balançar de berço; atrás das cortinas cumprimenta e sorri a nobreza colonial. No pescante alto, entre franjas e bolas de seda, ergue-se o cocheiro, desdenhoso, quase rei; e os cavalos calçam ferraduras de prata.

Continuam proibidas as carruagens para os índios, as putas e os castigados pela Inquisição.

(213)

1601
Valladolid

Quevedo

Há vinte anos que a Espanha reina sobre Portugal e todas as suas comarcas, de modo que pode um espanhol passear pelo mundo sem pisar terra estrangeira.

Mas a Espanha é a nação mais cara da Europa: produz cada vez menos coisas e cada vez mais moedas. Dos trinta e cinco milhões de escudos nascidos há seis anos, não sobra nem sombra. Não são alentadores os dados que acaba de publicar aqui dom Martín González de Cellorigo em seu *Memorial da política necessária*: por obra do azar e da herança, cada espanhol que trabalha mantém outros trinta. Para os rentistas, trabalhar é pecado. Os fidalgos têm por campo de batalha as alcovas; e crescem na Espanha menos árvores que frades e mendigos.

Rumo a Gênova marcham as galeras carregadas com a prata da América. Nem o aroma deixam na Espanha os metais que chegam do México e do Peru. Tal parece, que a façanha das conquistas tivesse sido cumprida pelos mercadores e banqueiros alemães, genoveses, franceses e flamengos.

Vive em Valladolid um rapaz manco e míope, puro de sangue e com espada e língua de muito fio. Pela noite, enquanto o pajem arranca-lhe as botas, medita versos rimados. Na manhã seguinte deslizam as serpentes por baixo dos portões do palácio real.

Com a cabeça afundada no travesseiro, o jovem Francisco de Quevedo y Villegas pensa em quem do covarde faz guerreiro e amolece o juiz mais severo; e amaldiçoando este ofício de poeta ergue-se na cama, esfrega os olhos, aproxima a lamparina e de um impulso tira de dentro de si os versos que não o deixam dormir. Falam os versos de dom Dinheiro, que

nasce nas Índias honrado,
onde o mundo o acompanha,
e vem morrer na Espanha,
e é em Gênova enterrado.

(64, 183 e 218)

1602
Recife

A PRIMEIRA EXPEDIÇÃO CONTRA PALMARES

Nos engenhos, que espremem e amassam canas e homens, se mede o trabalho de cada escravo como se mede o peso das canas e a pressão do trapiche e o calor do forno. A força de um escravo se esgota em cinco anos, mas em um único ano recupera seu dono o preço que por ele pagou. Quando os escravos deixam de ser braços úteis e se transformam em bocas inúteis, recebem de presente a liberdade.

Nas serras do nordeste do Brasil se escondem os escravos que conquistaram a liberdade antes de que os derrubassem a súbita velhice ou a morte antecipada Palmares se chamam os santuários onde se refugiam os quilombolas, nas florestas de altas palmeiras de Alagoas.

O governador-geral do Brasil envia a primeira expedição contra Palmares. A integram uns poucos brancos e mestiços pobres, ansiosos por capturar e vender negros, uns quantos índios a quem prometeram pentes, facas e espelhinhos, e muitos mulatos.

Ao regressar do rio Itapicurú, o comandante da expedição, Bartolomeu Bezerra, anuncia no Recife: *O foco da rebelião foi destruído.* Tem quem acredite.

(22 e 69)

1603
Roma

As quatro partes do mundo

Publica-se em Roma uma edição ilustrada e ampliada da *Iconologia* de Cesare Ripa.

O dicionário de imagens simbólicas mostra o mundo tal como é visto na margem norte do Mediterrâneo.

Em cima aparece a Europa, a rainha, com seus emblemas de poder. A sustentam cavalos e lanças. Com uma das mãos sustenta as colunas do templo; na outra, ostenta o cetro. Leva uma coroa na cabeça e outras coroas jazem aos seus pés, entre mitras e livros e pincéis, cítaras e harpas. Junto ao corno da abundância, repousam o compasso e a régua.

Embaixo, à direita, a Ásia. Oferece café, pimenta, incenso. É adornada por grinaldas de flores e frutas. Um camelo, deitado, espera.

Ao lado, a África é uma morena mourisca, com uma cabeça de elefante no alto. Mostra no peito um colar de coral. Está rodeada pelo leão, a serpente, o escorpião e as espigas.

Abaixo de todos, América, *a mulher de rosto espantoso de olhar*. Usa plumas sobre a pele cor de oliva, nua. Aos pés, tem uma cabeça humana recém-cortada. Está armada de arco e flecha.

(125)

1603
Santiago do Chile

A matilha

O cabildo de Santiago comprou uma nova marca de prata para ferrar os índios na cara. O governador, Alonso de Ribera, manda que se destine a gastos de guerra e sustento de soldados a quinta parte do valor de cada araucano vendido nos portos de Valdívia e Arica.

Se sucedem caçadas. Os soldados atravessam o Bío-Bío e nas noites dão seus botes. Incendeiam e degolam e regressam tocando homens, mulheres e crianças amarrados pelos pescoços. Uma vez marcados, são vendidos para o Peru.

O governador ergue a botija de vinho e brinda pelas batalhas vencidas. Brinda à flamenca, como Pedro de Valdívia. Primeiro, por todos os fidalgos e as damas que lhe vieram à memória, gole após gole. Quando se acabam as pessoas, brinda pelos santos e anjos; e nunca se esquece de agradecer-lhes o pretexto.

(94)

1605
Lima

A noite do Juízo Final

Recém-passado o Natal, com estrondo os canhões da terra voaram a cidade de Arequipa. Arrebentou-se a cordilheira e a terra vomitou os alicerces das casas. Ficou gente esquartejada debaixo dos escombros e as colheitas queimadas debaixo das cinzas. Ergueu-se o mar, enquanto isso, e afogou o porto de Arica.

Ontem, quando entardecia, um frade descalço convocou a multidão na praça de Lima. Anunciou que esta cidade libertina afundaria nas próximas horas e com ela seus arredores até onde se perdia a vista.

– Ninguém poderá fugir! – gritava, uivava – Nem o mais veloz dos cavalos nem a mais rápida nave poderão escapar!

Quando o sol se pôs, já estavam as ruas cheias de penitentes que se açoitavam à luz dos faróis. Os pecadores gritavam suas culpas nas esquinas e dos balcões os ricos arrojavam à rua as baixelas de prata e as roupas de festa.

Segredos tenebrosos se revelavam em viva voz. As esposas infiéis arrancavam as pedras das ruas para golpear o peito. Os ladrões e os sedutores se ajoelhavam na frente de suas vítimas, os amos beijavam os pés de seus escravos e os mendigos não tinham mãos para tantas esmolas. A Igreja recebeu ontem à noite mais dinheiro que em todas as quaresmas de toda a sua história. Quem não buscava padre para confessar, buscava padre para casar. Estavam abarrotados os templos de gente que quis ficar ao seu amparo.

E depois, amanheceu.

O sol brilha como nunca em Lima. Os penitentes buscam unguentos para suas costas esfoladas e os amos perseguem seus escravos. As recém-casadas perguntam por seus maridos novinhos em folha, que a luz do dia evaporou; os arrependidos andam pelas ruas em busca de pecados novos. Escutam-se prantos e maldições atrás de cada porta. Não há um mendigo que não se tenha perdido de vista. Também os curas esconderam-se, para contar as montanhas de moedas que Deus aceitou ontem à noite. Com o dinheiro que sobra, as igrejas de Lima comprarão na Espanha autênticas penas do arcanjo Gabriel.

(157)

1607
Sevilha

O MORANGO

O capitão Alonso González de Nájera, que viveu seis anos no Chile, recorda e conta.

Fala dos que nascem entre trombetas e tambores, a nobre hoste que veste cota de malha a partir do berço e faz muralha de seus corpos frente às avançadas dos índios. Garante que a chuva arranca grãos de ouro da terra chilena e que os índios pagam o tributo com o ouro que tiram das barrigas das lagartixas.

Também conta de uma fruta estranha, de cor e formato de coração, que ao roçar dos dentes explode em sucos doces. Bem que poderia competir, tão vistosa, saborosa e cheirosa, com as melhores frutas da Espanha, *embora lá no Chile a ofendam com o nome de frutilla.*

(66)

1608
Porto Príncipe

Silvestre de Balboa

Na casa de barro e palmeira de Silvestre de Balboa, escrivão do cabildo de Porto Príncipe, nasce o primeiro poema épico da história de Cuba. Dedica o autor suas oitavas reais ao bispo Altamirano, que há quatro anos foi sequestrado pelo pirata francês Gilbert Giron no porto de Manzanillo.

Ao navio do pirata ascenderam, do reino de Netuno, focas e nereidas com piedade do bispo, que não quis em sua defesa aceitar nada. Conseguiram os moradores de Manzanillo reunir duzentos ducados, mil couros e outras prendas e no fim o corsário luterano soltou sua presa. Dos bosques chegaram à praia, para dar as boas-vindas ao bispo resgatado, sátiros, faunos e semicapros que lhe trouxeram frutas-de-conde e outras delícias. Vieram dos prados as ninfas, carregadas de mamões, abacaxis, figos-da-índia, abacates, tabaco; e vestindo anáguas, as dríades desceram das árvores, cheios os braços de silvestres pitangas e frutos da árvore *birijí* e da alta palma. Também recebeu o bispo Altamiro *guabinas, dajaos* e outros peixes de rio das mãos das náides; e as ninfas das fontes e os estanques o presentearam com umas saborosas tartarugas de Masabo. Quando se dispunham os piratas a cobrar o resgate, caíram sobre eles uns poucos mancebos, flor e nata de Manzanillo, que valentemente lhes deram o merecido.

Foi um negro escravo, chamado Salvador, quem atravessou com sua lança o peito do pirata Gilbert Giron:

Oh Salvador crioulo, negro honrado!
Voe tua fama e nunca se consuma;
que em alabança a tão bom soldado
é bem que não se cansem língua e pluma.

Inchado de admiração e espanto, Silvestre de Balboa invoca Troia e compara com Aquiles e Ulisses os moradores de Manzanillo, depois de tê-los misturado com ninfas, faunos e centauros. Mas entre as portentosas divindades abriram caminho, humildemente, as pessoas deste povoado, um negro escravo que portou-se como um herói e muitas frutas, ervas e animais desta ilha que o autor chama e ama por seus nomes.

(23)

1608
Sevilha

Mateo Alemán

Mateo Alemán sobe ao navio que parte para o México. Para poder viajar para as Índias, subornou o secretário do rei e demonstrou pureza de sangue.

Judeu de pai e mãe e com um ou outro parente queimado pela Inquisição, Mateo Alemán inventou-se uma cristianíssima linhagem e um imponente escudo de armas, e ao mesmo tempo converteu sua amante, Francisca de Calderón, em sua filha mais velha.

O novelista soube aprender as artes de sua personagem, Guzmán de Alfarache, *destro no ofício da florida malícia*, quem muda de vestimenta, de nome e de cidade para apagar estigmas e escapar da pobreza. *Dançar tenho ao som que todos, dure o que dure*, explica Guzmán de Alfarache na novela que a Espanha está lendo.

(6 e 147)

1608
Córdoba

O Inca Garcilaso

Aos sessenta anos, se inclina sobre a mesa, molha a pluma no tinteiro de chifre e escreve desculpando.

É homem de prosa minuciosa e galante. Elogia o invasor na língua do invasor, que fez sua. Com uma das mãos cumprimenta a conquista, por ser obra da Divina Providência: os conquistadores, braços de Deus, evangelizaram o Novo Mundo e a tragédia pagou o preço de sua salvação. Com a outra mão diz adeus ao reino dos incas, *antes destruído que conhecido*, e o evoca com saudades de paraíso. Uma mão pertence ao seu pai, capitão de Pizarro. A outra é de sua mãe, prima de Atahualpa, que esse capitão humilhou e atirou aos braços de um soldado.

Como a América, o Inca Garcilaso de la Vega nasceu de uma violação. Como a América, vive desgarrado.

Embora há meio século esteja na Europa, ainda escuta, como se fossem de agora, as vozes da infância em Cuzco, *coisas recebidas nos cueiros e no leite*: nessa cidade arrasada veio ao mundo, oito anos depois da entrada dos espanhóis, e nessa cidade bebeu, dos lábios de sua mãe, as histórias que vêm do dia distante em que o sol deixou cair, sobre o lago Titicaca, o príncipe e a princesa nascidos de seus amores com a lua.

(76)

1609
Santiago do Chile

As regras da mesa

Disseram-lhe esta manhã, quando lhe trouxeram o fumegante, cheiroso chocolate. De um pulo, o governador soltou-se dos lençóis holandeses: o rei da Espanha decidiu legalizar a escravidão dos índios capturados na guerra.

Quase um ano demorou a notícia para atravessar o oceano e a cordilheira. Já faz tempo que no Chile se vendem araucanos na frente de escrivão público, e aos que pretendem escapar, mandam cortar os tendões; mas a aprovação do rei fechará a boca de alguns resmungões que protestam.

– *Bendiga Deus este pão...*

O governador oferece uma ceia aos domadores destas terras ariscas. Os convidados bebem vinho do país em chifres de boi e comem pães de milho enrolados em folhas de milho, a saborosa *humita*, prato dos índios. Como tinha recomendado Alfonso o Sábio, tomam com três dedos os pedaços de carne com pimenta; e como queria Erasmo de Rotterdam não roem os ossos, nem atiram embaixo da mesa, as cascas da fruta. Depois de tomar a aguinha quente de quelén-quelén, limpam os dentes com um palito, sem deixá-lo depois entre os lábios ou na orelha.

(94 e 172)

1611
Yarutini

O extirpador de idolatrias

A golpes de picareta estão quebrando Cápac Huanca.

O sacerdote Francisco de Ávila grita com seus índios para que se apressem. Ainda restam muitos ídolos para serem descobertos e triturados nestas terras do Peru, onde ele não conhece ninguém que não incorra no pecado da idolatria. Jamais descansa a cólera divina. Ávila, açoite dos feiticeiros, vive sem sentar-se.

Mas para seus servos, que sabem, cada golpe dói. Esta pedra grande é um homem escolhido e salvo pelo deus Pariacaca. Cápac Huanca foi o único que partilhou com ele sua *chicha* de milho e suas folhas de coca, quando Pariacaca se disfarçou com trapos e veio a Yarutini e aqui suplicou que lhe dessem de beber e mascar. Esta grande pedra é um homem generoso. Cápac Huanca foi esfriado e convertido em pedra, para que não fosse levado pelo furacão de castigo que levou, em um sopro, todos os outros.

Ávila faz com que joguem seus pedaços em um abismo. Em seu lugar, finca uma cruz.

Depois pergunta aos índios a história de Cápac Huanca; e a escreve.

(14)

1612
São Pedro de Omapacha

O QUE APANHA BATE

O símbolo da autoridade, trança de couro, ponta de corda, assovia no ar e morde. Arranca em tiras a pele e rasga a carne.

Despido, amarrado à pedra do suplício, aguenta o castigo Cristóbal de León Mullohuamani, cacique da comunidade de Omapacha. Os gemidos se sucedem no ritmo do chicote.

Da cela ao cepo, do cepo ao açoite, vive o cacique em agonia. Ele ousou protestar ante o vice-rei de Lima e não entregou os índios que devia: por sua culpa faltaram braços para levar vinho das planícies a Cuzco e para fiar e tecer roupa como o corregedor mandou.

O verdugo, um escravo negro, descarrega o chicote com vontade. Essas costas não são piores nem melhores que qualquer outra.

(179)

1613
Londres

Shakespeare

A Companhia de Virgínia está levando a breca na costa do norte da América, sem ouro nem prata, mas por toda Inglaterra circulam seus panfletos de propaganda anunciando que lá os ingleses trocam com os índios *pérolas do Céu por pérolas da terra.*

Não faz muito que John Donne explorava o corpo de sua amante, em um poema, como quem descobre a América; e Virgínia, o ouro de Virgínia, é o tema central das festas da boda da princesa Isabel. Em honra da filha do rei, representa-se uma dança mascarada de George Chapman que gira ao redor de um grande rochedo de ouro, símbolo de Virgínia ou das ilusões de seus acionistas: o ouro, chave de todos os poderes, segredo da vida perseguido pelos alquimistas, filho do sol como a prata é filha da lua e o cobre nasce de Vênus. Há ouro nas zonas quentes do mundo, onde o sol semeia, generoso, seus raios.

Nas celebrações do casamento da princesa, também estreia uma obra de William Shakespeare, *A Tempestade*, inspirada no naufrágio de um barco da Companhia de Virgínia nas Bermudas. O grande criador de almas e maravilhas situa esta vez seu drama em uma ilha do Mediterrâneo que mais parece do mar Caribe. Ali o duque Próspero encontra Calibã, filho da bruxa Sycorax, adoradora do deus dos índios da Patagônia. Calibã é um selvagem, um desses índios que Shakespeare viu em alguma exibição de Londres: coisa da escuridão, mais animal que homem, não aprende outra coisa a não ser amaldiçoar e não tem capacidade de juízo nem sentido de responsabilidade. Só como escravo, ou atado como um macaco, poderia encontrar um lugar na sociedade humana, ou seja, a sociedade europeia, onde não tem nenhum interesse de incorporar-se.

(207)

1614
Lima

Atas do cabildo de Lima:
nasce a censura teatral

Neste cabildo se tratou e disse que por não haver-se examinado as comédias que se representassem nesta cidade ocorreu haver-se dito muitas coisas em prejuízo de partes e contra a autoridade e honestidade que se deve nessa república. E para que cessem ditos inconvenientes para adiante se convém prover-se de remédio. E havendo-se tratado e conferido sobre isso, decidiu-se e mandou-se que se notifique aos autores de comédias que ao presente são e em diante sejam que de nenhuma maneira representem comédia nenhuma nem a façam representar sem primeiro se haja visto e examinado e aprovado por a pessoa que este cabildo para isso nomeie, sob pena de duzentos pesos dos de nove reais...

(122)

1614
Lima

Proíbem-se as danças dos índios do Peru

Asas de condor, cabeça de papagaio, peles de jaguar: dançam os índios peruanos seu antigo Raymi em pleno Corpus Christi. Em língua quechua celebram suas invocações ao sol, na hora de semear, ou rendem homenagem ao sol quando ocorre um nascimento ou chega o tempo da colheita.

Para que com a ajuda de Nosso Senhor se suprimam as ocasiões de cair em idolatria, e o demônio não possa continuar exercendo seus enganos, decide o arcebispo de Lima que *não deverá consentir-se que nem em dialeto local nem em língua geral se celebrem danças, cantos ou taquies*. Anuncia o arcebispo terríveis castigos e manda queimar todos os instrumentos indígenas, inclusive a doce quena, mensagem de amores:

*Na margem dormirás,
à meia-noite virei...*

(21)

1615
Lima

Guamán Poma

Aos setenta anos, inclina-se sobre a mesa, molha a pluma no tinteiro de chifre e escreve e desenha desafiando.

É homem de prosa atropelada e rasgada. Amaldiçoa o invasor na língua do invasor, que não é a sua, e a faz explodir. A língua de Castilha a três por dois tropeça com palavras quechuas e aymaras, mas no final das contas Castilha é Castilha por causa dos índios, *e sem os índios Vossa Majestade não vale coisa*.

Hoje Guamán Poma de Ayala termina sua carta ao rei da Espanha. A princípio estava dirigida a Felipe II, que morreu enquanto Guamán a escrevia. Agora quer entregá-la em mãos de Felipe III. O peregrino perambulou de aldeia em aldeia, *caminhando o autor pela serra com muita neve,* comendo se podia e levando sempre nas costas seu crescente manuscrito de desenhos e palavras. *Do mundo volta o autor... Andou no mundo chorando em todo caminho* e por fim chegou a Lima. Daqui se dispõe a viajar à Espanha. Como, não sabe. Que importa? Ninguém conhece Guamán, ninguém o escuta, e o monarca está muito longe e muito alto; mas Guamán, pluma em riste, o trata de igual a igual, trata-o por tu e explica o que deve fazer.

Desterrado de sua província, despido, ignorado, Guamán não vacila em proclamar-se herdeiro das reais dinastias dos yarovilcas e os incas e se autodesigna Conselheiro do Rei. Primeiro Índio Cronista, Príncipe do Reino e Segundo ao Mando. Escreveu esta longa carta a partir do orgulho: sua linhagem provém dos antigos senhores de Huánuco e no nome que ele mesmo se pôs recolheu o falcão e o puma do escudo de armas de seus antepassados, que mandavam nas terras do norte do Peru desde antes dos incas e dos espanhóis.

Escrever esta carta é chorar. Palavras, imagens, lágrimas de raiva. *Os indeos são proprietários naturais deste reino e espanhoes naturais da Espanha aqui neste rreino são extrangeros.* O Apóstolo Santiago, de uniforme militar, pisa em um nativo caído. Nos banquetes, os pratos estão cheios de minúsculas mulheres. O arrieiro leva uma canastra repleta de filhos mestiços do padre. *Também é castigo de deus morrer muitos indeos minas de mercureo e de prata.* Em todo o Peru, *adonde havia cem não ha dez.* "Comes este ouro?", pergunta o Inca, e o conquistador responde: "Este ouro comemos".

Hoje Guamán termina a sua carta. Viveu para ela. Meio século gastou escrevendo e desenhando. São quase mil e duzentas páginas. Hoje Guamán termina a sua carta e morre.

Nem Felipe III nem outro rei a conhecerá jamais. Durante três séculos andará perdida pelo mundo.

(124, 125 e 179)

1616
Madrid

Cervantes

— Que novas trazes de nosso pai?

— Jaz, senhor, entre lágrimas e rezas. Inchado está, e de cor cinza. Já pôs a alma em paz com o escrivão e com o padre. As carpideiras esperam.

— Se tivesse eu o bálsamo de Ferrabrás.... Dois goles e no ponto sararia!

— Aos setenta anos que quase tem, e em agonia? Com seis dentes na boca e uma só mão que serve? Com cicatrizes tantas de batalhas, afrontas e prisões? De nada serviria esse feio Brás.

— Não digo dois goles. Duas gotas!

— Tarde chegaria.

— Morreu, dizes?

— Morrendo está.

— Descubra-se, Sancho. E tu, Rocinante, baixa a testa. Ah, príncipe das armas! Rei das letras!

— Sem ele, senhor, o que será de nós?

— Nada haveremos de fazer que não seja em sua alabança.

— Onde iremos parar, tão sozinhos?

— Iremos onde ele quis e não pôde.

— Onde, senhor?

— A endireitar o que torto está na costa de Cartagena, na ribanceira de La Paz e os bosques de Soconuco.

— Para que nos moam por lá os ossos.

— Hás de saber, Sancho, irmão meu de caminhos e correrias, que nas Índias a glória aguarda os cavaleiros andantes, sedentos de justiça e fama...

— Como foram poucas as chibatadas....

— ...e recebem os escudeiros, em recompensa, imensos reinos jamais explorados.

— Não os haverá mais perto?

— E tu, Rocinante, fique sabendo: nas Índias, os cavalos calçam prata e mordem ouro. São tidos por deuses!

— Depois de mil tundas, mil e uma.
— Cale-se, Sancho.
— Não nos disse nosso pai que a América é refúgio de malandros e santuário de putas?
— Cala, te digo!
— Quem às Índias embarca, nos disse, no cais deixa a consciência.
— Pois lá iremos, a lavar a honra de quem livres nos pariu no cárcere!
— E se aqui o choramos?
— Homenagem chamas semelhante traição? Ah, velhaco! Voltaremos ao caminho! Se para ficar no mundo nos fez, pelo mundo o levaremos. Alcançai-me o elmo! A adarga ao braço, Sancho! A lança!

(46)

1616
Potosí

Retratos de uma procissão

Morro mágico de Potosí: nestes altos páramos inimigos, que só ofereciam solidão e frio, fez brotar a cidade mais povoada do mundo.

Altas cruzes de prata encabeçam a procissão, que avança entre duas fileiras de estandartes e de espadas. Sobre as ruas de prata, ferraduras de prata; soam os cavalos luxuosos de veludo e bridões cobertos de pérolas. Para confirmação dos que mandam e consolo dos que servem, a prata desfila, fulgurante, pisa forte, sabedora de que não há espaço da terra ou do céu que não possa comprar.

Vestiu-se de festa a cidade; os balcões brilham de brasões e flâmulas; de um mar de farfalhantes sedas, espumas de bordados e cataratas de pérolas, as senhoras admiram a cavalgada que avança com estrépito de trombetas, pífaros e atabaques. Uns quantos cavaleiros levam vendas negras em um dos olhos e protuberâncias e chagas na testa, que não são marcas da guerra e sim da sífilis; mas voando vão e vêm, dos balcões à rua, da rua aos balcões, os beijos e os gracejos.

Abrem caminho, mascarados, o Interesse e a Cobiça Canta a Cobiça, máscara de cobras, enquanto o cavalo faz cabriolas:

Dizem que sou dos males a raiz
mas meu troféu é
a ninguém deixar feliz.

E responde o Interesse, calças negras, gibão negro bordado de ouro, máscara negra sob o negro chapéu cheio de plumas:

Se eu venci o amor
e o amor vence a morte
sou de todos o mais forte.

Encabeça o bispo um lento e longo exército de padres e encapuçados nazarenos armados de altos círios e candelabros de prata, até que o ruído da trombeta dos heraldos se impõe sobre o repicar dos sininhos anunciando a Virgem de Guadalupe, Luz dos que esperam Espelho de justiça, Refúgio de pecadores, Consolo dos aflitos, Palma verde, Vara florescida, Pedra refulgente. Ela chega em ondas de ouro e madrepérola, nos braços de cinquenta índios; afogada por muitas joias, assiste com olhos de assombro o bulício dos querubins de asas de prata e o espetacular movimento de seus adoradores. No branco corcel irrompe o Cavaleiro da Ardente Espada, seguido por um batalhão de pajens e lacaios de librés brancas. O Cavaleiro atira longe o seu chapéu e canta à Virgem:

Em minha dama, embora morena
tal formosura se encerra
que suspende céu e terra.

Lacaios e pajens de libré roxa correm atrás do Cavaleiro do Amor Divino, que vem trotando, ginete romano, ao vento das longas casacas de seda arroxeada: frente à Virgem cai de joelhos e humilha a testa coroada de louro, mas quando incha o peito para cantar as rimas, explode uma fuzilaria de fumaça de enxofre. Invadiu a rua o carro dos Demônios, e ninguém presta a menor atenção ao Cavaleiro do Amor Divino.

O príncipe Tartáreo, adorador de Maomé, abre suas asas de morcego, e a princesa Proserpina, cabeleira e cauda de serpentes, lança do alto blasfêmias e gargalhadas que a corte dos diabos celebra. Em alguma parte soa de repente o nome de Jesus Cristo e o carro do Inferno arrebenta-se em uma explosão descomunal. O príncipe Tartáreo e a princesa Proserpina atravessam de um salto a fumaça e as chamas e rodam, prisioneiros, aos pés da Mãe de Deus.

Cobre-se a rua de anjinhos, auréolas e asas de prata cintilante, e alegram o ar o som de violões e guitarras, cítaras e flautins. Os músicos, vestidos de donzelas, festejam a chegada da Misericórdia, da Justiça, da Paz e da Verdade, quatro airosas filhas de Potosí erguidas sobre poltronas de prata e veludo. Têm cabeça e peito de índio os cavalos que puxam a carruagem.

E chega então, atropelando, a Serpente. Sobre mil pernas de índios se desliza o imenso réptil, aberta a boca flamejante, metendo medo e fogo na romaria, e aos pés da Virgem desafia e combate. Quando os soldados cortam-lhe a cabeça a golpes de machado e espada, das entranhas da Serpente emerge, com seu orgulho feito pedaços, o Inca. Arrastando suas assombrosas vestes, o filho do Sol cai de joelhos frente à Divina Luz. Exibe a Virgem manto de ouro, rubis e pérolas grandes como grãos-de-bico, e mais que nunca brilha, acima de seus olhos atônitos, a cruz de ouro da coroa imperial.

Depois, a multidão. Artesãos de todos os ofícios e malandros e mendigos capazes de arrancar lágrimas de um olho de vidro: os mestiços, filhos da violência, nem servos nem senhores, caminham a pé. Proíbe a lei que tenham cavalos ou armas, como proíbe aos mulatos o uso do guarda-sol, para que ninguém dissimule o estigma que mancha o sangue até a sexta geração. Com os mestiços e os mulatos vêm os quarterões e os cafusos e todos os misturados, as mil cores dos filhos do caçador e sua presa.

Atrás, fecha a procissão uma multidão de índios carregados de frutas e flores e travessas de comida fumegante. Frente à Virgem imploram os índios perdão e consolo.

Mais longe, alguns negros varrem o lixo deixado por todos os outros.

(21 e 157)

1616
Santiago Papasquiaro

O deus dos amos, é o deus dos servos?

Falou da vida livre um velho profeta índio. Vestido à antiga, andou por estes desertos e serras levantando pó e cantando, ao triste som de um tronco oco, as façanhas dos antepassados e a perdida liberdade. Predicou o velho a guerra contra quem arrebatou dos índios as terras e os deuses e os arrebenta nas entranhas das minas de Zacatecas. Ressuscitarão os que morram na guerra necessária, anunciou, e renascerão jovens e velozes os velhos que morrem lutando.

Os tepehuanos roubaram mosquetões e armaram e esconderam muitos arcos e flechas, porque eles são arqueiros destros como Estrela da Manhã, o flechador divino. Roubaram e mataram cavalos, para comer sua agilidade, e mulas para comer sua força.

A rebelião começou em Santiago Papasquiaro, ao norte de Durango. Os tepehuanes, os índios mais cristãos da região, os primeiros convertidos, pisaram as hóstias; e quando o padre Bernardo Cisneros pediu clemência, responderam *Dominas Vobiscum*. Ao sul, em Mezquital, romperam a machadadas a cara da Virgem e beberam vinho nos cálices.

No povoado de Zape, índios vestidos de batina de jesuíta perseguiram pelos bosques os espanhóis fugitivos. Em Santa Catarina, descarregaram seus porretes sobre o padre Heraldo del Tovar enquanto diziam: *Vamos ver se Deus te salva.* O padre Juan del Valle ficou estendido na terra, nu, no ar a mão que fazia o sinal da cruz e a outra mão cobrindo seu sexo jamais usado.

Mas pouco durou a insurreição. Nas planícies de Cacária, as tropas coloniais fulminaram os índios. Cai uma chuva vermelha sobre os mortos. A chuva atravessa o ar espesso de pó e criva os mortos com balas de barro vermelho.

Em Zacatecas repicam os sinos, chamando aos banquetes de celebração. Os senhores das minas suspiram aliviados. Não faltará mão de obra nos túneis. Nada interromperá a prosperidade do reino. Poderão eles continuar mijando tranquilos em baciazinhas de prata lavrada e ninguém impedirá que acudam à missa suas senhoras acompanhadas de cem criados e vinte donzelas.

(30)

1617
Londres

Fumaças de Virgínia na névoa de Londres

Dramatis personae:

O REI Jacó I da Inglaterra, VI da Escócia. Escreveu: *O tabaco converte em uma cozinha as partes interiores do homem, sujando-as ou infetando-as com uma espécie de fuligem untuosa e gordurosa.* Também escreveu que quem fuma imita *as bárbaras e bestiais maneiras dos selvagens e servis índios sem Deus.*

JOHN ROLFE. Colono inglês de Virgínia. Um dos membros mais distintos deste *povo apontado e escolhido pelo dedo de Deus* – segundo o próprio Rolfe define aos seus. Com sementes levadas da ilha de Trinidad à Virginia, fez boas misturas de tabaco em suas plantações. Há três anos despachou para Londres, nos porões do Elizabeth, quatro tonéis cheios de folhas, que iniciaram o recente, mas já frutífero, comércio de tabaco com a Inglaterra. Bem se pode dizer que John Rolfe colocou o tabaco no trono de Virgínia, como planta-rainha de poder absoluto. No ano passado veio a Londres com o governador Dale, buscando novos colonos e novos investimentos para a Companhia de Virgínia e prometendo lucros fabulosos a seus acionistas, porque o tabaco será para a Virgínia o que a prata é para o Peru. Também veio para apresentar ante o rei Jacó sua esposa, a princesa índia Pocahontas, batizada Rebeca.

SIR THOMAS DALE. Governador de Virgínia até o ano passado. Autorizou a boda de John Rolfe e a princesa Pocahontas, primeiro matrimônio anglo-índio da história de Virgínia, por entender que era um ato de alta conveniência política, que contribuiria ao pacífico subministro de grãos e braços por parte da população indígena. Entretanto, em sua solicitação de permissão, John Rolfe não mencionava este aspecto do assunto. Tampouco mencionava o amor, embora se ocupasse de negar terminantemente qualquer desenfreado desejo em relação à sua bela noiva de dezoito anos de idade. Dizia Rolfe que queria casar-se com essa pagã de *rude educação, bárbaras maneiras e geração condenada, pelo bem desta plantação, pela honra de nosso país, pela glória de Deus, por minha própria salvação e para converter ao verdadeiro conhecimento de Deus e Jesus Cristo uma criatura incrédula.*

POCAHONTAS. Também chamada Matoaka enquanto viveu com os índios. Filha predileta do grande chefe Powhatan. Desde que se casou com John Rolfe, Pocahontas renunciou à idolatria, passou a chamar-se Rebeca e cobriu com roupa inglesa sua nudez. Usando chapéu de copa e bordados altos no pescoço, chegou a Londres e foi recebida na corte. Falava como inglesa e pensava como inglesa; devotamente partilhava a fé calvinista de seu esposo e o tabaco de Vírginia encontrou nela a mais hábil e exótica propaganda que necessitava para se impor em Londres. De doença inglesa morreu. Navegando pelo Tâmisa de regresso a Virgínia, e enquanto o barco esperava ventos favoráveis, Pocahontas exalou seu último suspiro nos braços de John Rolfe, em Gravesend no mês de março deste ano de 1617. Não tinha cumprido vinte e um anos.

OPECHANCANOUGH. Tio de Pocahontas, irmão mais velho do grande chefe Powhatan. Foi Opechancanough quem entregou a noiva na igreja protestante de Jamestown, igreja nua, de troncos, há três anos. Não disse uma palavra durante a cerimônia, nem antes, nem depois, mas Pocahontas contou a John Rolfe a história de seu tio. Opechancanough viveu em outros tempos na Espanha e no México, foi cristão e se chamou Luis de Velasco, mas nem bem o devolveram à sua terra e atirou ao fogo o crucifixo e a capa e a gola, degolou os padres que o acompanhavam e recuperou seu nome de Opechancanough, que na língua dos algonquins significa *o que tem a alma limpa.*

Alguém que foi ator do Globe Theatre nos anos de Shakespeare reuniu os dados desta história e se pergunta agora, frente a uma jarra de cerveja, o que fará com eles. Escreverá uma tragédia de amor ou um drama moralizante sobre o tabaco e seus poderes maléficos? Ou talvez uma mascarada que tenha por tema a conquista da América? A obra seria um êxito certo, porque toda Londres fala da princesa Pocahontas e sua passagem fugaz por aqui. Essa mulher... Ela sozinha era um harém. Toda Londres sonha com ela nua entre as árvores, com flores cheirosas nos cabelos. Que anjo vingador atravessou-a com sua espada invisível? Expiou ela os pecados de seu povo pagão? Ou foi essa morte uma advertência de Deus a seu marido? O tabaco, filho ilegítimo de Proserpina e Baco... Não ampara Satanás o misterioso pacto entre essa erva e o fogo? Não sopra Satanás a fumaça que deixa os virtuosos tontos? E a escondida lascívia do puritano John Rolfe... E o passado de Opechancanough, antes chamado Luis de Velasco, traidor ou vingador... Opechancanough entrando na igreja com a princesa no braço... Alto, erguido, mudo...

– Não, não – conclui o indiscreto caçador de histórias, enquanto paga suas cervejas e sai à rua – Esta história é boa demais para ser escrita. Como costuma dizer o galeno Silva, poeta das Índias: "Se a escrevo, o que me sobrará para contar aos amigos?"

(36, 159 e 207)

1618
Lima

Mundo pouco

O amo de Fabiana Crioula morreu. Em seu testamento, rebaixou-lhe o preço da liberdade, de duzentos a cento e cinquenta pesos.

Fabiana passou toda a noite sem dormir, perguntando-se quanto valeria a sua caixa de madeira cheia de canela em pó. Ela não sabe somar, de modo que não pode calcular as liberdades que comprou, com seu trabalho, ao longo do meio século que leva no mundo, nem o preço dos filhos que fizeram nela e depois arrancaram dela.

Nem bem desponta a alvorada, acode o pássaro a bater na janela com o bico. Cada dia, o mesmo pássaro avisa que é hora de despertar e andar.

Fabiana boceja, senta na esteira e olha os pés gastos.

(31)

1618
Luanda

O embarque

Foram agarrados pelas redes dos caçadores e caminham até a costa, amarrados uns aos outros pelo pescoço, enquanto soam os tambores da dor nas aldeias.

Na costa africana, um escravo vale quarenta colares de vidro ou um apito com correntinha ou um par de pistolas ou um punhado de balas. Os mosquetões e os facões, a aguardente, as sedas da China ou o percal da Índia são pagos com carne humana.

Um frade percorre as filas de cativos na praça principal do porto de Luanda. Cada escravo recebe uma pitada de sal na língua, uma salpicadura de água benta na cabeça e um nome cristão. Os intérpretes traduzem o sermão: *Agora, sois filhos de Deus...* O sacerdote manda que não pensem nas terras que abandonam e que não comam carne de cão, rato ou cavalo. Recorda a epístola de São Paulo aos efésios (*Servos, servi a vossos amos!*) e a maldição de Noé contra os filhos de Cam, que ficaram negros para sempre.

Veem o mar pela primeira vez e os aterroriza esse enorme animal que ruge. Creem que os brancos os levam a um matadouro distante, para comê-los e fazer óleo e banha deles. Os chicotes de pele de hipopótamo os empurram às enormes canoas que atravessam a arrebentação. Nas naus, os ameaçam os canhões de popa e proa, com as mechas acesas. Os grilhões e as correntes impedem que se atirem no mar.

Muitos morrerão na travessia. Os sobreviventes serão vendidos nos mercados da América e outra vez marcados com ferro em brasa.

Nunca esquecerão seus deus. Oxalá, ao mesmo tempo homem e mulher, se disfarçará de São Jerônimo e Santa Bárbara. Obatalá será Jesus Cristo; e Oxum, espírito da sensualidade e das águas frescas, se converterá na Virgem da Candelária, da Conceição, da Caridade ou dos Prazeres, e será Santa Ana na ilha de Trinidad. Por trás de São Jorge, Santo Antônio ou São Miguel, aparecerão os ferros de Ogum, deus da guerra; e dentro de São Lázaro cantará Babalu. Os trovões e os fogos do temível Xangô vão tirar o sossego de São João Batista ou de Santa Bárbara. Em Cuba, Elegguá continuará tendo duas caras, a vida e a morte, e no Brasil Exu terá duas cabeças, Deus e o Diabo, para oferecer a seus fiéis consolo e vingança.

(68, 127, 129 e 160)

1618
Lima

Um porteiro de cor escura

Os amigos reviram suas capas puídas e varrem o chão com seus chapéus. Cumprida a mútua reverência, se elogiam:
– Maravilha esse toco de braço!
– E essa tua chaga? Está tremenda!
Atravessam junto o descampado, perseguidos pelas moscas. Conversam enquanto mijam, de costas para o vento.
– Tempos sem te ver.
– Corri feito mosca. Sofrendo, sofrendo.
– Ai.
Laxartixa extrai do bolso uma bolacha dura, sopra, dá brilho e oferece a Pedepão. Sentados em uma pedra, contemplam as flores dos abrolhos.

Pedepão morde com todos os seus três dentes, e conta.
– Na Auditoria, boas esmolas havia... O melhor lugarzinho de Lima. Me expulsaram a pontapés. Foi o porteiro.
– Juan Ochoa?
– Satanás, você quer dizer. Lá sabe meu Deus que eu não fiz nada.
– Já não está Juan Ochoa.
– Verdade?

– O expulsaram feito cachorro. Já não é porteiro da Auditoria, nem nada.

Pedepão, vingado, sorri. Estica os dedos de seus pés descalços.

– Por suas maldades, deve ter sido.

– Não, não.

– Por ser burro?

– Não, não. Por ser filho de mulata e neto de negra. Por isso.

(31)

1620
Madrid

As danças do Diabo vêm da América

Graças ao cadáver de São Isidro, que nas últimas noites dormiu ao seu lado, o rei Felipe III sente-se melhor. Este meio-dia comeu e bebeu sem se sufocar. Seus pratos favoritos acenderam seus olhos e esvaziou de um gole o copo de vinho.

Molha agora seus dedos na bacia de água que um pajem, ajoelhado, lhe oferece. O *panetier* estende o guardanapo ao mordomo de turno, o mordomo de turno passa o guardanapo ao mordomo principal. O mordomo principal se inclina frente ao duque de Uceda. O duque apanha o guardanapo. Inclinando a testa, o estende ao rei. Enquanto o rei seca as mãos, o trinchante sacode as migalhinhas de sua roupa e o sacerdote eleva uma oração de graças a Deus.

Felipe boceja, desabotoa o colarinho de rendas, pergunta o que há de novo.

O duque conta que vieram ao palácio os da Junta de Hospitais. Se queixam de que o público se nega a ir ao teatro desde que o rei proibiu os bailes; e os hospitais vivem dos teatros de comédias. "Senhor", disseram os da Junta ao duque, "desde que não há bailes não há ingressos. Os doentes morrem. Não temos com que pagar as vendas ou os médicos". Os atores recitam versos de Lope de Vega que elogiam o índio americano:

Taquitán mitanacuní,
espanhol daqui para lá. ...
Na Espanha não há amor,
creio-o assim:
lá reina o interesse,
e o amor reina aqui.

Mas da América o público exige cantorias salgadas e danças que põem fogo nos mais honestos. De nada vale que os atores façam as pedras chorar e os mortos rirem, nem que as artes de tramoia arranquem relâmpagos às nuvens de papelão. "Se os teatros continuam vazios", gemem os da Junta, "os hospitais terão de fechar".

– Respondi-lhes – diz o duque – que Sua Alteza decidiria.

Felipe coça o queixo, investiga as próprias unhas.

– Se Sua Majestade não mudou de parecer... O proibido, proibido está, e bem proibido.

A sarabanda e a chacona fazem brilhar os sexos na escuridão. O padre Mariana tinha denunciado estas danças, inventos de negros e de selvagens americanos, infernais nas palavras e nos gestos. Até nas procissões se escutam suas rimas de elogio ao pecado; e quando brotam seus sons lascivos dos pandeiros e castanholas, já não são donas de suas pernas as monjas dos conventos e a cócega do Diabo dispara suas cadeiras e ventres.

O olhar do rei persegue os andares de uma mosca gorda, folgazã, entre os restos do banquete.

– E tu, o que opinas? – pergunta o rei à mosca.

O duque se dá por mencionado:

– Estes bailes de impostores são música de festa de bruxas, como bem o disse Sua Majestade, e o lugar das bruxas está nas fogueiras da Praça Maior.

Os manjares desapareceram da mesa, mas persiste o aroma pegajoso no ar.

Balbuciante, ordena o rei à mosca:

– Decida tu.

– Nem o pior inimigo poderia acusar Sua Alteza de intolerância – insiste o duque. – Indulgente foi Sua Majestade. Nos tempos do rei seu pai, que o tenha Deus em sua glória...

– Não és tu quem manda? – murmura Felipe.

– ...outros prêmios recebia quem ousasse bailar a sarabanda! Duzentos açoites e, depois, remar galeras!

– Tu, digo – sussurra o rei, e fecha os olhos.

– Tu – e uma bolotinha espumosa, saliva que sempre lhe sobra na boca, aparece entre seus lábios.

O duque insinua um protesto e em seguida se cala e retrocede nas pontas dos pés.

Felipe vai-se afundando em torpor, pesadas as pestanas, e sonha com uma mulher gorda e nua que devora baralhos.

(186)

1622
Sevilha

Os ratos

O padre Antônio Vázquez de Espinosa, recém-chegado da América, é o convidado de honra.

Enquanto os criados servem os pedaços de peru com molho explode no ar a espuma das ondas, alto e branco mar enlouquecido pela tempestade; e quando chegam os frangos recheados desaba sobre a mesa a chuva dos trópicos. Conta o padre Antônio que na costa do mar Caribe chove de tal maneira que esperando que acabe a chuva ficam grávidas as mulheres e nascem os filhos: quando vem a bonança, já são homens.

Os demais convidados, atentos ao relato e ao banquete, comem e calam; o padre tem a boca cheia de palavras e se esquece dos pratos. No chão, sentados sobre almofadões, as crianças e as mulheres escutam como se fosse missa.

Foi uma façanha a travessia entre o porto hondurenho de Trujillo e Sanlúcar e Barrameda. Navegaram as naus aos trambolhões, atormentadas pela borrasca; várias embarcações foram tragadas pelo mar e vários marinheiros pelos tubarões. Mas nada pior, e baixa a voz o padre Antônio, nada pior que os ratos.

Como castigo pelos muitos pecados cometidos na América, e porque ninguém embarca confessado e comungado como é devido, Deus semeou os ratos nos navios. Meteu ratos nos paióis, entre os víveres, e debaixo do castelo da proa; na câmara de popa, nos camarotes e até na cadeira do piloto: temos ratos, e tão grandes, que causavam espanto e admiração. Dezesseis arrobas de pão roubaram os ratos do quarto onde o padre dormia, e os bolos que estavam debaixo da escotilha. Devoraram os presuntos e os toucinhos do tombadilho da popa. Quando iam os sedentos buscar água, encontravam ratos afogados, flutuando nas pipas. Quando iam os famintos ao galinheiro, não encontravam mais que ossos e penas e uma ou outra galinha caída com as patas roídas. Nem os papagaios, em suas gaiolas, se salvaram dos ataques. Os marinheiros vigiavam os restos de água e comida dia e noite, armados de paus e facas, e os ratos atacavam e mordiam mãos e se devoraram entre si.

Entre as azeitonas e as frutas, chegaram os ratos. Estão intactas as sobremesas. Ninguém prova nem uma gota de vinho.

– Querem escutar as orações novas que inventei? Como as velhas ladainhas não aplacavam as iras do Senhor...

Ninguém responde.

Tossem os homens, levando o guardanapo à boca. Das mulheres que perambulavam dando ordens ao serviço, não resta nenhuma. As que escutavam sentadas no chão, estão vesgas e boquiabertas. As crianças veem no padre Antônio uma tromba longa, tremendos dentes e bigodes, e torcem o pescoço buscando sua cauda debaixo da mesa.

(201)

1624
Lima

Se vende gente

– Caminha!
– Corre!
– Canta!
– E esse, que defeito tem?
– Abre essa boca!
– Esse é bêbado, ou brigão?
– Quanto oferece, senhor?
– E doenças?
– Mas vale o dobro!
– Corre!
– O senhor não trate de me enganar, que devolvo ele!
– Salta, cachorro!
– Uma peça assim não se dá de presente!
– Que levante os braços!
– Que cante forte!
– Essa negra, é com cria ou sem cria?
– Vamos ver esses dentes!

São levados pela orelha. O nome do comprador será marcado em sua bochecha ou em sua testa e serão instrumentos de trabalho nas plantações, nas minas e na pesca, e armas de guerra nos campos de batalha. Serão parteiras e amas de leite, dando vida, e tomando-a serão verdugos e sepultureiros. Serão trovadores e carne de cama.

Está o curral de escravos em pleno centro de Lima, mas o cabildo acaba de votar pela mudança. Os negros em oferta serão alojados em um barracão do outro lado do rio Rímac, junto ao matadouro de São Lázaro. Lá estarão bastante afastados da cidade, para que os ventos levem seus ares corrompidos e contagiosos.

(31 e 160)

1624
Lima

O negro açoita o negro

Três escravos africanos percorreram as ruas de Lima com as mãos amarradas e uma corda no pescoço. Os verdugos negros também, caminhavam atrás. A cada poucos passos, uma chicotada, até somar cem; e quando caíam, os açoites eram de presente.

O alcaide tinha dado a ordem. Os escravos tinham levado baralhos ao cemitério da catedral, convertendo-o em sala de jogo usando as lápides como mesa; e bem sabia o alcaide que não vinha mal a lição para os negros em geral, de tão insolentes e numerosos que são, e tão amigos de um alvoroço.

Agora jazem, os castigados, no pátio da casa de seu amo. Têm as costas em carne viva. Uivam enquanto lavam as suas chagas com urina e aguardente.

O amo amaldiçoa o alcaide, agita o punho, jura vingança. Não se brinca assim com a propriedade alheia.

(31)

1624
Lima

"A endiabrada"

Luz de lua à uma, anuncia o sino da igreja, e dom Juan de Mogrovejo de la Cerda sai da taverna e se põe a caminhar pela noite de Lima, cheirosa de flores de laranjeira.

Ao chegar no cruzamento da rua do Trato, escuta vozes estranhas ou ecos; para e estica a orelha.

Um tal de Asmodeu está dizendo que mudou várias vezes de residência desde que saiu de Sevilha Ao chegar a Portobelo habitou os corpos de vários mercadores que *chamam o engano de trato, o furto de lucro e a gazua de vara de medir*; e no Panamá mudou-se e passou a viver dentro de um hipócrita da cavalaria, de nome falso, *que sabia de mamória a cópia dos duques, o calendário dos marqueses e a ladainha los condes...*

– Conta uma coisa, Asmodeu. Guardava esse sujeito os mandamentos da cavalaria moderna?

– Todos, Amonio. Mentia e não pagava as dívidas nem dava importância ao sexto mandamento; se levantava sempre tarde, falava na missa e sentia frio o tempo inteiro, o que dizem ser de bom gosto. E olha que é difícil sentir frio no Panamá, com aqueles calores que o inferno gostaria de ter. No Panamá as pedras suam e dizem as pessoas: "Depressa com a sopa, que vai esquentar".

O indiscreto dom Juan de Mogrovejo de la Cerda não pode ver Asmodeu nem Amonio, que se falam de longe, mas basta saber que tais nomes não figuram no santoral e sentir o cheiro do inconfundível bafo de enxofre, que invadiu o ar, como se não bastasse o tema de conversa tão eloquente. Dom Juan esmaga suas costas contra a alta cruz da esquina do Trato, cuja sombra impede, através da rua, que Asmodeu e Amonio se aproximem; faz o sinal da cruz e imediatamente convoca toda uma esquadra de santos para sua proteção e socorro. Mas não pode rezar, porque quer escutar. Não vai perder uma palavra disto.

Asmodeu conta que saiu do corpo daquele cavaleiro para meter-se em um clérigo renegado e depois, na viagem ao Peru, encontrou pousada nas entranhas de uma beata especializada em vender donzelas.

– *Assim cheguei a Lima, em cujos labirintos muito norte me serão tuas advertências. Dê-me notícias destas dilatadas províncias... São bem ganhados os dinheiros?*

– *Se o fossem, mais desocupado estaria o inferno.*

– *Por que caminho hei de tentar os mercadores?*

– *Procurando que o sejam, e deixando-os.*

– *Pelos superiores, têm aqui amor ou respeito?*

– *Medo.*

– *Pois o que haverá de fazer o que queira prêmio?*

– *Não merecê-lo.*

Dom Juan invoca a Virgem de Atocha, busca o rosário, que esqueceu, e aperta o pomo da espada, enquanto continua o questionário sobre Lima que Amonio, depressinha, responde.

– *E quanto aos presumidos de gala, te pergunto se vestem bem.*

– *Poderiam, pelo muito que todo o ano cortam.*

– *Tanto murmuram?*

– *De maneira que em Lima todas as horas são críticas.*

– *Diz-me agora, por que chamam os Francisco de Panchos, os Luises de Luchos e as Isabelas de Chabelas?*

– *Primeiro para não dizer a verdade, segundo, para não dizer os nomes dos santos.*

Sofre então dom Juan um inoportuno ataque de tosse. Escuta gritar: *Fujamos, fujamos!*, e ao final de um longo silêncio se desgruda da cruz que o protegia. Com os joelhos tremendo, dá uma olhada na rua dos Mercadores e nos postais da Província. Dos boquirrotos, não sobra nem sombra.

(57)

1624
Sevilha

O último capítulo de "A vida do buscão"

O rio reflete o homem que o interroga.
— Aonde mando o malandro? Hei de mandá-lo à morte?
Dançam sobre o Guadalquivir, lá no cais de pedra, as botas tortas. Este homem tem o costume de agitar os pés enquanto pensa.
— Eu decido. Fui eu quem o fez nascer filho de barbeiro e bruxa e sobrinho de verdugo. Eu o coroei príncipe da vida buscona no reino dos piolhos, mendigos e enforcados.
Brilham os óculos nas águas esverdeadas, cravados nas profundidades, perguntando, perguntadores:
— Que faço? Eu o ensinei a roubar frangos e implorar esmola pelas chagas de Cristo. De mim aprendeu maestrias em dados, baralhos e espadas. Com minhas artes foi gala de monjas e ator.
Francisco de Quevedo franze o nariz para acomodar os óculos.
— Eu decido. Que mais remédio tenho? Jamais se viu novela, na história das letras, que não tenha capítulo final.
Estica o pescoço entre os galeões que vêm, arriando as velas rumo ao cais.
— Ninguém sofreu como eu. Não fiz minhas as suas fomes, quando rangiam suas tripas e nem os exploradores encontravam seus olhos? Se dom Pablos deve morrer, devo matá-lo. Ele é cinza, como eu, que sobrou da chama.
De longe, um menino esfarrapado olha o cavaleiro que coça a cabeça, inclinado sobre o rio. "Uma coruja", pensa o menino. E pensa: "A coruja está louca. Quer pescar sem anzol".
E Quevedo pensa.
— Matá-lo? Não é fama, então, que traz má sorte quebrar espelhos? Matá-lo. E se tomassem o crime por justo castigo ao seu mau viver? Tremenda alegria para inquisidores e censores! Só de imaginar sua felicidade, me dá voltas na tripa.

Explode, então, uma gritaria de gaivotas. Um navio da América está ancorando. De um pulo, Quevedo se põe a caminhar. O menino o persegue, imitando o andar bambo.

Resplandece a cara do escritor. No cais encontrou o destino que seu personagem merece. Enviará dom Pablos, o buscão, às Índias. Onde, a não ser na América, poderia terminar seus dias? Já tem desembocadura a sua novela e Quevedo se afunda alucinado, nesta cidade de Sevilha, onde sonham os homens com navegações, e as mulheres, com regressos.

(183)

1624
Cidade do México

O RIO DA CÓLERA

A multidão, que cobre toda a praça maior e as ruas vizinhas, lança maldições e pedras ao palácio do vice-rei. As pedradas e os gritos, *traidor, ladrão, cachorro, Judas*, se arrebentam contra os portais e os portões, fechados a pedra e cal. Os insultos ao vice-rei se misturam com os vivas ao bispo, que o excomungou por ter especulado com o pão desta cidade. Há tempos que o vice-rei vinha estocando todo o milho e o trigo em seus celeiros privados; e assim brinca, a seu bel-prazer, com os preços. A multidão está em brasa. *Enforquem ele! Paulada! Matem ele a pauladas*! Uns pedem a cabeça do oficial que profanou a igreja, arrastando para fora dela o arcebispo; outros exigem linchar Mejía, testa de ferro do vice-rei em seus negócios; e dois querem fritar em azeite o vice-rei estocador.

Aparecem picaretas, chuços, alabardas; ouvem-se tiros de pistolas e mosquetões. Mãos invisíveis hasteiam o pendão do rei, no teto do palácio, e pedem auxílio os gritos das trombetas; mas ninguém acode para defender o vice-rei encurralado. Os principais do reino fecharam-se em seus palácios e juízes e oficiais escorreram pelos buracos. Nenhum soldado obedece ordens.

As paredes da prisão da esquina não aguentam o ataque. Os presos se incorporam à maré furiosa. Caem os portões do palácio, o fogo devora as portas e a multidão invade os salões, furacão que arranca cortinas, arrebenta baús e devora o que encontra.

O vice rei, disfarçado de frade, fugiu por um túnel secreto, rumo ao convento de São Francisco.

(72)

1625
Cidade do México

O QUE O SENHOR ACHA DESTA CIDADE?

O padre Thomas Gage, recém-chegado, se distrai no passeio da Alameda. Mordendo com os olhos contempla as damas que deslizam, flutuando, debaixo do túnel das altas árvores. Nenhuma usa o lenço grande ou a *mantilla* abaixo da cintura, para melhor mostrar o balanço das cadeiras e o andar garboso; e atrás de cada senhora vem um séquito de negras e mulatas espetaculares, os peitos saltando do decote, fogo e jogo: usam rosas nos sapatos de salto muito alto e palavras de amor bordadas nas fitas de seda que apertam suas testas.

No lombo de um índio, o padre chega ao palácio do governo.

O vice-rei oferece-lhe docinhos de abacaxi e chocolate quente e pergunta o que ele está achando da cidade.

Em pleno recital de elogios ao México, mulheres e carruagens e avenidas, o dono da casa o interrompe:

– O senhor sabe que eu salvei minha vida por um fio de cabelo? E por um fio de cabelo de careca..

Da boca do vice-rei brota, em cachoeira a história do motim do ano passado.

Depois de muita fumaça e sangue e duas xícaras de chocolate esvaziadas de gole em gole, o padre Gage fica sabendo que o vice-rei passou um ano escondido no convento de São Francisco, e que ainda não pode pôr o nariz fora do palácio sem arriscar-se a levar uma pedrada. O arcebispo rebelde, entretanto, está sofrendo o castigo do exílio na pobretona e distante Zamora, uns quantos padres foram condenados a remar nas galeras e para esmagar a insolência da plebe bastou enforcar três ou quatro agitadores.

— Se dependesse de mim, enforcaria todos – diz o vice-rei. Se levanta da poltrona, proclama:

— Todos! Toda esta maldita cidade! – e torna a sentar-se.

— Estas são terras sempre prontas para a rebelião – bufa – Eu limpei de bandidos os caminhos do México!

E acrescenta, confidencial, esticando o pescoço:

— O senhor sabia? Os filhos dos espanhóis, os nascidos aqui... na cabeça do tumulto, quem estava? Eles! Os criollos! Sentem-se em pátria própria, querem mandar...

O padre Gage olha com olhos de místico o pesado lustre de cristal que ameaça a sua cabeça, e opina:

— Gravemente ofende-se Deus. Uma segunda Sodoma.. Eu vi com meus próprios olhos, esta tarde. Deleites mundanos...

O vice-rei move a cabeça confirmando.

— Como o feno serão cortados – sentencia o padre. – Como a erva verde recém-cortada, secarão.

Bebe o último gole do chocolate.

— Salmo trinta e sete – conclui, apoiando suavemente a xícara no pires.

(72)

1625
Samayac

Ficam proibidas as danças dos índios da Guatemala

Proclamam os frades que já não há memória nem rastro dos rituais e antigos costumes da região de Verapaz, mas gastam a voz os pregoeiros anunciando, nas praças, os sucessivos decretos de proibição.

Juan Maldonado, auditor da Real Auditoria, dita agora, no povoado de Samayac, novas ordenanças *contra os bailes daninhos à consciência dos índios e a guarda da lei cristã que professam*, porque tais bailes *trazem à memória sacrifícios e rituais antigos e fazem ofensas a Nosso Senhor*. Os índios dilapidam dinheiro em plumas, vestidos e máscaras e *perdem muito tempo em ensaios e bebedeiras, e por isso deixam de acudir ao benefício das fazendas, ao pagamento de seus tributos e ao sustento de suas casas*.

Receberá cem açoites quem dance o *tun*. No *tun*, os índios têm *pacto com os demônios*. O *tun*, o Rabinal Achí, é um baile da fertilidade, dramatizado com máscaras e palavras, e o *tun* é também o tronco oco cujo ritmo acompanham as longas trombetas de som longo enquanto transcorre o drama do Varão dos quichés, prisioneiro dos rabinales: os vencedores cantam e dançam em homenagem à grandeza do vencido, que dignamente diz adeus à sua terra e sobe ao bramadeiro onde será sacrificado.

(3)

1626
Potosí

Um deus castigador

A lagoa investiu, arrebentou o dique, invadiu a cidade. Muitos foram triturados pela inundação.

As mulas arrancaram as pessoas quebradas do barro. Às fossas comuns foram parar, entreverados, espanhóis, *criollos*, mestiços, índios. Também as casas de Potosí pareciam cadáveres quebrados.

Não se acalmaram as fúrias da lagoa Caricari até que os padres levaram em procissão o Cristo da Vera Cruz. Ao ver que ele vinha, as águas pararam.

Dos púlpitos de todo o Peru se escutam por estes dias os mesmos sermões:

– Pecadores! Até quando brincarão com a bondade do Senhor? Deus é de paciência sofrida. Até quando, pecadores? Não foram suficientes os avisos e castigos?

Nestes dilatados e opulentos reinos, a explosão da lagoa de Potosí não é nenhuma novidade.

Há quarenta e cinco anos, uma pedra gigantesca despencou subitamente sobre uma aldeia de índios feiticeiros, em Achocalla, a um par de léguas da cidade de La Paz. Da aldeia esmagada só o cacique se salvou, e ficou mudo e contou a história por gestos. Outra pedra imensa sepultou pouco depois uma aldeia de índios hereges em Yanaoca, perto do Cuzco. No ano seguinte, a terra se abriu e engoliu homens e casas em Arequipa; e como a cidade não se tinha corrigido, novamente mostrou sua boca a terra pouco depois, e não deixou em pé nada além do convento de São Francisco. Em 1586, o mar afogou a cidade de San Marcos de Arica, e todos seus portos e praias.

Ao nascer do século novo, explodiu o vulcão de Ubinas. Tanta foi a sua cólera que as cinzas atravessaram por terra a cordilheira e por mar chegaram até o litoral da Nicarágua.

Duas estrelas de advertência apareceram neste céu em 1617. Não queriam ir embora. Se afastaram, por fim, graças aos sacrifícios e promessas das beatas de todo o Peru, que rezaram cinco novenas sem parar.

(141)

1628
Chiapas

O BISPO E O CHOCOLATE

Não põe pimenta-do-reino, como fazem os que sofrem de frio no fígado. Não põe milho, porque incha. Rega-o generosamente de canela, que esvazia a bexiga, melhora a vista e fortalece o coração. Tampouco regateia os pimentões bem moídos. Acrescenta água de flor de laranjeira, açúcar branco e *achiote* para dar cor; e jamais esquece um punhado de anis, dois de baunilha e o pozinho de rosas de Alexandria.

Frei Thomas Gage adora o espumoso chocolate bem preparado. Se não são molhados em chocolate, não têm sabor os doces ou os marzipãs. Ele necessita uma xícara de chocolate no meio da manhã para continuar andando, outra depois de comer para levantar-se da mesa e outra para esticar a noite e afastar o sono.

Desde que chegou a Chiapas, entretanto, não prova chocolate. A barriga protesta; mas prefere frei Thomas malviver entre enjoos e desmaios, desde que conseguia evitar a desgraça que matou o bispo Bernardo de Salazar.

Até pouco tempo, as damas desta cidade acudiam à missa acompanhadas por um cortejo de pajens e criadas que além de carregar o genuflexório de veludo, levavam braseiro, caldeira e xícara para preparar o chocolate. Por serem débeis de estômago, as damas não podiam aguentar sem o elixir quente as orações da missa rezada, e muito menos uma missa-maior. Assim foi até que o bispo Bernardo de Salazar decidiu proibir esse hábito, por causa da confusão e do barulho que metiam na igreja.

As senhoras se vingaram. Uma manhã, o bispo apareceu morto em seu escritório. Aos seus pés foi encontrada, aos pedaços, a xícara de chocolate que alguém lhe havia servido.

(72)

1628
Madrid

Oferecem-se fidalguias

Frente ao litoral de Matanzas, em Cuba, a frota espanhola caiu em mãos do corsário Piet Heyn. Toda a prata que vinha do México e do Peru irá para a Holanda. Em Amsterdam elevam Heyn ao grau de grande almirante e preparam para ele uma recepção de herói nacional. As crianças holandesas cantarão para sempre:

Piet Heyn, Piet Heyn.
Pequeno era seu nome
mas grande foi o que ele fez.

Em Madrid, todo mundo agarra a cabeça. Do tesouro real não sobra mais que um buraco.

O rei decide, entre outras medidas de emergência, colocar à venda novos títulos de fidalguia. Concede-se a fidalguia por fatos visíveis. E que fato mais visível que ter dinheiro para comprá-la? A troco de quatro mil ducados, qualquer plebeu desperta transformado em nobre de longa antiguidade; e amanhece com o sangue limpo quem até a noite anterior era filho de judeu ou neto de muçulmano.

Mas os títulos de segunda mão saem mais barato. Sobram em Castilha os nobres que andariam com a bunda ao vento se não a cobrissem com uma capa, fidalgos de mesa ilusória que vivem sacudindo migalhas do colete e dos bigodes: eles oferecem à melhor oferta o direito ao uso do dom, que é a única coisa que lhes sobra.

Com os nobres que andam em carruagens de prata, os decadentes só têm em comum o sentido da honra e as saudades da glória, o horror ao trabalho – mendigar é menos indigno – e o asco ao banho, que é costume de mouros, alheio à religião católica e malvisto pela Inquisição.

(64 e 218)

RIMAS DE QUEM FOI À ÍNDIA, CANTADAS NA ESPANHA

À Ronda se vai por peras,
a Argonales por maçãs,
às Índias por dinheiro
e à serra por moças louçãs.
Meu marido foi às Índias
para aumentar seu dinheiro:
trouxe muito para dizer,
trouxe pouco o que contar.
Meu marido foi às Índias
e me trouxe uma navalha
com umas letras que dizem:
"Se quiseres comer, trabalha".
Às Índias vão os homens,
às Índias, para ganhar.
As Índias, aqui as tem,
se quisessem trabalhar!

(19)

1629
Caranguejeiras

Bascuñán

A cabeça range e dói. Estendido no barro, entre a montanha de mortos, Francisco Núnez de Pineda y Bascunán abre os olhos. O mundo é um torvelinho de sangue e barro, metralhado pela chuva, que gira e dá volta e espirra e gira.

Os índios atiram-se em cima dele. Arrancam-lhe a couraça e o capacete de ferro, afundado pelo golpe que o derrubou, e o despem aos arrancões. Francisco consegue fazer o sinal da cruz antes de ser amarrado a uma árvore.

A tormenta açoita sua cara. O mundo deixa de balançar. Uma voz dentro dele diz, através da gritaria dos araucanos: "Estás em um charco da comarca de Chillán, em tua terra do Chile. Esta chuva é a que molhou a pólvora. Este vento é o que apagou as mechas. Perdeste. Escutas os índios, que discutem a tua morte".

Francisco murmura uma última oração.

De repente, uma rajada de plumas coloridas atravessa a chuva. Os araucanos abrem caminho ao cavalo branco, que chega jorrando fogo pelas narinas e espuma pela boca. O cavaleiro, mascarado pelo elmo que usa, dá um puxão brusco nas rédeas. O cavalo ergue-se em duas patas na frente de Maulicán, o vencedor da batalha. Todos ficam mudos.

"É o verdugo", pensa Francisco. "Agora, acabou".

O florido cavaleiro se inclina e diz alguma coisa a Maulicán. Francisco não escuta nada além das vozes da chuva e do vento. Mas quando o cavaleiro dá as costas e desaparece, Maulicán desamarra o prisioneiro, tira a própria capa e o cobre.

Depois, os cavalos galopam rumo ao sul.

(26)

1629
Margens do Bío-Bío

Putapichun

Depois de pouco andar, veem chegando uma multidão da distante cordilheira. Maulicán dá com os calcanhares em seu cavalo e adianta-se ao encontro do cacique Putapichun.

Os da cordilheira também trazem um prisioneiro, que vem tropeçando entre os cavalos, com uma corda ao pescoço.

No alto de uma colina rasa, Putapichun crava sua lança de três pontas. Faz desamarrar o prisioneiro e atira um galho aos seus pés.

– Diga o nome dos capitães mais valentes do teu exército.
– Não os conheço – gagueja o soldado.
– Diga um nome – ordenou Putapichun.
– Não lembro.
– Um.

E diz o nome do pai de Francisco.
– Outro.

E diz outro. A cada nome, deve quebrar um ramo do galho. Francisco assiste à cena com os dentes apertados. O soldado diz o nome de doze capitães: tem doze pauzinhos na mão.

– Agora, cava um buraco.

O prisioneiro atira no fundo os pauzinhos, um por um, repetindo os nomes.

– Atira terra. Cobre esses paus.

Então, sentenceia Putapichun:

– Já estão enterrados os doze valentes capitães.

E o verdugo faz despencar sobre o prisioneiro o bastão eriçado de pregos.

Arrancam seu coração. Oferecem a Maulicán o primeiro sorvo de sangue. A fumaça do tabaco flutua no ar, enquanto o coração passa de mão em mão.

Depois Putapichun, veloz na guerra e lento na fala, diz a Maulicán:

– Viemos comprar o capitão que você leva. Sabemos que é filho de Álvaro, o grande chefe por quem nossas terras tremeram.

Oferece-lhe uma de suas filhas, cem ovelhas de Castilha, cinco lhamas, três cavalos com sela lavrada e vários colares de pedras ricas:

– Com tudo isso, pode-se pagar dez espanhóis e ainda sobra.

Francisco engole saliva. Maulicán olha para o chão. Depois, diz:

– Antes, devo levá-lo para que meu pai o veja, e também os outros chefes da comarca de Repocura. Quero mostrar-lhes esta prenda de meu valor.

– Esperaremos – aceita Putapichun.

"Anda a minha vida nascendo de morte em morte", pensa Francisco. Zunem seus ouvidos.

(26)

1629
Margens do rio Imperial

Maulicán

– Te banhaste no rio? Aproxima-te do fogo. Estás tremendo. Senta-se e bebe. Vamos, capitão. Estás mudo? Se falas a nossa língua como se fosses um de nós... Come, bebe. Nos espera uma longa viagem. Não gostas de nossa *chicha*? Não gostas de nossa carne sem sal? Nossos tambores fazem teus pés bailarem. Tens boa sorte, menino capitão. Vocês queimam as caras dos cativos com o ferro que não se apaga. Tens má sorte, menino capitão. Agora tua liberdade é minha. Sinto dor por ti. Bebe, bebe, tira o medo de teu coração. Não te terão os que te buscam com ira. Te esconderei. Nunca te venderei. Teu destino está nas mãos do Dono do mundo e dos homens. Ele é justo. Assim. Toma Mais? Antes de que chegue o sol partiremos para Repocura. Quero ver meu pai, e celebrá-lo. Meu pai é muito velho. Logo seu espírito irá comer batatas negras lá, além dos picos de neve. Escutas os passos da noite caminhando? Nossos corpos estão limpos e vigorosos para iniciar a caminhada. Nos esperam os cavalos. Meu coração bate forte, menino capitão. Escutas os tambores de meu coração? Escutas a música da minha alegria?

(26)

1629
Comarca de Repocura

Para dizer adeus

Lua após lua, passou o tempo. É muito o que Francisco escutou e aprendeu nestes meses de cativeiro. Conheceu, e algum dia a escreverá, a outra versão desta longa guerra do Chile, *justa guerra que os índios moveram contra os que os enganaram e ofenderam e tiveram como escravos, e pior ainda.*

No bosque, ajoelhado na frente de uma cruz feita de galhos, Francisco reza orações de gratidão. Esta noite empreenderá o caminho até o forte do Nascimento. Lá será trocado por três chefes araucanos prisioneiros. Viajará protegido por cem lanças.

Caminha, agora, até o rancho. Debaixo do cipoal, o espera um círculo de ponchos esfarrapados e rosto de barro. De boca em boca anda a *chicha* de morango ou de maçã.

O venerável Tereupillán recebe o galho de canela, que é a palavra, e erguendo-o dedica uma longa alabança a cada um dos caciques presentes. Elogia depois Maulicán, guerreiro bravio, que na batalha obteve um preso tão valioso e soube guardá-lo vivo.

– *Não é de corações generosos – diz Tereupillán – tomar a vida a sangue-frio. Quando nós tomamos as armas contra os espanhóis tiramos que perseguidos e vexados nos tinham, só nas batalhas não senti compaixão por eles. Mas depois, quando cativos os via, grande dor e pena me causavam e machucada a alma me tinham, que verdadeiramente não odiávamos suas pessoas. Suas cobiças, sim. Suas crueldades, sim. Suas soberbas, sim.*

E virando para Francisco, diz:

– *E tu, capitão, amigo e companheiro, que te ausentas de nós e nos deixas machucados, tristes e sem consolo, não nos esqueça.*

Tereupillán deixa cair o ramo de canela no centro do círculo e os araucanos despertam a terra, golpeando-a com os pés.

(26)

1630
Motocintle

Não traem seus mortos

Durante quase dois anos tinha predicado frei Francisco Bravo neste povoado de Motocintle.

Um dia anunciou aos índios que tinha sido chamado da Espanha. Ele queria regressar à Guatemala, disse, e ficar para sempre aqui junto a seu querido rebanho, mas lá na Espanha seus superiores lhe negariam a permissão.

– Somente o ouro poderá convencê-los – advertiu frei Francisco.

– Ouro não temos – disseram os índios.

– Sim, têm – desmentiu o padre. – Eu sei que existe um criadeiro de ouro escondido em Motocintle.

– Esse ouro não nos pertence – explicaram eles. – Esse ouro é de nossos antepassados. Nós só estamos cuidando dele. Se faltar alguma coisa, o que lhes diremos quando voltem ao mundo?

– Eu só sei o que dirão meus superiores na Espanha. Me dirão: Se tanto te amam os índios desse povo onde queres ficar, como estás tão pobre?"

Se reuniram os índios em assembleia para discutir o assunto.

Um domingo, depois da missa, vendaram os olhos de Frei Francisco e o fizeram dar voltas até ficar tonto. Todos foram atrás dele, dos velhos às crianças de peito. Ao chegar ao fundo de uma gruta, tiraram-lhe a venda. O padre piscava os olhos, machucados pelo fulgor do ouro, mais ouro que o de todos os tesouros das mil e uma noites, e suas mãos trêmulas não sabiam por onde começar. Transformou em saco a sua batina e carregou o que pôde. Depois jurou por Deus e os santos evangelhos que jamais revelaria o segredo e recebeu uma mula e comida para a viagem.

Com o tempo, chegou à Real Auditoria da Guatemala uma carta de frei Francisco Bravo do porto de Veracruz. Com grande dor na alma cumpria o sacerdote seu dever, *no ato de serviço ao rei por tratar-se de importante e esmerado negócio.* Dava notícias do possível rumo do ouro: "Creio ter andado a escassa distância da aldeia. Corria à esquerda um arroio..." Enviava algumas pepitas como amostra e prometia empregar o resto em devoções a um santo de Málaga.

Agora aparecem a cavalo em Motocintle o juiz e os soldados. Vestindo túnica vermelha e com uma vara branca pendurada no peito, o juiz Juan Maldonado trata de convencer os índios a entregar o ouro.

Promete e garante bom tratamento.
Ameaça com rigores e castigos.
Tranca uns quantos na prisão.
A outros aplica cepo e dá tormento.
Outros faz subir as escadas do patíbulo.
E não adianta.

(71)

1630
Lima

Maria, matrona da farândula

– Cada dia tenho mais problemas e menos marido! – suspira Maria del Castillo. Aos seus pés, o tramoísta, o apontador e a primeira atriz oferecem consolos e brisas de seu leque.

No turbio crepúsculo, os guardas da Inquisição arrancaram Juan dos braços de Maria e atiraram-no ao cárcere porque línguas envenenadas dizem que ele disse, enquanto escutava o evangelho:

– *Eia! Que não tem outra coisa que viver e morrer!*

Poucas horas antes, na praça da matriz e pelas quatro ruas que dão esquina aos mercadores, o negro Lázaro tinha apregoado as novas ordens do vice-rei sobre os teatros de comédias.

Manda o vice-rei, conde de Chinchón, que uma parede de pau a pique separe as mulheres dos homens no teatro, sob pena de cárcere e multa a quem invada o território do outro sexo. Também dispõe que acabem as comédias mais cedo, ao repicarem os sinos de oração, e que entrem e saiam homens e mulheres por portas diferentes, para que não continuem as graves ofensas contra Deus. Nosso Senhor na escuridão dos becos. E se isso fosse pouco, o vice-rei decidiu que baixem os preços das entradas.

– Nunca me terá! – clama Maria – Por muita guerra que me declare, nunca me terá!

Maria del Castillo, grande chefa dos cômicos de Lima, leva intacto o ar e a beleza que a fizeram célebre, e aos sessenta longos anos ainda ri das *tapadas*, que com um xale cobrem um olho: como ela tem belos os dois, a cara descoberta olha, seduz e assusta. Era quase menina quando escolheu este ofício de maga; e faz meio século que enfeitiça multidões nos palcos de Lima. Mesmo que queira, explica, já não poderia mudar o teatro pelo convento, pois não gostaria Deus de tê-la como esposa, depois de três matrimônios tão desfrutados.

Por muito que agora os inquisidores a deixem sem marido e que os decretos do governo pretendam espantar seu público, Maria jura que não entrará na cama do vice-rei:

– Nunca, nunca!

Contra o vento e as marés, sozinha e solitária, ela continuará oferecendo obras de capa e espada em seu teatro de comédias, atrás do mosteiro de Santo Agostinho. Daqui a pouco reporá *A Monja Alferez*, do notável engenho peninsular Juan Pérez de Montalbán, e estreará um par de obras bem apimentadas, para que todos dancem e cantem e tremam de emoção nesta cidade onde nunca acontece nada, tão chata que morrem todos bocejando.

(122)

1631
Guatemala Antiga

Uma tarde de música no convento da Conceição

No jardim do convento, Juana canta e tange o alaúde. Luz verde, troncos verdes, verde brisa: estava morto o ar até que ela o tocou com as palavras e a música.

Juana é filha do juiz Maldonado, que distribui os índios da Guatemala em lavouras, minas e oficinas. De mil ducados foi o seu dote para o casamento com Jesus, e no convento seis escravas negras a servem. Enquanto Juana canta letras próprias ou alheias, as escravas, paradas à distância, escutam e esperam.

O bispo, sentado na frente da monja, não pode conter as caretas. Olha a cabeça de Juana inclinada sobre o mastro do alaúde, o pescoço nu, a boca que se abre, iluminada, e dá a si mesmo a ordem de ficar quieto. Tem fama de jamais mudar de expressão quando dá beijos ou os pêsames, mas agora franze essa cara imutável: sua boca se torce e batem asas, rebeldes, as suas pálpebras. Seu pulso firme parece alheio a essa mão que segura, trêmula, um cálice.

As melodias, alabanças a Deus ou melancolias profanas, se elevam na folhagem. Longe, ergue-se o verde vulcão de água e o bispo gostaria de concentrar-se naquelas plantações de milho e trigo e nos mananciais que brilham na ladeira.

O vulcão tem a água presa. Quem se aproxima escuta fervores de marmita. A última vez que vomitou, faz menos de um século, afogou a cidade que Pedro de Alvarado tinha fundado aos seus pés. Aqui, a cada verão treme a terra, prometendo fúrias; e vive a cidade em pânico, entre dois vulcões que cortam a sua respiração. Este a ameaça com o dilúvio. O outro, com o inferno.

Nas costas do bispo, frente ao vulcão de água, ergue-se o vulcão de fogo. As chamas que aparecem pela boca permitem ler cartas a uma légua, em plena noite. De tempos em tempos soa um troar de canhões e o vulcão bombardeia o mundo a pedradas: dispara pedras tão grandes que não as moveriam vinte mulas e enche o céu de cinza e o ar de um enxofre que fede.

Voa a voz da moça.

O bispo olha para o chão, querendo contar formigas, mas seus olhos deslizam até os pés de Juana, que os sapatos ocultam e delatam, e o olhar percorre este corpo bem lavrado que palpita debaixo do hábito branco, enquanto a memória desperta de repente e viaja até a infância. O bispo recorda aquelas vontades que sentia, incontíveis, de morder a hóstia em plena missa, e o pânico de que a hóstia sangrasse; e depois navega por um mar de palavras não ditas e cartas não escritas e sonhos não contados.

De tanto calar, o silêncio soa. O bispo percebe de repente que faz um bom tempo que Juana deixou de cantar e tocar. O alaúde repousa sobre seus joelhos e olha para o bispo, sorrindo muito, com esses olhos que nem ela merece ter. Uma auréola verde flutua ao redor.

O bispo sofre um ataque de tosse. O anis cai no chão e suas mãos ficam com bolhas-d'água de tanto aplaudir.
– Farei de ti superiora! – geme. – Farei de ti abadessa!

(72)

Rimas populares do que ama em silêncio

Quero dizer e não digo
e estou sem dizer dizendo.
Quero e não quero querer
e estou sem querer querendo.

Tenho uma dor não sei onde
nascido de não sei quê.
Curarei, não sei quando,
pois meu remédio é você.

Cada vez que olhas
e eu te olho,
com os olhos te digo o que não digo.
Por não te achar
me calo a te olhar.

(196)

1633
Pinola

Gloria in excelsis deo

O bicho-de-pé é menor que uma pulga e mais feroz que um tigre. Se mete pelos pés e derruba quem se coça. Não ataca os índios, mas não perdoa os estrangeiros.

Dois meses passou em guerra o padre Thomas Gage, deitado em uma cama, e enquanto celebra sua vitória contra o bicho-de-pé, faz um balanço do tempo vivido na Guatemala. A não ser pelo bicho-de-pé, não pode se queixar. Nos povoados o recebem ao som das trombetas, debaixo de um pálio de ramagens e flores. Tem os criados que quer e um palafreneiro que leva seu cavalo pelo bridão.

Cobra seu salário, pontualmente, em prata, trigo, milho, cacau e galinhas. As missas que oferece aqui em Pinola e em Mixco, são pagas por separado, e por separado os batismos, matrimônios e enterros, e as orações que reza por conta para conjurar gafanhotos, pestes ou terremotos se incluem as oferendas aos santos a seus cuidados, que são muitos, e as da Noite de Natal e da Semana Santa, o padre Gage recebe mais de dois mil escudos por ano, livres, limpinhos, além do vinho e da batina grátis.

O salário do padre vem dos tributos que pagam os índios a dom Juan de Guzmán, dono desses homens e destas terras. Como só pagam tributo os casados, e os índios são rápidos no saber e na malícia, os funcionários obrigam ao casamento os meninos de doze e treze anos e o padre os casa enquanto lhes cresce o corpo.

(72 e 135)

1634
Madrid

Quem se escondia no berço da tua mulher?

O Conselho Supremo do Santo Ofício da Inquisição, velando pela limpeza do sangue, decide que de agora em diante se fará cuidadosa investigação antes que seus funcionários contraiam matrimônio.

Todos os que trabalham para a Inquisição, o porteiro e o fiscal, o torturador e o verdugo, o médico e o ajudante de cozinha, deverão apresentar a genealogia de dois séculos da mulher que escolheram, *para evitar que se casem com pessoas infectas.*

Pessoas infectas, ou seja: com litros ou gotas de sangue índio e ou sangue negro, ou com tataravós de fé judia ou cultura islâmica ou devoção a qualquer heresia.

(115)

1636
Quito

A TERCEIRA METADE

Durante vinte longos anos foi o mandão do reino de Quito, presidente do governo e rei do amor, dos baralhos e da missa. Todos os outros caminham ou correm ao ritmo de sua cavalgadura.

Em Madrid, o Conselho das Índias delcarou-o culpado de cinquenta e seis malvadezas, mas a má notícia não cruzou ainda o mar. Terá de pagar multa pela loja que há vinte anos instalou na Auditoria Real, para vender as sedas e os tafetás chineses que tinha trazido de contrabando, e por infinitos escândalos com casadas, viúvas e virgens; e, também por causa do cassino que instalou na sala de bordar de sua casa, ao lado da capela privada onde comungava todos os dias. As rodas de baralho deixaram para dom Antonio de Morga duzentos mil pesos de lucro pelas entradas que cobrou, sem contar as façanhas de seus ágeis dedos depenadores. (Por dívidas de dez pesos, dom Antonio condenou muitos índios a passarem o resto de suas vidas atados aos teares nas oficinas.)

Mas a resolução do Conselho das Índias ainda não chegou a Quito. Não é isso o que o preocupa.

Está em pé na sala, despido na frente do espelho lavrado em ouro, e vê outro. Busca seu corpo de touro e não o encontra. Debaixo do adiposo ventre e entre as pernas magras balança, muda, a chave que tinha sabido abrir todas as fechaduras de mulher.

Busca a sua alma no espelho, e não a encontra. Quem roubou a metade piedosa do homem que dava sermões aos frades e era mais devoto que o bispo? E o fulgor em seus olhos de místico? Só há escuridões e rugas sobre a barba branca.

Dom Antonio de Morga dá alguns passos até roçar o espelho e pergunta por sua terceira metade. Tem que existir uma região onde buscaram refúgio os sonhos sonhados e esquecidos. Tem que existir: um lugar onde os olhos, gastos de tanto olhar, tenham guardado as cores do mundo; e os ouvidos, já quase surdos, as melodias. Busca algum sabor invicto, algum aroma que não tenha sumido, alguma calidez que persista na mão.

Não reconhece nada que esteja a salvo e mereça ficar. O espelho só lhe devolve um velho vazio que morrerá esta noite.

(176)

1637
Boca do rio Sucre

DIOGUINHO

Há poucos dias, o padre Thomas Gage aprendeu a escapar dos jacarés. Se a gente foge em *zig-zag*, os jacarés ficam desnorteados. Eles só sabem correr em linha reta.

Em compensação ninguém ensinou-o a escapar dos piratas. Mas, será que alguém conhece a maneira de fugir de dois bons navios holandeses em uma fragata lenta e sem canhões?

Recém-saída ao mar Caribe, a fragata arria as velas e se rende.

Mais desinflada que as velas, rola pelo chão a alma do padre Gage. Viaja com ele todo o dinheiro que juntou na América durante os doze anos que passou salvando sacrílegos e arrancando mortos do inferno.

Os esquifes vão e vêm. Os piratas levam o toucinho, a farinha, o mel, as galinhas, a banha e os couros. Também quase toda a fortuna que o padre trazia em pérolas e em ouro. Não toda, porque respeitaram a sua cama e ele tinha costurado no colchão boa parte de seus bens.

O capitão dos piratas, um mulato fornido, o recebe em seu camarote. Não lhe dá a mão, mas oferece-lhe assento e um jarro de rum com pimenta. Um suor frio brota da nuca do padre e percorre as suas costas. Toma o trago depressa. O capitão Diogo Grillo é conhecido, o padre ouviu falar dele. Sabe que pirateava sob as ordens do terrível Perna de Pau e que agora rouba por conta própria, com patente de corsário dos holandeses. Dizem que Dioguinho mata para não perder a pontaria.

O padre implora, balbucia que não lhe deixaram nada além da batina que veste. Enquanto enche o jarro, o pirata conta, surdo, sem pestanejar, os maus-tratos que sofreu quando era escravo do governador de Campeche.

— Minha mãe ainda é escrava, em Havana. Não conheces minha mãe? É tão boa, a coitada, que dá vergonha.

— Eu não sou espanhol – geme baixinho o padre. – Eu sou inglês – diz e repete, em vão. – Minha nação não é inimiga da vossa. Não são boas amigas, a Inglaterra e a Holanda?

— Hoje ganho, amanhã perco – diz o corsário. Retém um gole de rum, o envia pouco a pouco à garganta.

— Olhe – ordena, e arranca a casaca. Mostra as costas, as costuras dos açoites.

Escutam-se ruídos que chegam da coberta. O sacerdote os agradece, porque ocultam as batidas de seu coração desbocado.

— Eu sou Inglês...

Uma veia lateja, desesperada, na testa do padre Gage. A saliva se nega a passar por sua garganta.

– Levai-me à Holanda. Vos rogo, senhor, levai-me à Holanda. Por favor! Não pode um homem generoso abandonar-me assim, despido e sem...

De um puxão, o capitão solta seu braço das mil mãos do padre.

Bate no chão com uma bengala e acodem dois homens.

– Fora com ele!

Despede-se de costas, enquanto se olha no espelho.

– Se passas por Havana – diz – , não deixes de visitar minha mãe. Mande-lhe lembranças. Diga-lhe... diga-lhe que as coisas estão indo muito bem para mim.

Enquanto regressa para a sua fragata, o padre Gage sente câimbras na barriga. Andam fortes as ondas e o padre amaldiçoa quem lhe disse, lá em Jerez de la Frontera, há doze anos, que a América estava com as ruas cobertas de ouro e de prata, e que era preciso caminhar com cuidado para não tropeçar com os diamantes.

(72)

1637
Baía de Massachusetts

"Deus é inglês",

disse o piedoso John Aylmer, pastor de almas, há uns quantos anos. E John Winthrop, fundador da colônia da baía de Massachusetts, afirma que os ingleses podem apropriar-se das terras dos índios tão legitimamente como Abraão entre os sodomitas: *O que é comum a todos não pertence a ninguém. Este povo selvagem mandava sobre vastas terras sem título nem propriedade.* Winthrop é o chefe dos puritanos que chegaram no *Arbella*, há quatro anos. Veio com seus sete filhos.

O reverendo John Cotton despediu os peregrinos no cais de Southampton garantindo-lhes que Deus os conduziria voando sobre eles com uma águia, da velha Inglaterra, terra de iniquidades, até a terra prometida.

Para construir a nova Jerusalém no alto da colina, chegam os puritanos. Dez anos antes do *Arbella* chegou o *Mayflower* a Plymouth, quando já outros ingleses, ansiosos por ouro, tinham alcançado, ao sul, a costa de Virgínia. As famílias puritanas fogem do rei e de seus bispos. Deixam atrás os impostos e as guerras, a fome e as pestes. Também fogem das ameaças de mudança na velha ordem. Como diz Winthrop, advogado de Cambridge nascido em berço nobre, *Deus todo-poderoso, em sua mais santa e sábia providência, dispõe que na condição humana de todos os tempos uns haverão de ser ricos e outros pobres; uns altos e eminentes no poder e dignidade, e outros medíocres e submetidos.*

A primeira vez, os índios viram uma ilha que caminhava. O mastro era uma árvore e as velas, nuvens brancas. Quando a ilha parou, os índios se aproximaram, em suas canoas, para buscar morangos. Em lugar de morangos, encontraram varíola.

A varíola arrasou comunidades índias e limpou o terreno aos mensageiros de Deus, escolhidos por Deus, povo de Israel nas areias de Canaã. Como moscas morreram os que aqui viviam há mais de três mil anos. A varíola, diz Winthrop, foi enviada por Deus para obrigar os colonos ingleses a ocupar as terras limpas pela peste.

(35, 153 e 204)

1637
Mystic Fort

DA DESCRIÇÃO DE JOHN UNDERHILL, PURITANO DE CONNECTICUT, SOBRE UMA MATANÇA DE ÍNDIOS PEQUOT.

Eles não sabiam nada de nossa chegada. Estando perto do forte, nos encomendamos a Deus e suplicamos Sua assistência em tão pesada empresa...

Não pudemos outra coisa além de admirar a Divina Providência quando nossos soldados, inexperientes no uso das armas, lançaram uma carga tão cerrada que parecia que o dedo de Deus tivesse posto fogo na mecha. Ao romper do dia, a andanada provocou terror nos índios, que estavam profundamente adormecidos, e escutamos os gritos mais cheios de lamento. Se Deus não tivesse preparado os corações nossos para o Seu serviço, teríamos sido movidos à comiseração. Mas havendo Deus nos despojado de piedade, nos dispusemos a cumprir nosso trabalho sem compaixão considerando o sangue que os índios tinham derramado quando trataram barbaramente e assassinaram a uns trinta de nossos compatriotas. Com nossas espadas na mão direita e nossas carabinas ou mosquetões na mão esquerda, atacamos...

Muitos morreram queimados no forte... Outros foram forçados a sair e nossos saldados os recebiam com as pontas das espadas. Caíram homens, mulheres e crianças; os que escapavam de nós, caíam nas mãos de nossos índios aliados, que esperavam na retaguarda. Segundo os índios pequot havia umas quatrocentas almas nesse forte, e nem mesmo cinco conseguiram escapar de nossas mãos. Grande e lastimável foi a visão do sangue para os jovens soldados que nunca tinham estado na guerra, vendo tanta almas que jaziam de boca arfante no chão e tão amontoadas que em algumas partes não se podia passar.

Se poderia perguntar: por que tanta fúria? (Como alguém disse.) Não deveriam os cristãos ter mais clemência e compaixão?

E eu respondo recordando a guerra de David. Quando um povo chegou a tal ponto de sangue e pecado contra Deus e o homem, David não respeita as pessoas, e sim as rasga e destroça com sua espada e lhes dá a morte mais terrível. Às vezes as escrituras declaram que as mulheres e as crianças devem perecer junto a seus pais. As vezes se dão casos diferentes, mas não vamos discutir isso agora. Suficiente luz recebemos da Palavra de Deus, para nossos procederes.

(204)

1639
Lima

Martín de Porres

Tocam fúnebres os sinos das igrejas de Santo Domingo. À luz das velas, banhado em suores gelados, Martín de Porres entregou sua alma depois de muito lutar contra o Demônio com o auxílio de Maria Santíssima e de Santa Catarina Virgem e Mártir. Morreu em sua cama, com uma pedra como travesseiro e uma caveira ao lado, enquanto o vice-rei de Lima de joelhos, beijava a sua mão e lhe rogava que intercedesse para que lhe abrissem um lugarzinho lá no Céu.

Martín de Porres tinha nascido de uma escrava negra e seu amo, cavaleiro de tradição e puro solar espanhol, que não a engravidou para dispor dela como coisa, e sim para aplicar-lhe o princípio cristão de que na cama todas são iguais perante Deus.

Aos quinze anos, Martín foi doado ao convento dos frades dominicanos. Aqui viveu seus trabalhos e milagres. Nunca o ordenaram sacerdote, por ser mulato; mas abraçando com amor a vassoura, varreu cada dia os salões, os claustros, a enfermaria e a igreja. Navalha na mão, barbeava os duzentos curas do convento; atendia os doentes e distribuía roupa limpa com aroma de alecrim.

Quando soube que o convento sofria penúrias de dinheiro, apresentou-se ao prior:

– *Ave Maria.*
– *Gratia plena.*
– *Que o senhor venda este mulato cachorro* – *ofereceu-se.*

Deitava em sua cama os mendigos ulcerosos da rua e orava de joelhos durante toda a noite. Ficava branco feito neve na luz sobrenatural; brancas almas saíam de seu rosto quando cruzava o claustro à meia-noite, voando qual divino meteoro, rumo à solidão de sua cela. Atravessava portas fechadas com cadeado e rezava, às vezes, ajoelhado no ar, longe do chão; os anjos o acompanhavam ao côro levando luzes nas mãos. Sem sair de Lima consolava os cativos em Argel e salvava almas nas Filipinas, China e Japão; sem mover-se de sua cela, tocava os sinos do angelus. Curava os moribundos com panos molhados em sangue de galo negro e pó de sapo e mediante exconjuros aprendidos com sua mãe. Com o dedo roçava um dente e suprimia a dor e convertia em cicatrizes as feridas abertas; fazia branco o açúcar escuro e apagava incêndios com o olhar. O bispo teve de proibir-lhe tantos milagres sem autorização.

Depois das matinas se despia e açoitava as próprias costas com um chicote de nervos de boi amarrados em grossos nós, e enquanto arrancava seu próprio sangue gritava:

– *Vil mulato cachorro! Até quando vai durar tua vida pecadora?*

Com olhos de súplica, lacrimejantes, sempre pedindo perdão, passou pelo mundo o primeiro santo de pele escura do branquíssimo santuário da Igreja católica.

(216)

1639
São Miguel de Tucumán

De uma denúncia contra o bispo de Tucumán, enviada ao Tribunal de Inquisição de Lima

Com a sinceridade e verdade que a tão santo Tribunal se deve falar, denuncio da pessoa do reverendo bispo de Tucumán, dom Fr. Melchor Maldonado de Saavedra, do qual ouvi coisas gravíssimas suspeitas em nossa santa fé católica, e correm geralmente entre todo este bispado. Que em Salta, estando confirmando, chegou uma menina de bom parecer, e disse a ela: "Melhor é vossa mercê para tomada que para confirmada"; e em Córdoba este passado ano de 1638 chegou outra em presença de muita gente e erguendo-lhe a saia disse: "Zape! Que não a hei de confirmar para baixo e sim para cima"; e com a primeira amancebou-se com publicidade...

(140)

1639
Potosí

O testamento do mercador

Entre as cortinas, aparece o nariz do escrivão. A alcova tem cheiro de cera e de morte. À luz da única vela, se adivinha a caveira debaixo da pele do moribundo.

– Que esperas, abutre?

Não abre os olhos o mercador, mas sua voz soa invicta.

– Minha sombra e eu discutimos e decidimos – diz. E suspira. E ordena ao tabelião:

– Não haverás de acrescentar ou tirar coisa alguma. Me ouves? Te pagarei duzentos pesos em aves, para que com suas plumas, e as que usas para escrever, voes aos infernos. Me estás ouvindo? Ai! Cada dia que vivo é um dia que alugo. Cada dia mais caro me custa. Escreve, anda! Depressa. Mando que com a quarta parte da prata que deixo se façam na pracinha da ponte umas grandes latrinas, para que nobres e plebeus de Potosí rendam homenagem ali, *cada dia, à minha memória. Outra quarta parte de minhas barras e moedas haverão de enterrar-se no curral desta minha casa, e em suas portas se porão quatro cães dos mais bravos, para guardar este enterro.*

Não enrola a língua e continua, sem tomar fôlego:

– E que com outra quarta parte de minhas riquezas se cozinhem os mais esplêndidos manjares e postos em minhas travessas de prata se metam em um barranco profundo, com todos os mantimentos de minha despensa, porque quero que se fartem os vermes, como farão comigo. E mando...

Agita o dedo indicador, que projeta uma sombra de bastão sobre o muro branco:

– E mando... que a meu próprio enterro não acuda pessoa alguma, e que acompanhem meu corpo todos os asnos que existam em Potosí, vestidos em riquíssimos vestidos e joias melhores, que serão compradas com o que reste de meus dinheiros.

(21)

Dizem os índios:

Que tem dono a terra? Como assim? Como se há de vender? Como se há de comprar? Se ela não nos pertence... Nós somos dela. Seus filhos somos. Assim sempre, sempre. Terra viva. Como cria os vermes, assim nos cria. Tem ossos e sangue. Tem leite, e nos dá de mamar. Tem cabelos, pasto, palha, árvores. Ela sabe parir batatas. Faz nascer casas. Gente, faz nascer. Ela cuida de nós e nós cuidamos dela. Ela bebe *chicha*, aceita nosso convite. Filhos seus somos. Como há de vender-se? Como há de comprá-la?

(15 e 84)

1640
São Salvador, Bahia

Vieira

Cintila a boca enquanto lança palavras armadas como exércitos. O orador mais perigoso do Brasil é um sacerdote português criado na Bahia, baiano de alma.

Os holandeses invadiram estas terras e o jesuíta Antônio Vieira pergunta aos senhores coloniais se não somos tão pretos para eles como os índios para nós. Do púlpito, o dono da palavra desafia os donos da terra e das pessoas:

— *"Não pode haver maior inconsideração do entendimento nem maior erro de juízo entre homens, que cuidar em que hei de ser vosso senhor porque nasci mais longe do sol, e que vos haveis de ser meu escravo porque nascestes mais perto".*

Na igrejinha da Ajuda, a mais antiga do Brasil, Antônio Vieira acusa também Deus, culpado de ajudar os invasores holandeses:

— *Ainda que nós somos os pecadores, Deus meu, vós haveis de ser, hoje, o arrependido.*

(33, 171 e 226)

1641
Lima

Ávila

Interrogou milhares e milhares de índios, sem encontrar um que não fosse herege. Destruiu ídolos e adoratórios, queimou múmias; raspou cabeças e esfolou costas a chibatadas. Em seu caminho, o vento da fé cristã purificou o Peru.

O sacerdote Francisco de Ávila tem sessenta e cinco anos quando vê que as forças o abandonam, anda meio surdo e sente que até a roupa dói; e decide que não se irá do mundo sem conseguir o que vem querendo desde que era menino. Solicita, então, seu ingresso na Companhia de Jesus.

– Não,

responde o reitor dos jesuítas, Antonio Vazquez.

– Não,

porque por mais que diga que é homem douto e grande lenguaraz, Francisco de Ávila representa sua condição de mestiço.

(14)

1641
Mbororé

As missões

Chegam os mamelucos da região de São Paulo, caçadores de índios, devastadores de terras: avançam ao som da *caixa, bandeira estendida e ordem militar,* troar de guerra, vento de guerra, através do Paraguai. Trazem longas cordas com colares para os índios que agarrarão, e venderão como escravos nas plantações do Brasil.

Os mamelucos ou bandeirantes estão há anos arrasando as missões dos jesuítas. Das treze missões do Guayrá, não sobram mais que pedras e carvão. Novas comunidades evangélicas nasceram do êxodo, águas abaixo do Paraná; mas os ataques, incessantes, continuam. Nas missões, a serpente encontra os passarinhos reunidos e engordados, milhares de índios treinados para o trabalho e a inocência, sem armas, fáceis para o bote. Sob a tutela dos sacerdotes, os guaranis partilham uma vida regulada, sem propriedade privada nem dinheiro nem pena de morte, sem luxo nem escassez, e caminham para o trabalho ao som das flautas. Nada podem suas flechas de taquara contra os arcabuzes dos mamelucos, que *provam os aços de suas alfanjes fendendo em duas partes as crianças* e que como troféu levam tiras esfarrapadas de batinas e caravanas de escravos.

Mas desta vez uma surpresa espera pelos invasores. O rei da Espanha, assustado pela fragilidade destas fronteiras, ordenou que entregassem armas de fogo aos guaranis. Os mamelucos fogem em debandada.

Das casas brotam penachos de fumaça e cantos de alabança a Deus. A fumaça, que não é de incêndio e sim de lareiras, celebra a vitória.

(143)

1641
Madrid

A ETERNIDADE CONTRA A HISTÓRIA

O conde-duque de Olivares morde os punhos e amaldiçoa baixinho.

É muito o que manda, depois de vinte anos de tanto fazer e desfazer na corte, mas mais forte pisa Deus.

A Junta de Teólogos acaba de rejeitar o projeto de canalização dos rios Tejo e Manzanares, que tanto bem faria para os páramos de Castilha. Os rios ficarão como os fez Deus, e ao arquivo irão os projetos dos engenheiros Carducci e Martelli.

Na França anunciam que logo se abrirá o grande canal do Languedoc, para unir o Mediterrâneo com o vale do Garona. Enquanto isso, nesta Espanha que conquistou a América, a Junta de Teólogos decide que *atenta contra a Divina Providência quem tenta melhorar o que ela, por motivos inescrutáveis, quis que seja imperfeito. Se Deus quisesse que os rios fossem navegáveis, os teria feito navegáveis.*

(128)

1644
Jamestown

Opechancanough

Antes que um soldado inglês o fulmine pelas costas, o chefe Opechan-canough se pergunta: "Onde está o guardião invisível de minhas viagens? Quem roubou-me a minha sombra?".

Aos cem anos, foi derrotado. Tinha ido ao campo de batalha em uma liteira.

Faz mais de oitenta anos que o almirante Pedro Menéndez de Avilés levou-o a Cadiz. Apresentou-o na corte de Felipe II: *Eis aqui um belo príncipe índio da Florida.* Puseram-lhe calças, gibão e gola. Em um convento dominicano de Sevilha ensinaram-lhe a língua e a religião dos castelhanos. Depois, no México, o vice-rei deu-lhe seu nome de presente e Opechanca-nough passou a chamar-se Luis de Velasco. Ao mesmo tempo regressou à terra de seus pais, como intérprete e guia dos jesuítas. Sua gente achou que ele voltava da morte. Predicou o cristianismo e depois despiu-se e degolou os jesuítas e tornou a chamar-se como antes.

Desde aquele tempo, matou muito e viu muito. Viu as chamas devorando aldeias e campos de cultivo e viu seus irmãos vendidos a quem pagava mais, nesta região que os ingleses batizaram de Virgínia em memória a uma rainha virgem de espírito. Viu a varíola engolindo homens e o tabaco, faminto, devorando terras. Viu como eram apagados do mapa dezessete das vinte e oito comunidades que existiam aqui, e como as outras recebiam a possibilidade de escolher entre a diáspora e a guerra. Trinta mil índios deram as boas-vindas aos navegantes ingleses que chegaram à baía de Chesapeake, em uma fresca manhã de 1607. Sobrevivem três mil.

(36 e 207)

1645
Quito

Mariana de Jesus

Ano de catástrofes para a cidade. Uma fita negra balança em cada porta. Os invisíveis exércitos do sarampo e da difteria invadiram e estão arrasando. A noite caiu em seguida do amanhecer e o vulcão Pichincha, o rei da neve, explodiu: um grande vômito de lava e fogo caiu sobre os campos e um furacão de cinzas varreu a cidade.

– Pecadores, pecadores!

Como o vulcão, o padre Alonso de Roias jorra chamas pela boca. Do púlpito brilhante da igreja dos jesuítas, igreja de ouro, o padre Alonso golpeia o próprio peito, que soa enquanto chora, grita, clama:

– Aceita, Senhor, o sacrifício do mais humilde de teus servos! Que meu sangue e minha carne expiem os pecados de Quito!

Então uma moça se levanta aos pés do púlpito e serenamente diz:

– Eu.

Frente à multidão que lota a igreja, Mariana anuncia que é ela a escolhida. Ela acalmará a cólera de Deus. Ela será castigada por todos os castigos que a cidade merece.

Mariana jamais fez de conta que era feliz nem sonhou que era feliz, nem dormiu nunca mais do que quatro horas. A única vez que um homem roçou sua mão, ele ficou doente, com febre, durante uma semana. Desde que era menina decidiu ser a esposa de Deus e não lhe dá seu amor em um convento, e sim nas ruas e nos campos: não bordando nem fazendo doces e geleias na paz dos claustros, mas rezando de joelhos sobre os espinhos e as pedras e buscando pão para os pobres, remédio para os doentes e luz para os anoitecidos que ignoram a lei divina.

Às vezes, Mariana sente-se chamada pelo rumor da chuva ou o crepitar do fogo, mas sempre soa mais forte o trovão de Deus: esse Deus da ira, barba de serpentes, olhos de raio, que em sonhos aparece nu para colocá-la à prova.

Mariana regressa à sua casa, estende-se na cama e se dispõe a morrer no lugar de todos. Ela paga o perdão. Oferece a Deus sua carne para que coma e seu sangue e suas lágrimas para que beba até ficar tonto e esquecer.

Assim cessarão as pragas, se acalmará o vulcão e a terra deixará de tremer.

(176)

1645
Potosí

História de Estefânia, pecadora mulher de Potosí (em versão abreviada da crônica de Bartolomé Arzáns de Orsúa y Vela)

Nasceu Estefânia nesta Vila imperial e cresceu em formosura a tal grau que mais não pôde subi-lo a natureza.

Aos catorze anos de idade saiu de casa a belíssima donzela, aconselhada por outras perdidas mulheres, e havendo entendido sua mãe a abominável determinação com que esta filha se afastava, cheia de pesar em breves dias acabou-se-lhe a vida.

Não por isso emendou-se a filha, que havendo já perdido o tesouro inestimável da virgindade, vestindo-se profanamente se fez pública e escandalosa pecadora.

Vendo seu irmão tanto descrédito e má fama, chamou-a à sua casa e disse: "Mesmo que te pese haverás de ouvir-me, que enquanto estiveres em pecado mortal és inimiga de Deus e escrava do demônio, e além disto degeneras tua nobreza e desonras toda a sua linhagem. Olhe, irmã, o que fazes, levanta-te deste pântano, teme a Deus e faz penitência". Ao que Estefânia respondeu: "Que necessidade tens de mim, hipocritão". E enquanto o irmão a repreendia, em um momento despiu ela a cortadora adaga que estava na parede pendurada e com diabólica ferocidade avançou dizendo: "Só esta resposta merecem tuas razões". Deixou-o morto em um lago de sangue e depois disfarçou aquela maldade com fingido sentimento, vestindo-se de luto e ponderando a lástima.

Também seu ancião pai, entristecido pela morte do bom filho e o escândalo da má filha, procurou reduzi-la com boas razões que contra sua vontade escutava a despiadada. Em vez da emenda, deu ela em aborrecer o venerável velho e à meia-noite pôs fogo no telhado da casa. Saltou da cama o atordoado ancião, gritando com toda a sua voz: "Fogo, fogo!", mas caíram as vigas que sustentavam o teto e ali mesmo abrasou-lhe o terrível elemento. Vendo-se livre Estefânia, com mais desenfreio se deu a maiores vícios e pecados.

Arribou nesses dias a esta Vila de Potosí um homem dos reinos da Espanha, mercador dos mais opulentos que naqueles galeões vieram ao Peru, e chegou a suas notícias a formosura e graça daquela pública pecadora. Solicitou-a, e quando mais gozosos se encontravam em suas torpezas, um amante antigo da dama, armado de todas as armas e com duas bravas pistolas, apareceu decidido a vingar sua ofensa.

Achou o antigo amante solitária a mulher, mas com enganosas palavras deteve ela seu airado ânimo, e quando houve controlado tão arrebatada cólera, com grande presteza tirou da manga um punhal e caiu ao chão morto o infeliz.

Referiu Estefânia o sucesso ao rico mercador. Passados alguns meses, estando ele muito atormentado pelos ciúmes, ameaçou-a com acusá-la à justiça do homicídio feito. Nesses dias foram juntos banhar-se na lagoa de Tarapaya. Arrojou ela de si seus ricos vestidos, ficando patente a neve de seu corpo salpicada de belíssimo carmin, e nua atirou-a à água. Seguiu-a o descuidado mercador e estando juntos na metade da lagoa, com toda a força de seus braços meteu ela a cabeça do desaventurado dentro da água.

Não se creia que pararam ali suas abominações. Deu um golpe de alfanje acabou com a vida de um cavalheiro de ilustre sangue; e a outros dois matou com veneno que enviou em uma merenda. Por suas intrigas transpassaram-se outros os peitos com as espadas, ficando Estefânia alegríssima de que se derramasse sangue por sua causa.

E assim foi até o ano de 1645, quando escutou a pecadora um sermão do padre Francisco Patino, servo de Deus de cujas admiráveis virtudes gozava neste tempo Potosí, e socorreu-a Deus com um raio de sua divina graça. E foi tão grande a dor de Estefânia que começou a derramar arrios de lágrimas, com grandes suspiros e soluços que pareciam arrancar-lhe a alma, e quando acabou o sermão arrojou-se aos pés do sacerdote pedindo-lhe confissão.

Exortou-a o padre à penitência e absolve-a, que bem se sabe com quanta felicidade se entregam as mulheres em mãos da serpente, por coisas herdadas da que tentou Adão. Levantou-se Estefânia dos pés do confessor qual outra Madalena e quando ia a caminho de sua casa, oh feliz pecadora!, mereceu que lhe aparecesse Maria Santíssima e lhe dissesse: "Filha, já estás perdoada. Eu pedi por ti a meu Filho, porque em tua infância rezavas meu rosário".

(21)

1647
Santiago do Chile

SE PROÍBE O JOGO DOS ÍNDIOS DO CHILE

O capitão-geral, dom Marin de Mujica, proclama por caixa e pendão a proibição do jogo da *chueca*, que os araucanos praticam, segundo a tradição, golpeando uma bola com paus de ponta encurvada, em campo rodeado de ramagens verdes.

Com cem chibatadas serão castigados os índios que não obedeçam; e com multa os demais, porque muito se difundiu a infame chueca entre a soldadesca *criolla*.

Diz a ordem do capitão-geral que se dita a proibição *para que se evitem pecados tão contra a honra de Deus Nosso Senhor* e porque correndo a bola os índios treinam para a guerra: *do jogo nascem alvoroços e assim depois corre a flecha entre eles.* É uma indecência, diz, que na *chueca* se juntem homens e mulheres quase nus, *vestidos apenas de plumas e peles nos quais fundamentam a ventura de ganhar.* No começo invocam aos deuses para que a bola seja favorável às suas proezas e corridas e no fim, todos abraçados, bebem mares de *chicha.*

(173)

1648
Olinda

Excelências da carne de canhão

Era menino quando foi arrancado de sua aldeia africana, embarcado em Luanda e vendido em Recife. Já era homem quando fugiu dos canaviais e refugiou-se em um dos baluartes negros de Palmares.

Nem bem os holandeses entraram no Brasil, os portugueses prometeram a liberdade aos escravos que combatessem contra os invasores. Os chimarrãos de Palmares decidiram que essa guerra não era deles: tanto fazia que fosse holandês ou português quem empunhasse o chicote nos canaviais e engenhos. Mas é, Henrique Dias acudiu para oferecer-se. Desde então comanda um regimento de negros que lutam pela coroa portuguesa no nordeste brasileiro. Os portugueses fizeram dele fidalgo cavalheiro.

De Olinda, o capitão Henrique Dias envia uma carta de intimidação ao exército holandês acampado em Recife. Adverte que de quatro nações está composto o seu regimento, o Tércio dos Henriques: *minas, ardas, angolas e crioulos: estes são tão malévolos que não temem nem devem; os minas tão bravos, que aonde não podem chegar com o braço, chegam com o nome; os ardas tão fogosos, que tudo querem cortar de um só golpe; e os angolas tão robustos, que nenhum trabalho os cansa. Considerem agora se romperão a toda Holanda homens que tudo romperam.*

(69 e 217)

1649
Sainte-Marie des Hurons

A linguagem dos sonhos

– Coitadinhos,
pensa o padre Ragueneau, enquanto contempla os índios hurones rodeando de presentes e rituais um homem que sonhou, ontem à noite, um sonho misterioso. A comunidade lhe dá de comer na boca e dança para ele; as moças o acariciam, esfregam cinza em seu corpo. Depois, sentados todos em roda, começam a adivinhar seu sonho. Perseguem o sonho com flechas de imagens ou palavras e ele vai dizendo: "Não, não", até que alguém diz: "Rio", e então, entre todos, conseguem agarrá-lo: o rio, uma corrente furiosa, uma mulher solitária em uma canoa, ela perdeu o remo, o rio a leva, a mulher não grita, sorri, parece feliz... "Sou eu?", pergunta uma das mulheres. "Sou eu?", pergunta outra. A comunidade chama a que tem olhos que penetram até nos mais escondidos desejos, para que ela interprete os símbolos do sonho. Enquanto bebe um chá de ervas, a vidente invoca o seu espírito guardião e vai decifrando a mensagem.

Creem os hurones, como todos os povos iroqueses, que o sonho transfigura as coisas mais triviais e as converte em símbolos ao tocá-las com os dedos do desejo. Creem que o sonho é a linguagem dos desejos não realizados e chamam de *ondinnonk* os secretos desejos da alma, que a vigília ignora.

Os *ondinnonk* aparecem nas viagens que faz a alma enquanto dorme o corpo.

– Coitadinhos – pensa o padre Ragueneau.

Para os hurones, se faz culpado de grave crime quem não respeita o que o sonho diz. O sonho manda. Se o sonhador não cumpre suas ordens, a alma se enfurece e adoece o corpo ou o mata. Todos os povos da família iroquesa sabem que a doença pode vir de guerra ou acidente, ou da bruxa que mete no corpo dentes de urso ou estilhaços de osso, mas também vem da alma, quando ela quer algo que não lhe dão.

O padre Ragueneau discute com outros jesuítas franceses que predicam na região. Ele defende os índios do Canadá: *Resulta tão fácil chamar de sacrilégio o que é pura estupidez...*

Alguns sacerdotes enxergam os chifres de Satanás aparecendo nestas superstições; e estão escandalizados porque a três por dois sonham os índios contra o sexto mandamento e no dia seguinte se dedicam a terapêuticas orgias. Habitualmente andam os índios quase despidos, olhando-se e tocando-se com demoníaca liberdade, e se casam e se descasam quando querem; e basta com que o sonho ordene para que se desate a festa do *andacwandat*, que é sempre ocasião de frenéticos pecados. O padre Ragueneau não nega que pode encontrar o Diabo terra adubada nesta sociedade sem juízes nem delegados, nem cárceres, nem proprietários, onde as mulheres dividem o comando com os homens e juntos adoram deuses falsos, mas reivindica o fundo de inocência destas almas primitivas, ainda ignorantes da lei de Deus.

E quando outros jesuítas se estremecem de pânico porque qualquer noite destas algum iroquês pode sonhar que mata um padre, Ragueneau recorda que isso já ocorreu, várias vezes, e que então basta com permitir que o sonhador esfaqueie uma batina enquanto dança seu sonho em uma inofensiva pantomina.

– Estes são costumes tontos – opina o padre Ragueneau –, mas não são costumes criminosos.

(153 e 222)

1649
Vale de Mohawk

Uma história iroquesa

Neva no mundo e no centro da casa-grande fala o velho narrador, de cara ao fogo. Sentados sobre peles de animais, todos escutam enquanto costuram a roupa e reparam as armas.

– No céu tinha crescido a árvore mais grandiosa – conta o velho. – Tinha quatro longas raízes brancas, que se estendiam nas quatro direções. Dessa árvore nasceram todas as coisas...

Conta o velho que um dia o vento arrancou a árvore pela raiz. Pelo buraco que se abriu no céu caiu a mulher do grande chefe, levando na mão um punhado de sementes. Uma tartaruga trouxe-lhe terra sobre a carcaça, para que ela plantasse as sementes, e assim brotaram as primeiras plantas que nos deram comida. Depois essa mulher teve uma filha, que cresceu e se fez esposa do vento do oeste. O vento do oeste soprou-lhe certas palavras no ouvido...

O bom narrador conta a sua história e faz que aconteça. O vento do oeste está soprando, agora, sobre a casa-grande; Se mete pela chaminé e a fumaça vela as caras.

O irmão lobo, que ensinou os iroqueses a reunir-se e a escutar, uiva dos montes. É hora de dormir.

Uma manhã qualquer, o narrador não despertará. Mas algum dos que escutaram suas histórias as contará a outros. E depois esse algum também morrerá, mas as histórias continuarão vivas enquanto haja casa-grandes e gente reunida em torno ao fogo.

(37)

Canto do canto dos iroqueses

Quando eu canto,
posso ajudá-la.
Sim, posso, sim!
Forte é o canto!
Quando eu canto,
posso levantá-la.
Sim, posso, sim!
Forte é o canto!
Quando eu canto,
endireito seus braços
Sim, posso, sim!
Forte é o canto!
Quando eu canto, endireito seu corpo.
Sim, posso, sim!
Forte é o canto!

(197)

1650
Cidade do México

Os vencedores e os vencidos

O escudo familiar se ergue, pomposo, sobre a renda de ferro do portão, lavrado como um altar. Em carruagem de caioba entra o dono da casa, com seu séquito de libré e cavalos. Dentro, cala o clavicórdio; se ouvem rangidos de sedas e telas bondades de ouro e prata vozes de filhas casadeiras, passos nos tapetes de suave pisar. Depois, tintineiam em porcelana as colherinhas de prata lavrada.

Esta Cidade do México, cidade de palácios, é uma das maiores do mundo. Embora esteja muito longe do mar, aqui vêm parar a frota da Espanha, a nau da China e a grande carreta de prata do norte. O poderoso consulado de comerciantes rivaliza com o de Sevilha. Daqui fluem mercadorias ao Peru, Manilha e o Extremo Oriente.

Os índios, que fizeram esta cidade para os vencedores sobre as ruínas de Tenochtitlán, acodem trazendo alimentos nas canoas. Podem trabalhar aqui durante o dia, mas ao cair da noite os desalojam, sob pena de açoite, para seus arrabaldes do outro lado das muralhas.

Alguns índios vestem meias e sapatos e falam espanhol, para ver se os deixam ficar e escapar, assim, do tributo e dos trabalhos forçados.

(148)

Do canto náhuatl sobre a vida efêmera

De uma vez só se vai nossa vida.
Em um dia nos vamos, em uma noite baixamos
à região do mistério.
Aqui viemos apenas para conhecer-nos
Só estamos de passagem na terras.

Em paz e prazer passemos a vida.
Venha, e gozemos!
Que não o façam os que vivem zangados:
larga é a terra.
Oxalá vivesse sempre,
oxalá nunca tivesse que morrer!

Enquanto vivemos, com a alma quebrada,
aqui nos ameaçam, aqui nos espiam.
Mas apesar das desditas,
apesar das feridas na alma,
não há que viver em vão!

*Oxalá vivesse sempre,
oxalá nunca tivesse que morrer!*

(77)

1654
Oaxaca

Medicina e bruxaria

Os índios zapotecas, que antes de cair na terra eram pássaros muito coloridos e cantadores, contaram alguns segredos para Gonzalo de Balsalobre. Depois de viver um tempo entre eles, e depois de muito averiguar mistérios de religião e medicina, dom Gonzalo está escrevendo em Oaxaca um detalhado relatório que enviará à Cidade do México. O relatório denuncia os índios à Santa Inquisição e pede que se castigue as curandeiras que os freis e a justiça ordinária não foram capazes de suprimir. Faz algum tempo, o bacharel Alarcón partilhou durante nove anos a vida da comunidade dos índios cohuixcos. Conheceu as ervas sagradas que curam os doentes; e depois denunciou os índios por práticas demoníacas.

Na primeira época da conquista, entretanto, a medicina indígena despertava grande curiosidade na Europa e se atribuíam maravilhas às plantas da América. Frei Bernardino de Sahagún recolheu e publicou as sabedorias de oito médicos astecas e o rei Felipe II enviou ao México seu médico de cabeceira, Francisco Hernández, para que estudasse a fundo a medicina nativa.

Para os índios, as ervas falam, têm sexo e curam. São as plantinhas, ajudadas pela palavra humana, as que arrancam as doenças do corpo, revelam mistérios, endireitam destinos e provocam o amor e o esquecimento. Estas vozes da terra soam como se fossem vozes do inferno aos ouvidos da Espanha do século XVII, ocupada em inquisições e exorcismos, que para curar-se confia na magia das orações, dos esconjuros e dos talismãs, mais que em xaropes, purgantes e sangrias.

(4)

1655
San Miguel de Nepantla

Juana aos quatro anos

Anda Juana e dá-lhe conversa com a alma, que é tua companheira de dentro, enquanto caminha pela beira da calçada. Sente-se muito feliz porque tem soluço, e Juana cresce quando tem soluço. Para e olha a sombra, que cresce com ela, e com um galho vai medindo depois de cada pulinho de sua barriga. Também os vulcões cresciam com o soluço, antes, quando estavam vivos, antes de que os queimasse o seu próprio fogo. Dois dos vulcões ainda fumegam, mas já não têm soluço. Já não crescem. Juana tem soluço e cresce. Cresce.

Chorar, em compensação, encolhe. Por isso têm tamanho de barata as velhinhas e as carpideiras dos enterros. Isto não dizem os livros do avô, que Juana lê, mas ela sabe. São coisas que sabe, de tanto conversar com a alma. Também com as nuvens conversa Juana. Para conversar com as nuvens, é preciso subir nas montanhas ou nos galhos mais altos das árvores.

– Eu sou nuvem. Nós, nuvens, temos caras e mãos. Pés, não.

(16 e 75)

1656
Santiago de la Vega

Gage

Em uma rede esticada entre duas palmeiras, morre na Jamaica o pastor anglicano Thomas Gage.

Tinha sonhado em ser o primeiro vice-rei inglês do México desde os velhos dias em que peregrinou pelas terras da América com batina de frade católico, predicando e espiando e desfrutando o chocolate e o doce de goiaba. Em Londres mudou de igreja e convenceu lord Cromwell de que era preciso e possível armar uma boa frota de conquista contra as colônias espanholas.

No ano passado, as tropas do almirante William Penn invadiram esta ilha de Jamaica A Inglaterra arrancou da Espanha o primeiro fiapo de seu império americano, e os herdeiros de Colombo, marqueses da Jamaica, perderam a melhor parte de suas rendas. Então o pastor Thomas Gage pronunciou um patriótico sermão protestante, do púlpito da capela maior de Santiago de la Vega, enquanto o governador espanhol chegava nos braços de seus escravos para entregar a espada.

(145)

1658
San Miguel de Nepantla

Juana aos sete anos

Pelo espelho vê entrar a mãe e solta a espada, que cai com o rumor de um canhão, e dá Juana tamanho pulo que toda a sua cara fica metida debaixo do chapéu de abas imensas.

– Não estou brincando – zanga ante o riso de sua mãe. Livra-se do chapéu e aparecem os bigodões de carvão. Mal navegam as perninhas de Juana nas enormes botas de couro; tropeça e cai no chão e chuta, humilhada, furiosa; a mãe não para de rir.

– Não estou brincando! – protesta Juana, com água nos olhos. – Eu sou homem! Eu irei à universidade, porque sou homem!

A mãe acaricia sua cabeça.

– Minha filha louca, minha bela Juana. Deveria açoitar-te por estas indecências.

Senta-se ao seu lado e docemente diz: "Mais te valia ter nascido tonta, minha pobre filha sabichona", e a acaricia enquanto Juana empapa de lágrimas a enorme capa do avô.

(16 e 75)

Um sonho de Juana

Ela perambula pelo mercado de sonhos. As vendedoras estenderam sonhos sobre grandes panos no chão.

Chega ao mercado o avô de Juana, muito triste porque faz muito tempo que não sonha. Juana o leva pela mão e ajuda-o a escolher sonhos, sonhos de marzipã ou algodão, asas para voar dormindo, e vão-se embora os dois tão carregados de sonhos que não haverá bastante noite.

1663
Guatemala Antigua

Chega a Impressora

O bispo Payo Ebríquez de Ribera é um dos mais fervorosos partidários dos trabalhos forçados aos índios. Sem os repartimentos índios, raciocina o bispo, quem cultivará os campos? E se não há quem cultive os campos, quem cultivará os espíritos?

Está redigindo o bispo um documento sobre o tema, quando recebe, lá de Puebla, a primeira máquina impressora, que chega à Guatemala. O douto chefe espiritual desta diocese mandou trazer a prensa e as caixas de letras de fôrma, com tipógrafo e tudo, para que se imprima aqui seu tratado de teologia Explicatio Apologética.

O primeiro livro que se edita na Guatemala não está escrito nas línguas maias ou em castelhano. Fala latim.

(135)

1663
Margens do rio Paraíba

A liberdade

Há muito apagaram-se os latidos dos cães de caça e as trombetas dos caçadores de escravos.

O fugitivo atravessa o campo, montes de palha brava mais altos que ele, e corre para o rio.

Atira-se no campo de boca para baixo, os braços abertos, as pernas abertas. Escuta vozes cúmplices de grilos e cigarras e sapinhos. "Não sou uma coisa. Minha história não é a história das coisas." Beija a terra, morde a terra. "Tirei o pé da armadilha. Não sou uma coisa." Gruda seu corpo nu contra a terra molhada de orvalho e escuta o rumor das plantinhas que atravessam a terra, ansiosas de nascer. Está louco de fome e pela primeira vez a fome é uma alegria. Tem o corpo todo atravessado de talhos e não sente esses talhos. Vira para o céu, como se pudesse abraçá-lo. A lua sobe e brilha e o golpeia, violentos golpes de luz, pinceladas de luz de lua cheia e as estrelas suculentas, e ele ergue-se e busca o rumo.

Agora, rumo à selva. Agora, rumo aos grandes leques verdes.

— Também vais a Palmares? — pergunta o fugitivo para a formiga que anda por sua mão, e pede:
— Me guia.

(43)

Canção de Palmares

Folga, nego
branco não vem cá.
Se vié
o diabo há de levá.
Folga, nego
branco não vem cá.
Se ele vié
pau há de levá.

(69)

1663
Serra da Barriga

Palmares

Algumas noites, à luz dos relâmpagos, pode-se ver a crista incandescente desta serra lá da costa de Alagoas. No pé desta serra, os portugueses exterminaram os índios caetés, que o Papa tinha excomungado para sempre por terem comido o primeiro bispo brasileiro; e aqui é onde os escravos negros fugitivos encontraram refúgio, há muitos anos, nas aldeias escondidas de Palmares.

Cada povoado é uma fortaleza. Atrás das altas paliçadas e das armadilhas cheias de farpas, estendem-se as vastas plantações. Os lavradores trabalham com as armas ao alcance da mão; e de noite, quando regressam à cidadela, se contam para ver se não falta alguém.

Brotam aqui duas colheitas anuais de milho e também feijão, mandioca, açúcar, batata, tabaco, legumes, frutas; são criados porcos e galinhas. Muito mais e melhor comem os negros de Palmares que os habitantes da costa, onde a devoradora cana-de-açúcar, produzida para a Europa, usurpa todo o tempo e todo o espaço de todos.

Como em Angola, a palmeira reina nestas comunidades negras: com fibra de palmeira são tecidas as roupas, canastras e leques; as folhas servem de teto e de cama; do fruto come-se a polpa, faz-se vinho e se extrai o óleo que dá luz; e o caroço se converte em gordura branca e cachimbo. Como em Angola, os chefes exercem o nobre ofício da ferraria, e a forja ocupa o lugar de honra na praça onde o povo celebra as suas assembleias.

Mas Angola é múltipla; e mais ainda a África inteira. Os de Palmares vieram de mil comarcas e mil línguas. Sua única língua comum é a que escutaram da boca de seus amos, acompanhando as ordens da chibata nos barcos negreiros e nos canaviais. Salpicada por palavras africanas e guaranis, a língua portuguesa vincula e comunica, agora, a quem antes humilhou.

Folga, nego.
Branco não vem cá.

Desde que os holandeses foram expulsos de Pernambuco, os portugueses lançaram mais de vinte expedições militares contra estas terras livres. Escreve um informante do Brasil a Lisboa: *Nosso exército, que pôde domar o orgulho da Holanda, não conseguiu nenhum resultado contra estes bárbaros em várias e repetidas entradas que fez a Palmares...*

Não tinham tido melhor sorte os holandeses. Também as suas expedições foram jornadas sem glória. Holandeses e portugueses incendiaram aldeias vazias e perderam-se na floresta dando voltas, como loucos, debaixo de chuvas violentas. Uns e outros guerrearam a sombra, sombra que morde e foge; e cantaram, cada vez, vitória. Nem uns nem outros conseguiram esmagar Palmares nem conseguiram evitar as fugas de escravos que deixam sem braços o rei Açúcar e toda a sua corte, embora os holandeses crucificassem negros rebeldes e os portugueses os açoitem e mutilem para meter medo e dar exemplo.

Uma das expedições portuguesas contra Palmares acaba de regressar, com as mãos vazias, a Recife. Foi encabeçada por um capitão negro, Gonçalo Rebelo, que tinha sob suas ordens duzentos soldados negros. Degolaram os poucos prisioneiros que puderam agarrar.

(69)

1665
Madrid

Carlos II

O novo monarca balança e chora. De trás, o sustentam suspensórios amarrados às suas axilas e à sua cintura. Aos quatro anos, não sabe falar nem caminhar e foi arrancado das tetas de suas catorze amas de leite para sentar-se no trono da Espanha.

Chora porque a coroa o machuca, afundada até os olhos, e porque quer tornar a brincar com os duendes e beber o leite morno das fadas.

O doente sobrevive por milagre; ou graças ao fato de não ter sido banhado nem quando nasceu, embora tenha a cabeça e o pescoço cobertos por crostas purulentas. (Ninguém toma banho na corte, desde que Domingo Centurion morreu de resfriado há nove anos.)

– *Arrorró* – balbucia o rei, e aconchega seu próprio pé contra a orelha.

(201)

1666
Nova Amsterdam

Nova York

Com um par de tiros de canhão, os ingleses abatem a bandeira que ondula sobre o forte e arrancam a ilha de Manhattan das mãos dos holandeses, que a tinham comprado dos índios delaware por sessenta florins

Dizem os delaware, recordando a chegada dos holandeses há mais de meio século: *O grande homem só queria uma terra pequena, pequena, para semear as verduras de sua sopa, aquele espaço pequenino que uma pele touro pudesse cobrir. Devíamos perceber então que seu espírito era fraudulento.*

Nova Amsterdam, o mercado de escravos mais importante da América do Norte, passa a chamar-se, agora, Nova York; e Wall Street é o nome da rua da muralha construída para que não fujam os negros.

(136)

1666
Londres

Os serventes brancos

Três barcos cheios de serventes brancos deslizam pelo Tâmisa rumo ao mar. Quando abrirem suas comportas, na remota ilha de Barbados, os vivos caminharão para as plantações de açúcar, algodão e tabaco, e os mortos irão ao fundo da baía.

Espiritus se chamam os traficantes de brancos, grandes magos na arte de evaporar gente: eles enviam às Antilhas as putas e os vagabundos sequestrados nos bairros baixos de Londres, os jovens católicos caçados na Irlanda e na Escócia e os presos que esperavam a forca no cárcere de Bristol por terem matado um coelho em terras privadas. Armazenados a sete chaves, nos porões dos barcos, acordam os bêbados agarrados nos cais, e com eles viajam para a América alguns meninos atraídos por guloseimas e muitos aventureiros enganados pela promessa da fortuna fácil. Lá nas plantações de Barbados ou Jamaica ou Virgínia serão sugados até que tenham pago o seu preço e o preço da passagem.

Os serventes brancos sonham em transformar-se em donos de terras e de negros. Quando recuperam a liberdade, depois de anos de dura penitência e trabalho sem salário, a primeira coisa que fazem é comprar um negro que os abane na hora da sesta.

Existem quarenta mil escravos africanos em Barbados. Os nascimentos são registrados nos livros de contabilidade das plantações.

Ao nascer, um negrinho vale meia libra.

(11 e 24)

1666
Ilha Tortuga

Retábulo de piratas

Jean, David Nau, conhecido como o Olonês, vem saquear Remédios e Maracaibo. Seu alfanje transformou muitos espanhóis em fatias. As fragatas regressam devagar por causa do peso da riqueza roubada.

Desembarca o Olonês. Entre suas botas, agita o rabo e ladra seu único amigo e confidente, companheiro de aventuras e desventuras e atrás aparece uma matilha de homens que acabam de livrar-se dos fios de teia de aranha dos velames, ávidos de tavernas e mulheres e terra firme debaixo dos pés.

Nestas areias quentes, onde os ovos de tartaruga se cozinham sozinhos, os piratas suportam uma longa missa em pé e em silêncio. Corpos serzidos, casacas duras de sujeira, engorduradas barbas de profeta, caras de punhais carcomidos pelos anos: se durante a missa alguém ousar tossir ou rir, será derrubado por um tiro, e todos farão o sinal da cruz. Cada pirata é um arsenal. Em bainhas de pele de jacaré levam quatro facas e uma baioneta, duas pistolas, o sabre de abordagem batendo no joelho e o mosquetão cruzando as costas.

Depois da missa, a presa de guerra é repartida. Os mutilados, primeiro. Quem perdeu o braço direito recebe seiscentos pesos ou seis escravos, negros. O braço esquerdo vale quinhentos pesos ou cinco escravos, que é também o preço de qualquer perna. O que deixou um olho ou um dedo na costa de Cuba ou da Venezuela, tem direito a receber cem pesos ou um escravo.

A jornada estende-se em longos goles de rum com pimenta e culmina na apoteose do banquete de tartaruga. Debaixo da areia, coberto de brasas, foi assando-se lentamente, no casco, o picadinho de carne de tartaruga, gemas de ovo e ervas, que é a festa suprema destas ilhas. Os piratas fumam cachimbo, deitados na areia, e viajam na fumaça e na melancolia.

Quando a noite vem, cobrem de pérolas o corpo de uma mulata a quem sussurram horrores e maravilhas, histórias de enforcados e abordagens e tesouros, e juram em seus ouvidos que não haverá mais viagens. Bebem e amam sem tirar as botas: as botas que amanhã polirão as pedras do porto buscando navio para outro bote.

(61 e 65)

1667
Cidade do México

Juana aos dezesseis

Nos navios, o sino marca os quartos de hora da vigília marinheira. Nas grutas e nos canaviais, empurra para o trabalho os índios e os escravos negros. Nas igrejas dá a hora e anuncia missas, mortes e festas.

Mas na torre do relógio, sobre o palácio do vice-rei do México, há um sino mudo. Segundo contam, os inquisidores o tiraram do campanário de uma velha aldeia espanhola, arrancaram seu badalo e o desterraram para as Índias, já não se sabe há quantos anos. Desde que mestre Rodrigo o criou em 1530, este sino tinha sido sempre claro e obediente. Tinha, dizem, trezentas vozes, segundo o toque ditado pelo sineiro, e todo mundo estava orgulhoso dele. Até que uma noite seu longo e violento repicar fez todo mundo saltar da cama. Tocava solto o sino, desatado pelo alarma ou a alegria ou sabe-se lá por que, e pela primeira vez, ninguém entendeu o sino. Juntou-se uma multidão no átrio enquanto o sino tocava sem parar, enlouquecido, e o alcaide e o padre subiram na torre e comprovaram, gelados de espanto, que ali não havia ninguém. Nenhuma mão humana o movia. As autoridades acudiram à Inquisição. O tribunal do Santo Ofício declarou nulo e sem nenhum valor o repicar deste sino, que foi calado para sempre e expulso para o exílio no México.

Juana Inês de Asbaje abandona o palácio de seu protetor, o vice-rei Mancera, e atravessa a praça principal seguida por dois índios que carregam seus baús. Ao chegar à esquina, para e olha a torre, como se tivesse sido chamada pelo sino sem voz. Ela conhece sua história. Sabe que foi castigado por cantar por conta própria.

Juana caminha rumo ao convento de Santa Teresa a Antiga. Já não será dama de corte. Na serena luz do claustro e na solidão de sua cela, buscará o que não pôde encontrar lá fora. Quisera estudar na universidade os mistérios do mundo, mas as mulheres nascem condenadas ao quarto de bordar e ao marido que as escolhem. Juana Inês de Asbaje será carmelita descalça, e se chamará Sor Juana Inês de la Cruz.

(58 e 213)

1668
Ilha Tortuga

Os cães

Já não restam índios nesta ilhota ao norte do Haiti. Mas sobram cães que os espanhóis tinham trazido para persegui-los e castigá-los. Os mastins, que se multiplicaram e andam em manadas devorando javalis, disputam com os flibusteros franceses o domínio desta terra. Todas as noites chegam os latidos da floresta. Dentro das muralhas, os piratas dormem tremendo.

A ilha Tortuga pertence à empresa criada pelo ministro Colbert para o tráfico de escravos e a pirataria. A empresa nomeou como governador Bertrand d'Ogeron, cavalheiro de brilhante prestígio entre bucaneiros e flibusteiros.

Da França, o governador traz um carregamento de veneno. Matará alguns cavalos e os espalhará pela ilha, com o ventre cheio de veneno. Assim pensa por fim ao perigo dos cães selvagens.

(65)

1669
Villa de Gibraltar

Toda a riqueza do mundo

Os homens de Henry Morgan andam cavando as margens do lago de Maracaibo. Buscam os tesouros enterrados que o Olonês não pôde levar. Por mais que madruguem e trabalhem os piratas, não há tempo que seja suficiente nem porão que não fique lotado.

Depois dos tiros de canhão, o desembarque. Saltam os piratas dos esquifes e entram com seus sabres na aldeia fumegante.

Não há ninguém, não há nada.

No centro da praça, um rapaz, meio desfeito, em farrapos, os recebe rindo. O enorme chapéu, que tapa seus olhos, tem uma aba quebrada, caída sobre o ombro.

– Segredo! Segredo! – grita. Move os braços como hélices, espantando moscas imaginárias, e ri sem cessar.

Quando a ponta de um sabre arranha sua garganta, sussurra: "Não durmas com os pés nus, que eles serão comidos pelos morcegos".

Arde o ar, espesso de vapores e fumaça e pó. Morgan ferve de calor e de impaciência. Amarram o rapaz. "Onde esconderam as joias?" Batem nele. "Onde está o ouro?" Abrem os primeiros cortes em seu rosto e no peito.

– Eu sou Sebastián Sánchez! – grita – Eu sou o irmão do governador de Maracaibo! Muito senhor e principal!

Cortam metade de sua orelha.

O arrastam. O rapaz conduz os piratas a uma cova, através do bosque, e revela seu tesouro. Escondidos debaixo de galhos, há dois pratos de barro, uma ponta de âncora coberta de ferrugem, um caracol vazio, várias plumas e pedras coloridas, uma chave e três moedinhas.

– Eu sou Sebastián Sánchez! – diz e repete o dono do tesouro enquanto é morto.

(65 e 117)

1669
Maracaibo

Arrebentação

Ao amanhecer, Morgan descobre que as naus espanholas, brotadas durante a noite, fecham a boca do lago.

Decide atacar. Na cabeça de sua frota, envia uma balandra a toda vela, de proa contra a nau-capitã dos espanhóis. A balandra leva o estandarte de guerra hasteado em desafio e contém todo o breu, o alcatrão e o enxofre que Morgan encontrou em Maracaibo, e vários cartuchos de pólvora escondidos em cada canto. É tripulada por alguns bonecos de madeira, vestidos de camisa e chapéu. O almirante espanhol, dom Alonso del Campo y Espinoza, voa pelos ares sem perceber que seus canhões dispararam contra um paiol.

Atrás, arremete toda a frota dos piratas. As fragatas de Morgan rompem o cadeado espanhol a tiros de canhão e ganham o mar. Navegam repletas de ouro e joias e escravos.

À sombra dos velames ergue-se Henry Morgan, vestido da cabeça aos pés com o que roubou em Maracaibo. Usa uma luneta de ouro e botas amarelas, de couro de Córdoba; os botões de sua jaqueta são esmeraldas incrustadas por joalheiros de Amsterdam. O vento levanta a espuma de rendas da camisa de seda branca; e traz a distante voz da mulher que espera por Morgan na Jamaica, a mulata lança-chamas que advertiu-o no cais, quando lhe disse adeus:

– Se você morrer, eu te mato.

(65 e 117)

1670
Lima

"Tenha dó de nós",

Tinham-lhe dito, sem palavras, os índios das minas de Potosí. E no ano passado o conde de Lemos, vice-rei do Peru, escreveu ao rei da Espanha: *Não há nação no mundo tão fatigada. Eu descarrego minha consciência com informar a Vossa Majestade com esta clareza: não é prata o que se leva à Espanha, e sim sangue e suor de índios.*

O vice-rei viu o monte que come homens. Das comunidades trazem índios atados a cordas com argolas de ferro, e quantos mais o monte come, mais cresce sua fome. As aldeias ficam vazias de homens.

Depois do relatório ao rei, o conde de Lemos proibiu as jornadas de semana inteira nas covas asfixiantes. Golpes de tambor, pregão de negro: daqui para a frente, dispôs o vice-rei, trabalharão os índios da saída até o pôr do sol, porque *não são escravos para pernoitar nas galerias*.

Ninguém acreditou.

E agora recebe, em seu austero palácio de Lima, uma resposta do Conselho das Índias, de Madrid. O Conselho se nega a suprimir o trabalho forçado nas minas de prata e mercúrio.

(121)

1670
San Juan Atitlán

Um intruso no altar

No meio da manhã, o padre Marcos Ruiz se deixa levar pelo burrico até a aldeia de San Juan Atitlán. Quem sabe se vem da aldeia ou do sono a doce música de água e sinos que a brisa traz? O frade não apressa a marcha, o balanço dormilão, e boceja.

É preciso andar muito, dar muita volta, para chegar a San Juan Atitlán, aldeia que tem muita afeição com as asperezas da terra; e bem se sabe que os índios têm seus cultivos nos rincões mais escondidos do monte para render homenagem, nesses esconderijos, a seus deuses pagão.

Começa a despertar frei Marcos nas primeiras casas. Está a aldeia vazia ninguém sai para recebê-lo. Pisca os olhos com força ao chegar na igreja, lotada de gente, e seu coração dá um pulo feroz quando consegue abrir caminho, e esfrega os olhos ao ver o que está vendo: na igreja, florida e perfumada como nunca, os índios estão adorando o bobo da aldeia. Sentado no altar, coberto dos pés à cabeça com as vestes sagradas, o idiota recebe, babando, com os olhos vesgos, as oferendas de incenso e frutas e comida quente, no meio de uma choradeira de orações e cânticos misturados. Ninguém escuta os gritos de indignação de frei Marcos, que foge correndo em busca de soldados.

O espetáculo enfurece o piedoso sacerdote, mas muito pouco lhe durou a surpresa. Afinal, o que se pode esperar destes idólatras que pedem perdão a uma árvore quando vão cortá-la e não cavam um poço sem antes dar explicações à terra? Não confundem Deus, por acaso, com qualquer pedrinha, um rumor de arroio ou a garoa? Não chamam, enfim, de *brinca-deira* o pecado carnal?

(71)

1670
Masaya

"O Güegüence"

O sol rompe as nuvens aparece e retorna a seu esconderijo, arrependido ou assustado pelo muito que aqui embaixo brilham as pessoas, que está a terra incendiada de alegria: dança conversada, teatro dançado *sainete, bailete musicaleiro e respondão*: à margem das palavras, o Güegüence desata a festa. As personagens, mascaradas, falam uma língua nova, nem náhuatl nem castelhano, língua mestiça que cresceu na Nicarágua. Foi alimentada pelos mil modos populares de dizer desafiando e de inventar dizendo, pimenta ardida da imaginação do povo que caçoa de seus amos.

Um índio velhote, enganador e respondão, ocupa o centro da obra. É o Güegüence ou Macho-Rato, um desafiador de proibições que nunca diz o que fala nem escuta o que ouve, e assim consegue evitar que os poderosos o esmaguem: o que o malandro não ganha, empata; e quando não empata, enrola.

(9)

1670
Cuzco

O Pintado

As paredes da catedral, inchadas de ouro, acossam a Virgem. Humilhada parece a imagem simples desta Virgem morena, com sua negra cabeleira brotando do chapéu de palha e uma lhama pequenina nos braços, rodeada como está por um mar de ouro espumoso de infinitas filigranas. A catedral de Cuzco quisera vomitar de seu ventre opulento esta Virgem índia, Virgem do desamparo, como não faz muito tempo expulsaram seus porteiros uma velha descalça que pretendia entrar:

– Deixem! – gritou o sacerdote, do púlpito. – Deixem essa índia entrar, é minha mãe!

O sacerdote se chama Juan de Espinosa Medrano, mas todos o conhecem por Pintado, porque Deus semeou sua cara de pintas.

Quando o Pintado predica, acode a multidão à catedral. Não tem melhor orador a Igreja peruana. Além disso, ensina teologia, no seminário de Santo Antonio, e escreve teatro. *Amar a sua própria morte*, sua comédia em língua castelhana, a língua de seu pai, é parecida ao púlpito onde pronuncia seus sermões: pomposos versos torcidos em mil arabescos, ostentosos e exibicionistas como as igrejas coloniais. Em compensação, escreveu em quechua, língua de sua mãe, um auto sacramental simples na estrutura e despojado no dizer. No auto, sobre o tema do filho pródigo, o Diabo é um latifundiário peruano, o vinho é *chicha* e o bezerro bíblico um leitão gordo.

(18)

1671
Cidade do Panamá

Sobre a pontualidade nos encontros

Há mais de dois anos que Henry Morgan chegou em uma canoa ao Panamá, e à cabeça de um punhado de homens saltou as muralhas de Portobelo levando um facão entre os dentes. Com tropa muito escassa e sem colubrinas nem canhões venceu esse bastião invulnerável; e para não incendiá-lo recebeu como resgate uma montanha de ouro e prata. O governador do Panamá, derrotado e deslumbrado frente à façanha ímpar, mandou pedir a Morgan uma pistola das que tinha usado no assalto.

– Que a guarde por um ano – disse o pirata – Voltarei para buscá-la.

Agora entra na cidade do Panamá, avançando entre as chamas, com a bandeira inglesa ondulando em uma das mãos e o sabre na outra. Dois mil homens e vários canhões o seguem. Em plena noite, o incêndio é uma luz de meio-dia, outro verão que sufoca o eterno verão desta costa o fogo devora casas e conventos, igrejas e hospitais, e jorra fogo a boca do corsário que grita:

– *Vim em busca de dinheiro, não de preces!*

Depois de muito queimar e matar, afasta-se seguido por uma infinita caravana de burrinhos carregados de ouro, prata e pedras preciosas.

Morgan manda pedir perdão ao governador, pela demora.

(61 e 65)

1672
Londres

A CARGA DO HOMEM BRANCO

O duque de York, irmão do rei da Inglaterra, fundou há nove anos a Companhia dos Reais Aventureiros. Os cultivadores ingleses das Antilhas compravam seus escravos de negreiros holandeses; e a Coroa não podia permitir que adquirissem artigos tão valiosos de estrangeiros. A nova empresa, nascida para o comércio com a África, tinha prestigiosos acionistas: o rei Calos II, três duques, oito condes, sete lordes, uma condessa e vinte e sete cavalheiros. Como homenagem ao duque de York, os capitães marcavam com ferro em brasa as letras DY no peito dos três mil escravos que a cada ano levavam a Barbados e Jamaica.

Agora, a empresa passou a chamar-se Real Companhia Africana.

O rei inglês, que tem a maioria das ações, estimul em suas colônias a compra dos escravos, seis vezes mais caros do que custam na África.

Os tubarões fazem a viagem até as ilhas, atrás dos barcos, esperando os cadáveres que caem da borda. Muitos morrem porque a água não é suficiente e os mais fortes bebem a pouca água que existe, ou por causa da disenteria e da varíola, e muitos morrem de melancolia: se negam a comer e não há maneira de abrir-lhes os dentes.

Dormem em fileiras, esmagados uns contra outros, com o teto em cima do nariz. Vão algemados os pulsos, e os grilhões deixam em carne viva seus tornozelos. Quando o mar agitado ou a chuva obrigam a fechar as escotilhas, o muita pouco ar é uma febre, mas com as escotilhas abertas também fede o porão a ódio, a ódio fermentado, pior que o pior fedor dos matadouros, e está o chão sempre escorregadio de sangue, fluxos e merda.

Os marinheiros, que dormem na coberta, escutam os gemidos incessantes que soam lá de baixo a noite inteira; e ao amanhecer, os gritos dos que tinham sonhado que estavam em seu país.

(1127, 160 e 224)

Canção do pássaro do amor, do povo mandinga

Mas deixa-me, oh Dyambere!
Tu que levas a faixa de franjas longas,
deixa-me cantar
aos pássaros aos pássaros que escutam a princesa que parte
e recebem suas vítimas confidências.
E vós, donzelas, cantai, cantai
docemente
"lah, lah" – o belo pássaro.
E tu, Dono-do-fuzil-formidável,
deixa-me contemplar o pássaro do amor,
o pássaro que meu amigo e eu amamos.
Deixa-me, dono-da-túnica-esplendida,
amo das vestes mais brilhantes
que a claridade do dia.
Deixa-me amar o pássaro do amor!

(134)

1674
Port Royal

Morgan

Era quase um menino quando o venderam, em Bristol, a um traficante. O capitão que o trouxe às Antilhas trocou-o por umas moedas em Barbados.

Nestas ilhas aprendeu a romper com uma só machadada o galho que golpeia a cara; e soube que não há fortuna que não tenha o crime por pai, e por mãe a infâmia. Passou anos esvaziando galeões e fazendo viúvas. Converteu-se no caudilho dos piratas. *Corsários*, corrige. *Almirante de corsários*: Em seu pescoço de sapo está pendurada sempre a patente de corso, que legaliza a tarefa e evita a forca.

Há três anos, depois de saquear o Panamá, foi levado preso a Londres. O rei tirou suas correntes, armou-o cavalheiro da corte e o designou lugar-tenente geral da Jamaica.

O filósofo John Locke redigiu as instruções para o bom governo desta ilha, que é o quartel-general dos flibusteiros ingleses. Morgan cuidará de que nunca faltem Bíblias e cães para caçar os negros fugidos, e enforcará seus irmãos piratas cada vez que o rei decida ficar bem com a Espanha.

Recém-desembarcado em Port Royal, Henry Morgan tira o chapéu emplumado, bebe um gole de rum e como brinde esvazia a caneca sobre sua peruca de muitos cachos. Os flibusteiros gritam e cantam, erguendo os sabres.

Tem ferraduras de ouro o cavalo que conduz Morgan ao palácio de governo.

(11 e 169)

1674
Potosí

Cláudia, a feiticeira

Com a mão movia as nuvens e desatava ou afastava tormentas. Em um piscar de olhos trazia gente de terras longínquas e também da morte. A um corregedor das minas de Porco mostrou Madrid, sua pátria, em um espelho: e a dom Pedro de Ayamonte, que era de Utrera, serviu na mesa tortas recém-feitas em um forno de lá. Fazia brotar jardins nos desertos e convertia em virgens as amantes mais sabidas. Salvava os perseguidos que buscavam refúgio em sua casa transformando-os em cães ou gatos. Ao mau tempo, boa cara, dizia, e contra a fome, violeiros: tangia a viola e agitava a pandeireta e assim ressuscitava os tristes e os mortos. Podia dar a palavra aos mudos e tomá-la dos charlatães. Fazia o amor à intempérie, com um demônio muito negro, em pleno campo. A partir da meia-noite, voava.

Tinha nascido em Tucumán e morreu, esta manhã, em Potosí. Em agonia chamou um padre jesuíta e lhe disse que tirasse de uma gavetinha certas figuras de cera e tirasse os alfinetes que tinha pregado, pois assim se curariam cinco padres que ela tinha adoecido.

O sacerdote ofereceu-lhe confissão e misericórdia divina, mas ela deu risada e rindo morreu.

(21)

1674
Yorktown

Os corcéis do Olimpo

James Bullocke, um alfaiate de Yorktown, tinha desafiado para uma corrida de cavalos Mathew Slader. O tribunal do condado aplica-lhe uma multa, por ter sido pretensioso, e lhe adverte que *é contrário à lei que um trabalhador participe em uma corrida, sendo esta um esporte de cavalheiros.*

O povo a pé, a nobreza a cavalo: a auréola da aristocracia e a nuvem de pó que os cascos levantam no caminho. As patas dos cavalos fazem e desfazem fortunas. Para disputar corridas nos sábados de tarde, ou para falar de cavalos nas noites, saem da solidão do latifúndio os cavalheiros do tabaco, roupas de seda, primeiras perucas cacheadas; e em torno de jarras de cidra ou brandy discutem e apostam enquanto rodam os dados sobre a mesa. Apostam dinheiro ou tabaco ou escravos negros ou serventes brancos, desses que pagam com anos de trabalho a dívida da viagem da Inglaterra; mas só em grandes noites de glória ou ruína apostam cavalos. Um bom cavalo dá a medida do valor de seu dono, tabacocrata de Virgínia que a cavalo vive e manda e a cavalo entrará na morte, voo de vento até as portas do céu.

Em Virgínia não há tempo para outra coisa. Há três anos, o governador William Berkeley pôde dizer, orgulhoso: *Agradeço a Deus que não existam escolas gratuitas nem imprensa, e espero que não as tenhamos em cem anos; porque a instrução trouxe ao mundo a desobediência, a heresia e as seitas, e a imprensa as divulgou.*

(35)

1676
Vale de Connecticut

O MACHADO DA GUERRA

Quando caem as primeiras neves, erguem-se os índios wampanoag. Estão fartos de que a fronteira da Nova Inglaterra corra rumo ao sul e rumo ao oeste, fronteira de pés ágeis, e no fim do inverno os índios já arrasaram o vale de Connecticut e lutam a menos de vinte milhas de Boston.

O cavalo arrasta, preso ao estribo, um cavaleiro morto por uma flechada. Os despojados, guerreiros velozes, golpeiam e desaparecem; e assim vão empurrando os invasores até a costa onde desembarcaram há tempos.

(153 e 204)

1676
Plymouth

Metacom

A metade da população indígena morreu na guerra. Doze vilas inglesas viraram cinza.

No final do verão, os ingleses trazem a Plymouth a cabeça de Metacom, o chefe dos wampanoag Metacom, ou seja, Satanás, o que quis arrebatar dos colonos puritanos as terras que Deus lhes havia outorgado.

Discute a Corte Suprema de Plymouth: *O que fazemos com o filho de Metacom? O enforcamos ou o vendemos como escravo?* Levando em consideração o Deuteronômio (24.16), o Livro Primeiro dos Reis (11,17), o Livro Segundo das Crônicas (25.4) e os Salmos (137.8,9) os juízes resolvem vender o filho de Metacom, que tem nove anos nos mercados de escravos das Antilhas.

Dando outra prova de generosidade, os vencedores oferecem aos índios um pedacinho do todo que antes tinham: daqui em diante, as comunidades índias da região, tenham lutado ou não junto a Metacom, serão encerradas em quatro reservas na baía de Massachusetts.

(153 e 204)

1677
Old Road Town

Morrem aqui, renascem ali

O corpo, que pouco sabe, não sabe, e nem sabe a alma que respira; mas sabe a alma que sonha, que é a que mais sabe: o negro que se mata na América ressuscita na África. Muitos escravos desta ilha de Saint Kitts se deixam morrer negando-se a comer ou comendo nada além de terra, cinza e cal; e outros amarram uma corda no pescoço. Nos bosques, entre os cipós que caem das grandes árvores choronas, balançam escravos que não apenas matam, ao matar-se, sua memória de dores: ao matar-se também iniciam, em branca canoa, a viagem de regresso às terras de origem.

Um tal Bouriau, dono de plantações, anda na mata, facão na mão, decapitando enforcados:

– Pendurem-se, se quiserem! – adverte aos vivos. – Lá em seus países não terão cabeça e não poderão ver, nem ouvir, nem falar, nem comer!

E outro proprietário, o major Crips, o mais duro castigador de homens, entra no bosque com uma carreta carregada de caldeiras de cobre e peias de moinho de açúcar. Busca e encontra seus escravos fugitivos, que se reuniram e estão armando nós e escolhendo galhos, e lhes diz:

– Continuem, continuem. Eu me enforcarei com vocês. Vou acompanhá-los. Comprei na África um grande engenho de açúcar, e vocês trabalharão lá para mim.

O major Crips escolhe a maior árvore, uma ceiba imensa; enrola a corda ao redor do próprio pescoço e ajusta o nó corrediço. Os negros olham para ele, atordoados, mas sua cara é uma pura sombra debaixo do chapéu de palha, sombra que diz:

– Vamos, todos! Depressa! Necessito braços na Guiné!

(101)

1677
Porto Calvo

O capitão promete terras, escravos e honrarias

Na madrugada, sai o exército de Porto Calvo. Os soldados, voluntários ou arrebanhados, marcham contra os negros livres de Palmares, que andam incendiando canaviais em todo o sul de Pernambuco. Fernão Carrilho, capitão-mor da guerra de Palmares, discursa para a tropa depois da missa:

– *Por grande que seja a multidão dos inimigos, é uma multidão de escravos. A natureza os criou mais para obedecer que para resistir. Se os destruirmos, teremos terras para nossas plantações, negros para nosso serviço e honra para nossos nomes. Os negros lutam como fugitivos. Nós os perseguiremos como senhores!*

(69)

1678
Recife

Ganga Zumba

Missa de ação de graças na igreja matriz: o governador de Pernambuco, Aires de Sousa Castro, recolhe as abas de sua casaca bordada e ajoelha-se na frente do trono do Santíssimo. Ao seu lado, coberto por uma ampla capa de seda vermelha, ajoelha-se também Ganga Zumba, chefe supremo da federação dos Palmares.

Repicam os sinos, alvoroço de artilharia e tambores: o governador outorga a Ganga Zumba o título de comandante de campo, e em prova de amizade adota dois de seus filhos menores, que se chamarão Sousa de Castro. Ao cabo das conversas de paz celebradas em Recife entre delegados do rei de Portugal e representantes de Palmares, celebra-se o acordo: os santuários de Palmares serão desalojados. Declara-se livre todo indivíduo nascido ali, e quem levar marca de ferro em brasa voltará às mãos de seus proprietários.

– Mas eu não me rendo – diz Zumbi, sobrinho de Ganga Zumba.

Zumbi fica em Macacos, capital de Palmares, surdo aos sucessivos decretos que lhe oferecem perdão.

Dos trinta mil palmarinos, só cinco mil acompanham Ganga Zumba. Para os outros, é um traidor que merece a morte e o esquecimento.

– Não acredito na palavra de meus inimigos – diz Zumbi. – Meus inimigos não se acreditam nem entre eles.

(43 e 69)

Sortilégio yoruba contra o inimigo

Quando tentam apanhar um camaleão
debaixo de uma esteira,
o camaleão toma cor da esteira
e se confunde com ela.
Quando tentam apanhar um crocodilo
no leito do rio,
o crocodilo toma a cor da água
e se confunde com a corrente.
Quando tentar agarrar-me o Feiticeiro,
que possa eu ganhar a agilidade do vento e escapar de um sopro!

(134)

1680
Santa Fé do Novo México

A cruz vermelha e a cruz branca

Os nós de uma corda de fibra de *maguey* anunciam a revolução e mostram os dias que faltam. Os mais ágeis mensageiros levam a corda de aldeia em aldeia, por todo o Novo México, até que chega o domingo da ira.

Rebelam-se os índios de vinte e quatro comunidades. São as que sobram, das sessenta e seis que havia nestas terras do norte quando os conquistadores chegaram. Os espanhóis conseguem esmagar os rebeldes em uma ou duas aldeias:
— Renda-se.
— Prefiro a morte.
— Irás ao inferno.
— Prefiro o inferno.

Mas os vingadores da dor avançam arrasando igrejas e fortes e depois de uns dias se fazem donos de toda a região. Para apagar os óleos do batismo e tirar os nomes cristãos, os índios mergulham nos rios e se esfregam o corpo com amor. Disfarçados de padre, bebem celebrando a recuperação de suas terras e de seus deuses. Anunciam que nunca mais trabalharão para outros e que por todas as partes brotarão as abóboras e ficará nevado o mundo de tanto algodão.

O cerco se fecha ao redor da cidade de Santa Fé, último reduto da Espanha nestas distantes comarcas. O chefe dos índios chega a galope ao pé da muralha. Vem armado de arcabuz, adaga e espada, e usa uma faixa de tafetá encontrada em um convento. Joga duas cruzes, uma branca e outra vermelha, aos pés da muralha

— A cruz vermelha é resistência. A branca, rendição. Levantem a que escolham!

Então dá as costas aos sitiados e desaparece em uma nuvem de pó.

Os espanhóis resistem. Ao cabo de alguns dias, erguem a cruz branca. Tinham chegado há muito tempo, em busca das lendárias cidades douradas de Cíbola. Agora empreendem a retirada rumo ao sul.

(88)

1681
Cidade do México

Juana aos trinta

Depois de rezer as matinas e as laudes, põe um pião dançando em cima de farinha e estuda os círculos que ele desenha. Investiga a água e a luz, o ar e as coisas. Por que o ovo se une no óleo fervente e se despedaça em calda de açúcar? Em triângulos de alfinetes, busca o anel de Salomão. Com um olho grudado no telescópio, caça estrelas.

Ameaçaram-na com a Inquisição e lhe proibiram de abrir os livros, mas sor Juana Ines de la Cruz estuda *nas coisas que Deus criou, servindo-me elas de letras e de livro, toda esta máquina universal.*

Entre o amor divino e o amor humano, entre os quinze mistérios do rosário pendurado em seu pescoço e os enigmas do mundo se debate sor Juana; e muitas noites passa em branco, orando, escrevendo, quando recomeça em seu interior a guerra infinita entre a paixão e a razão. No final de cada batalha, a primeira luz do dia entra em sua cela no convento das jerônimas e ajuda sor Juana a recordar o que disse Lupercio Leonardo, aquela frase que diz que bem se pode filosofar e temperar a ceia. Ela cria poemas na mesa e no forno, massas folhadas; letras e delícias para dar de presente, músicas da harpa de David curando Saul e curando também David, alegrias da alma e da boca condenadas pelos advogados da dor.

– Só o sofrimento te fará digna de Deus – diz-lhe o confessor, que ordena que ela queime o que escreve, ignore o que sabe e não veja o que olhe.

(55, 58 e 190)

1681
Cidade do México

Sigüenza y Gongora

Desde fins do ano passado, um cometa incendeia o céu do México. Que males anuncia o colérico, profeta? Que penas trará? Cairá o sol sobre a terra? O sol como grande punho de Deus? Secará o mar e não ficará uma gota de água nos rios?

– Por nenhum motivo haverão de ser infaustos os cometas – responde o sábio aos apavorados.

Carlos de Sigüenza y Gongora publica seu *Manifesto philosofico contra os cometas despojados do imperio que tinha sobre os timidos*, formidável argumento contra a superstição e o medo. Desata-se a polêmica entre a astronomia e a astrologia, entre a curiosidade humana e a revelação divina. O jesuíta alemão Eusébio Francisco Kino, que anda por estas terras, se apoia em seis fundamentos bíblicos para afirmar que quase todos os cometas são precursores de sinistros, tristes e calamitosos sucessos. Desdenhoso, Kino pretende emendar a tese de Sigüenza y Gongora, que é filho de Copérnico e Galileu e outros hereges; e lhe responde o sábio local:

– *Poderá o senhor reconhecer, ao menos, que também há matemáticos fora da Alemanha, embora metidos entre garriçais e espadanas da lagoa mexicana.*

Cosmógrafo-mor da Academia, Sigüenza y Gongora intuiu a lei da gravidade e crê que outras estrelas terão, como o sol, planetas voando ao seu redor. Valendo-se do cálculo das eclipses e dos cometas, conseguiu situar as datas da história indígena do México; por ser a terra seu ofício tanto como o céu, também fixou exatamente a longitude desta cidade (283°23' a oeste de Santa Cruz de Tenerife), desenhou o primeiro mapa completo da região e contou seus acontecimentos, em verso e prosa, em obras de títulos extravagantes, como se usa neste século.

(83)

1682
Accra

Toda a Europa vende carne humana

Não distante das fortalezas da Inglaterra e Dinamarca, à distância de um tiro, ergue-se a nova instalação comercial prussiana. Uma nova bandeira ondeia nesta costa, sobre o teto de tronco do armazém de escravos e nos mastros dos navios que partem repletos. Através da Companhia da África, os alemães se incorporaram ao negócio mais suculento da época.

Os portugueses caçam e vendem negros através da Companhia da Guiné. A Real Companhia Africana opera em proveito da coroa inglesa. O pavilhão francês navegas nos barcos da Companhia do Senegal. Prospera a Companhia Holandesa das Índias Ocidentais. A empresa dinamarquesa especializada no tráfico de escravos se chama também Companhia das Índias Ocidentais; e a Companhia do Mar do Sul dá lucro aos suecos.

A Espanha não tem nenhuma empresa negreira. Mas há um século, em Sevilha, a Casa de Contratação enviou ao rei um documentado relatório explicando que os escravos eram as mercadorias mais lucrativas de todas as que entravam na América; e continua sendo assim. Pelo direito de vender escravos nas colônias espanholas, as empresas estrangeiras pagam fortunas às arcas reais. Com esses fundos se construíram, entre outras coisas, palácios reais de Madrid e de Toledo. A Junta de Negros se reúne na sala principal do Conselho das Índias.

(127, 129, 160 e 224)

1682
Remédios

Por ordem do Diabo

Treme, se entorta, ruge, baba. Faz vibrar as pedras da igreja. Em volta, fumega a vermelha terra de Cuba.

– Satanás, cão! Cão bêbado! Fala ou mijo em você! – ameaça o inquisidor José González de la Cruz, pároco desta vila de Remédios, enquanto se espuma no chão e dá chutes a negra Leonarda frente ao altar-mor. Bartolomé del Castillo, tabelião público, aguarda sem respirar: aperta um grosso maço de papéis com uma das mãos, e com a outra tem suspensa uma pluma de ave.

O Diabo brinca, feliz, no corpo gracioso da negra Leonarda.

O inquisidor vira a escrava com um golpe e ela cai de bruços e morde o pó e rebota, erguendo-se, e gira e balança, sangrando, bela, sobre o xadrez das lajes.

– Satanás! Lúcifer! Mandinga! Fala de uma vez, merda pestilenta!

Da boca de Leonarda saem fogos e espumas. Também vocifera estrépitos que ninguém entende, salvo o padre José, que traduz e dita ao escrivão:

– Diz que é Lúcifer! Diz que há oitocentos mil demônios em Remédios!

Outros ruídos troveja a negra.

– Que mais? Que mais, cão? – exige o padre, e levanta Leonarda pela carapinha

– Fala, merda!

Não xinga a mãe, porque Diabo não tem mãe.

Antes que a escrava desmaie, o padre grita e o tabelião escreve:

– Diz que Remédios afundará! Está confessando tudo! O tenho agarrado pelo pescoço! Diz que a terra nos tragará!

E uiva:

– Uma, boca do inferno! Diz que Remédios é uma boca do inferno!

Todos gritam. Todos os moradores de Remédios chutam e gemem e gritam. Mais de um desmaia.

O padre, banhado em suor, com a pele transparente e os lábios trêmulos, afrouxa os dedos que oprimem o pescoço de Leonarda. A negra desmorona.

Ninguém acode.

(161)

1682
Remédios

Porém, ficam.

Oitocentos mil demônios. Quer dizer que o ar de Remédios tem mais demônios que mosquitos: mil trezentos e cinco diabos atormentam cada morador.

Os demônios são mancos, desde aquela queda que todo mundo conhece. Têm barbas e chifres de bode, asas de morcego, rabo de rato e pele negra. Por serem negros, brincam satisfeitos no corpo de Leonarda.

Leonarda chora e se nega a comer.

– Se Deus quer limpar-te – diz-lhe o padre José –, branqueará a tua pele.

Das almas em pena sai o canto queixoso das cigarras e dos grilos. Os caranguejos são pecadores condenados a caminhar torto. Nos pântanos e nos rios, moram os duendes ladrões de crianças. Quando chove, soa em covas e grutas a briga dos demônios, furiosos porque se molham os raios e as centelhas que acenderam para incendiar o céu. Com voz rouca, fanhosa, croa o sapo na gruta do Boquerón. Prognostica chuva ou amaldiçoa? Vem de onde a luz que brilha na escuridão? Esses olhos, são da coruja? Contra quem assovia a cobra? Noturnoso, cego, zune o morcego: quem é tocado por sua asa vai parar no inferno, que está lá embaixo, embaixo de Remédios: lá as chamas queimam sem iluminar, e o gelo eterno faz tremer os que aqui na terra pecaram em brasa.

– Para trás!

Ao menor sinal de alarma, o padre se mete de um salto na pia de água benta.

– Para trás, Satanás!

Com água benta são lavadas as alfaces. Boceja-se com a boca fechada.

– Jesus! Jesus! – persignam-se os moradores.

Não há casa que as réstias de alho não enfeitem, nem ar que a fumaça de alfavaca não impregne.

– *Que pés tenham e não me alcancem, ferro e não me machuquem, nós e não me amarrem...*

Mas ficam. Nenhum vai embora. Ninguém abandona a vila de Remédios.

(161)

1682
Remédios

Por ordem de Deus

Os sinos da igreja, recortados contra o céu, chamam para a reunião.

Toda Remédios acode.

O escrivão ocupa seu lugar à direita do altar. A multidão aperta-se até muito além das portas abertas.

Corre o rumor de que o padre José tomará declaração de Deus. Espera-se que Cristo solte sua mão direita e jure que dirá a verdade, toda a verdade e nada mais que a verdade.

O padre José avança até o tabernáculo do altar-mor e abre o sacrário. Ergue o cálice e a hóstia; e frente à carne e ao sangue do Senhor, de joelhos, formula seu requerimento. O escrivão toma nota. Deus iluminará o lugar onde os habitantes de Remédios haverão de viver.

Se o Diabo falou pela boca de Leonarda, Leonardo será o intérprete de seu invencível inimigo.

O padre cobre com uma venda os olhos de Leonardo, um menino que não lhe chega à cintura, e Leonardo afunda a mão na taça de prata onde estão, revolvidos, alguns papeizinhos com nomes de lugares.

O menino escolhe um. O padre o desdobra e em voz muito alta lê:

– Santa Maria de Guadalupe! Tome nota, escrivão!

E acrescenta, triunfal:

– O Senhor teve piedade de nós! Ele, em sua infinita misericórdia, nos oferece amparo! Adiante, remedianos! Chegou a hora de partir!

E vai-se embora.

Olha para trás. Poucos o seguem.

O padre José leva tudo: o cálice e as hóstias, a lamparina e os candeeiros de prata, as imagens e as talhas de madeira. Mas só um punhadinho de beatas e uns poucos assustados o acompanham até a terra prometida.

No lombo ou arrastando, escravos e cavalos carregam os trastes. Levam móveis e roupas, arroz e feijão, sal, azeite, açúcar, carne-seca, tabaco e também livros de Paris, algodões de Rouen e rendas de Malinas, que entraram em Cuba de contrabando.

É longa a viagem até Santa Maria de Guadalupe. Lá está o Rancho do Cupey. Essas terras pertencem ao padre José. Há anos que o padre não encontra quem as compre.

(161)

1688
Havana

Por ordem do rei

Não se fala de outra coisa em toda Cuba. Nas rodas de intrigas, fazem-se apostas.

Obedecerão os de Remédios?

O padre José, abandonado por seus fiéis, ficou sozinho e teve que voltar a Remédios. Mas continua batalhando em sua guerra santa que encontrou eco até no palácio real. De Madrid, Carlos II ordenou que a população de Remédios se mude para as terras do Rancho do Cupey, em Santa Maria de Guadalupe.

O capitão-geral da capitania e o bispo de Havana anunciam que de uma vez por todas deve cumprir-se a vontade do rei.

Se acaba a paciência.

Os de Remédios continuam fazendo-se de surdos.

(161)

1691
Remédios

E daqui não saem

Ao amanhecer, chega de Havana o capitão Perez de Morales, com quarenta homens bem armados.

Param na igreja. Um a um, comungam os soldados. O padre José abençoa os mosquetões e os machados.

Preparam as tochas.

Ao meio-dia, a vila de Remédios é uma grande fogueira. De longe, a caminho de suas terras no Rancho do Cupey, o padre José olha a labareda azulada erguendo-se dos escombros em chamas.

Ao cair da noite, pertinho das ruínas, aparecem da mata os escondidos.

Sentados em roda, os olhos fixos na fumaceira que não cessa amaldiçoam e recordam. Muitas vezes os piratas tinham saqueado esta vila. Há anos levaram até a custódia do Santíssimo Sacramento e deste desgosto morreu, dizem, um bispo – e ainda bem que levava o escapulário no peito. Mas nunca nenhum pirata tinha incendiado Remédios.

À luz da lua, debaixo de uma ceiba enorme, os escondidos celebram uma assembleia. Eles, que pertencem a esta terra vermelha aberta entre o verde, resolvem que Remédios será reconstruída.

As mulheres apertam seus filhotes contra o peito e olham com olhos de fera disposta a saltar.

O ar cheira a queimado. Não cheira a enxofre nem a merda de diabo.

Escutam-se as vozes dos que discutem e o pranto de um recém-nascido, que pede leite e nome.

(161)

1691
Cidade do México

Juana aos quarenta

Um jorro de luz branca, luz de cal, metralha sor Juana Inês de la Cruz, ajoelhada no centro do palco. Ela está de costas e olha para o alto. Lá em cima um enorme Cristo sangra, abertos os braços, sobre o estrado empinado, forrado de veludo negro e espetado de cruzes, espadas e estandartes. No estrado, dois promotores acusam.

Todo mundo é negro, e negros são os capuzes que mascaram os promotores. Um, porém, leva hábito de monja e debaixo do capuz aparecem os cachos avermelhados da peruca: é o bispo de Puebla, Manuel Fernández de Santa

Cruz, no papel de sor Filotea. O outro, Antonio Núnez de Miranda, confessor de sor Juana, se representa a si mesmo. Seu nariz aquilino, que faz volume no capuz, se move querendo soltar-se do dono.

Sor Filotea (*bordando em um bastidor*). – Misterioso é o Senhor. Para que, me pergunto, terá posto cabeça de homem no corpo de sor Juana? Para que se ocupe das rasteiras notícias da terra? Aos Livros Sagrados, nem se digna a dar uma olhada.

O Confessor (*apontando sor Juana com uma cruz de madeira*) – Ingrata!

Sor Juana (*pregados os olhos em Cristo, por cima dos promotores*). – Mal correspondo à generosidade de Deus, é verdade. Eu só estudo para ver se com estudar, ignoro menos, e aos cumes da Sagrada Teologia dirijo meus passos; mas muitas coisas estudei e nada, ou quase nada, aprendi. Longe de mim as divinas verdades, sempre longe... Tão próximas as sinto às vezes, e tão distantes as sei! Desde que era muito menina... Aos cinco ou seis anos buscava nos livros de meu avô essas chaves, essas claves... Lia, lia. Me castigavam e lia, escondida buscando...

O Confessor (*a sor Filotea*). – Jamais aceitou a vontade de Deus. Agora, até letra de homem tem. Eu vi seus versos manuscritos!

Sor Juana. – Buscando... Muito cedo soube que as universidades não são para mulheres, e que se tem por desonesta a que sabe mais do que rezar o Pai-Nosso. Tive por mestres livros mudos, e por condiscípulo, um tinteiro. Quando me proibiram os livros, como mais de uma vez ocorreu neste convento, me pus a estudar nas coisas do mundo. Até cozinhando se pode descobrir segredos da natureza.

Sor Filotea – A Real e Pontifícia Universidade da Fritura! Como sede, uma caçarola!

Sor Juana. – O que podemos saber as mulheres além de filosofias de cozinha? Mas se Aristóteles tivesse cozinhado, muito mais teria escrito. Provoca risos, não é? Pois riam, se lhes dá prazer. Muito sábios se sentem os homens, só porque são homens. Também Cristo foi coroado com espinhos por ser rei de caçoadas.

O Confessor (*apaga-se o sorriso; bate na mesa com a mão*). – Vejam isso! A pedante freirinha! Como sabe fazer versinhos, se compara com o Messias.

Sor Juana. – Também Cristo sofreu esta ingrata lei. Por ter o sinal? Pois que morra! Por ter sido apontado? Pois que padeça!

O Confessor – Que humildade!

Sor Filotea – Vamos, filha, que se escandaliza Deus com semelhante orgulho falador...

Sor Juana – Meu orgulho? (*Sorri triste*). Tempo faz que se gastou.

O Confessor – Como celebra o vulgo seus versos, acredita-se uma eleita. Versos que envergonham esta casa de Deus, exaltação da carne... (Tosse.) Artes ruins de macho...

Sor Juana. – Meus pobres versos! Pó, sombra, nada. A glória vã, os aplausos... Será que os solicitei? Que revelação divina proíbe as mulheres de escrever? Por graça ou maldição, foi o Céu quem me fez poeta.

O Confessor (*olha o teto e ergue as mãos, suplicando*). – Ela suja a pureza da fé e a culpa é de Cristo!

Sor Filotea (*afasta o bastidor de bordar e enlaça os dedos sobre o ventre*). – Muito canta sor Juana ao humano, e pouco, pouco ao divino.

Sor Juana – Não nos ensinam os Evangelhos que no terrenal se expressa o celestial? Uma força poderosa empurra a minha mão...

O Confessor (*agitando a cruz de madeira, como para bater em sor Juana de longe*). – Força de Deus ou força do rei dos soberbos?

Sor Juana – ... e escrevendo continuarei, temo, enquanto o corpo me der sombra. Fugia de mim quando tomei os hábitos, mas, miserável de mim!, trouxe-me a mim mesma comigo.

Sor Filotea – Toma banho nua. Há provas.

Sor Juana – Apaga, Senhor, a luz de meu entendimento! Deixa apenas a que baste para guardar a Tua lei! Não sobra todo o resto, em uma mulher?

O Confessor (gemendo, rouco, voz de corvo). – Envergonhe-se! Mortifique teu coração, ingrata!

Sor Juana – Apague-me. Apague-me, meu Deus!

A obra continua, com diálogos semelhantes, até 1693.

(55 e 75)

1691
Placentia

Adario, chefe dos índios hurões, fala ao barão de Lahontan, colonizador francês de Terranova

Não, já bastante miseráveis são os senhores; não imagino como poderiam ser piores. A que espécie de criaturas pertencem os europeus, que classe de homens são? Os europeus, que só fazem o bem por obrigação, e não tem outro motivo para evitar o mal que o medo ao castigo...

Quem lhes deu os países que agora habitam? Com que direito os possuem? Estas terras pertenceram desde sempre aos algonquinos. De verdade, meu querido irmão, sinto pena de ti no fundo da minha alma. Siga meu conselho e faça-te hurão. Vejo claramente a diferença que há entre a minha condição e a tua. Eu sou meu amo, e o amo da minha condição. Eu sou o amo de meu próprio corpo, disponho de mim, faço o que me dá prazer, sou o primeiro e o último de minha nação, não tenho medo de ninguém e só dependo do Grande Espírito. Em compensação, teu corpo e tua alma estão condenados, dependem do grande capitão, o vice-rei dispõe de ti, não tens a liberdade de fazer o que te vier a cabeça; vives com medo dos ladrões, das falsas testemunhas, dos assassinos; e deves obediência a uma infinidade de pessoas que estão por cima de ti. É verdade ou não é verdade?

(136)

1692
Salem Village

As bruxas de Salem

— Cristo sabe quantos demônios há aqui! — ruge o reverendo Samuel Parris, pastor da vila de Salem, e fala de Judas, o demônio sentado à mesa do Senhor, que se vendeu por trinta dinheiros, 3,15 em libras inglesas, irrisório preço de uma escrava.

Na guerra dos cordeiros contra os dragões, clama o pastor, não há neutralidade possível nem refúgio seguro. Os demônios meteram-se em sua própria casa: uma filha e uma sobrinha do reverendo Parris foram as primeiras atormentadas pelo exército de diabos que tomou de assalto esta puritana vila. As meninas acariciaram uma bola de cristal, querendo ver a sorte, e viram a morte. Desde que isso aconteceu, são muitas as jovenzinhas de Salem que sentem o inferno no corpo: a maligna febre as queima por dentro e se revolvem e se retorcem, rodam pelo chão espumando e uivando blasfêmias e obscenidades que o Diabo lhes dita.

O médico, William Griggs, diagnostica o malefício. Oferecem a um cão um bolo de farinha de centeio misturada com urina das possuídas, mas o cão come, mexe o rabo, agradecido, e vai embora para dormir em paz. O Diabo prefere a moradia humana.

Entre convulsão e convulsão, as vítimas acusam.

São mulheres, e mulheres pobres, as primeiras condenadas à forca. Duas brancas e uma negra: Sarah Osborne, uma velha prostrada que há anos chamou aos gritos seu servente irlandês, que dormia no estábulo, e abriu-lhe um lugarzinho na cama; Sarah Good, uma mendiga turbulenta, que fuma cachimbo e responde resmungando às esmolas; e Tituba, escrava negra das Antilhas, apaixonada por um demônio todo peludo e de nariz comprido. A filha de Sarah Good, jovem bruxa de quatro anos de idade, está presa no cárcere de Boston, com grilhões nos pés.

Mas não cessam os gemidos de agonia das jovenzinhas de Salem e se multiplicam as acusações e condenações. A caçada de bruxas sobe da suburbana Salem Village ao centro de Salem Town, da vila ao porto, dos malditos aos poderosos: nem a esposa do governador se salva do dedo que aponta culpados. Balançam na forca prósperos granjeiros e mercadores, donos de barcos que comerciam com Londres, privilegiados membros da Igreja que desfrutavam do direito à comunhão.

Anuncia-se uma chuva de enxofre sobre Salem Town, o segundo porto de Massachusetts, onde o Diabo, trabalhador como nunca, anda prometendo aos puritanos cidades de ouro e sapatos franceses.

(34)

1692
Guápulo

A NACIONALIZAÇÃO DA ARTE COLONIAL

No santuário de Guápulo, uma aldeia recostada nas costas de Quito, se inauguram os quadros a óleo de Miguel de Santiago.

Em homenagem à Virgem daqui, que é muito milagrosa, Miguel de Santiago oferece esta serra e este planalto, esta cordilheira e este céu, paisagens que não estariam totalmente vivas se não as acendessem as pessoas que as atravessam: gente daqui, que anda por lugares daqui em procissão ou solidão. O artista já não copia gravuras vindas de Madrid ou Roma sobre a vida de Santo Agostinho. Agora pinta a luminosa cidade de Quito, rodeada de vulcões, as torres destas igrejas, os índios de Pujili e o despenhadeiro de Machangura, a colina de Bellavista e o vale de Guápulo; e são daqui os sóis atrás das montanhas, a fumaça das fogueiras de nuvens erguendo-se e os neblinosos rios que cantam sem calar-se nunca.

E não é apenas Miguel de Santiago. Mãos anônimas de artesãos indígenas ou mestiços, deslizam de contrabando lhamas no lugar de camelos nos presépios de Natal e abacaxis e palmeiras e milho e abacates nas folhagens das fachadas das igrejas; e até sóis com faixas nas cabeças, pertinho dos altares. Por todas as partes há Virgens grávidas e Cristos que sofrem como homens, como homens daqui, pela infelicidade desta terra.

(215)

1693
Cidade do México

Juana aos quarenta e dois

Lágrimas da vida inteira, brotadas do tempo e da pena, empapam a sua cara. No fundo, no triste, vê nublado o mundo. Derrotada, diz adeus.

Vários dias durou a confissão dos pecados de toda a sua existência frente ao impassível, implacável padre Antonio Núfiez de Miranda, e todo o resto será penitência. Com tinta de seu sangue escreve uma carta ao Tribunal Divino, pedindo perdão.

Já não navegarão *suas velas leves e suas quilhas graves* pelo mar da poesia. Sor Juana Inês de la Cruz abandona os estudos humanos e renuncia às letras. Pede a Deus que lhe dê como presente o esquecimento e escolhe o silêncio, aceita-o, e assim perde a América a sua melhor poetisa.

Pouco sobreviverá o corpo a este suicídio da alma. *Que se envergonha a vida de durar-me tanto...*

(16, 55 e 58)

1693
Santa Fé do Novo México

Treze anos durou a independência

Treze anos se passaram desde que se enlouqueceram os sinos de Santa Fé do Novo México, celebrando a morte do Deus dos cristãos e de Maria, a sua mãe.

Treze anos demoraram os espanhóis em reconquistar estas terras bravias do norte. Enquanto durou essa trégua de independência, os índios recuperaram sua liberdade e seus nomes, sua religião e seus costumes, mas além disso incorporaram às suas comunidades o arado e a roda e outros instrumentos que os espanhóis tinham trazido.

Para as tropas coloniais, não foi fácil a reconquista. Cada *pueblo* do Novo México é uma gigantesca fortaleza fechada a sete chaves, com muros largos de pedra e pau a pique, com vários andares de altura. No vale do rio Grande vivem homens não acostumados à obediência nem ao trabalho servil.

(58)

Canto à imagem que se vai da areia, dos índios do novo México

Para que eu me cure,
o feiticeiro pintou,
no deserto, tua imagem:

teus olhos são de areia dourada,
de areia vermelha é agora a tua boca,
de areia azul são teus cabelos
e minhas lágrimas são de areia branca.
Todo o dia pintou.
Crescias como uma deusa
sobre a imensidão da tela amarela.
O vento da noite dispersará a tua sombra
e as cores da tua sombra.
Segundo a lei antiga, nada me restará.
Nada, a não ser o resto de minhas lágrimas,
areias de prata.

(63)

1694
Macacos

A última expedição contra Palmares

O caçador de índios, matador de muitas léguas de índios, nasceu de mãe índia. Fala guarani e muito pouco português. Domingos Jorge Velho é capitão de mamelucos de São Paulo, mestiços que semearam o terror em meio Brasil em nome dos senhores coloniais e para feroz exorcismo da metade de seu sangue.

Nos últimos seis anos, o capitão Domingos alugou seus serviços à coroa portuguesa contra os índios janduim, alçados no sertão de Pernambuco e no Rio Grande do Norte. Depois de longa carniceria chega a Recife, vitorioso, e ali o contratam para arrasar Palmares. Oferecem-lhe uma recompensa em terras e negros para vender no Rio de Janeiro e Buenos Aires, e além disso lhe prometem infinitas anistias, quatro hábitos de ordens religiosas e trinta graus militares para repartir entre seus homens.

Com a luneta à bandoleira sobre o peito nu, aberta a casaca gordurosa, o capitão Domingos desfila a cavalo pelas ruas de Recife, à cabeça de seus oficiais mestiços e seus soldados índios degoladores de índios. Cavalga entre nuvens de pó e cheiro de pólvora e aguardente, atravessando ovações e marés de lenços brancos: este messias nos salvará dos negros rebeldes, crê ou quer crer a população, convencida de que os negros têm a culpa da falta de braços para os engenhos e também têm a culpa das pestes e das secas que estão assolando o nordeste, porque não enviará Deus a saúde nem a chuva enquanto não cesse o escândalo de Palmares.

E organiza-se a grande cruzada. De todas as partes acodem voluntários, empurrados pela fome, em busca de ração segura. Esvaziam-se as cadeias: até os presos se incorporam ao maior exército até agora reunido no Brasil.

Os exploradores índios marcham adiante e os carregadores negros na retaguarda. Nove mil homens atravessam a selva, chegam à serra e sobem até os picos onde se erguem as fortificações de Macacos. Esta vez, levam canhões.

Vários dias dura o assédio. Os canhões aniquilam a tríplice muralha de madeira e pedra. Luta-se corpo a corpo, na beira do abismo. São tantos os mortos que não há onde cair, e continua a degolação entre os matagais. Muitos negros tentam fugir e escorregam no vazio pelos despenhadeiros; e muitos se atiram, escolhendo o precipício.

As chamas devoram a capital de Palmares. Da distante cidade de Porto Calvo veem-se os resplendores da gigantesca fornalha, que arde durante toda a noite. *Queimar até a memória.* Os cornos de caça não param de anunciar o triunfo.

O chefe Zumbi, ferido, conseguiu escapar. Dos altos picos chega à selva. Perambula por túneis verdes, na espessura, buscando os seus.

(38, 43 e 69)

Lamento do povo azande

O menino morreu;
cubramos nossas caras
com terra branca.
Quatro filhos pari na
choça de meu esposo.
Somente o quarto vive.
Quisera chorar,
mas nesta aldeia
está proibida a tristeza.

(34)

1695
Serra Dois Irmãos

Zumbi

Profundezas da paisagem, funduras da alma. Fuma cachimbo Zumbi, perdido o olhar nas altas pedras vermelhas e nas grutas abertas como feridas, e não vê que nasce o dia com luz inimiga nem vê que fogem os pássaros, assustados, em revoadas.

Não vê que chega o traidor. Vê que chega o companheiro, Antônio Soares, e se levanta e o abraça. Antônio Soares afunda várias vezes o punhal em suas costas.

Os soldados cravam a cabeça na ponta de uma lança e a levam para Recife, para que apodreça na praça e os escravos aprendam que Zumbi não é imortal.

Já não respira Palmares. Tinha durado um século e tinha resistido a mais de quarenta invasões este amplo espaço de liberdade aberto na América colonial. O vento levou as cinzas dos baluartes negros de Macacos e Subupira, Dambrabanga e Obenga, Tabocas e Arotirene. Para os vencedores, o século de Palmares se reduz ao instante das punhaladas que acabaram com Zumbi. Cairá a noite e nada ficará debaixo das frias estrelas. Mas, que sabe a vigília comparado com o que sabe o sonho?

Sonham os vencidos com Zumbi; e o sonho sabe que enquanto nestas terras um homem seja dono de outro homem, andará o seu fantasma. Mancando andará, porque Zumbi era manco por culpa de uma bala; andará tempo acima e tempo abaixo e mancando lutará nestas selvas de palmeiras e em todas as terras do Brasil. Se chamarão Zumbi os chefes das incessantes rebeliões negras.

(69)

1695
São Salvador da Bahia

A CAPITAL DO BRASIL

Nesta cidade radiante há uma igreja para cada dia do ano e uma festa por dia. Fulgor de torres e campanários e altas palmeiras, fulgor de corpos, ares pegajosos de azeite de dendê: hoje celebra-se um santo e amanhã uma amante na Bahia de Todos os Santos e dos não tão santos. São Salvador da Bahia, morada do vice-rei e do arcebispo, é a cidade portuguesa mais populosa depois de Lisboa e inveja Lisboa seus mosteiros monumentais e suas igrejas de ouro, suas mulheres incendiárias e suas festas e bailes de máscaras e procissões. Aqui andam as rameiras mulatas vestidas de rainha e os escravos passeiam em liteira seus senhores pelas frondosas alamedas, entre palácios dignos da região do delírio. Gregório de Matos, nascido na Bahia, retrata assim os nobres senhores das plantações de açúcar:

No Brasil a fidalguia
no bom sangue nunca está
nem no bom procedimento:
Pois, logo, em que pode estar?
Consiste em muito dinheiro...

Os escravos negros são os alicerces destes castelos. Do púlpito da catedral, o padre Antônio Vieira exige gratidão ao reino de Angola, porque sem Angola não haveria Brasil e sem Brasil não haveria Portugal, *podendo-se com muita razão dizer que o Brasil tem o corpo na América e a alma na África*: Angola, que vende escravos bantu e dentes de elefante; Angola, proclama o sermão do padre Vieira, *com cujo triste sangue e negras mas felizes almas, o Brasil é nutrido, animado, sustentado, servido e preservado.*

Aos seus noventa anos, este sacerdote jesuíta continua sendo o pior inimigo da inquisição, o advogado dos índios, negros e judeus, e o mais atrevido acusador dos senhores coloniais, que acreditam que o trabalho é coisa de animais e cospem na mão que lhes dá de comer.

(33 e 226)

1696
Regla

Virgem negra, deusa negra

Ao cais de Regla, parente pobre de Havana, chega a Virgem, e chega para ficar. A talha de cedro veio de Madrid, envolta em um saco, nos braços de seu devoto Pedro Aranda. Hoje, 8 de setembro, está de festa esta aldeola de artesãos e marinheiros, sempre cheirando a mariscos e breu: come o povo manjares de carne e feijão e mandioca, pratos cubanos, pratos africanos, ecó, olelê, ecru, quimbombó, fufú, enquanto rios de rum e terremotos de tambores dão as boas-vindas à Virgem negra, à negrita, padroeira protetora da baía de Havana.

Cobre-se o mar de cascas de côco e galhos de alfavaca e um vento de vozes canta, enquanto a noite cai:

Opa ulê, opa ulê,
opa ê, opa ê,
opa, opa, Yemanjá.

A Virgem negra de Regla é também a africana Yemanjá, prateada deusa dos mares, mãe dos peixes e mãe e amante de Xangô, o deus guerreiro mulherengo e brigão.

(68 e 82)

1697
Cap Français

Ducasse

Escudos de ouro, dobrões, ouro do mandachuva e do pobre-diabo, joias e travessas e pratos e xícaras de ouro, ouro dos cálices e das coroas de virgens e santos: chegaram cheios de ouro os porões dos galeões de Jean-Baptiste Ducasse, governador do Haiti e chefe dos flibusteiros franceses das Antilhas. Com tiros de canhão humilhou Ducasse Cartagena das Índias; fez virar pó as muradas da fortaleza, colossais leões de rocha erguidos sobre o mar, e deixou a igreja sem campanário e o governador, sem anéis.

Para a França ruma o ouro da colônia espanhola saqueada. De Versalhes recebe Ducasse o título de almirante e uma frondosa peruca de cachos de neve, digna de rei.

Antes de ser governador do Haiti e almirante da marinha real, Ducasse trabalhava por conta própria, roubando escravos dos barcos negreiros holandeses e tesouros dos galeões da frota espanhola. Desde 1691, trabalha para Luís XIV.

(11 e 61)

1699
Madrid

O ENFEITIÇADO

Embora não tenha sido anunciada pelo heraldo trombeteiro, pelas ruas de Madrid voa a notícia. Os inquisidores descobriram o culpado do feitiço do rei Carlos. A feiticeira Isabel será queimada viva na praça Maior.

Toda a Espanha rezava pelo rei Carlos II. Ao despertar, o monarca bebia sua poção de pó de víbora, infalível para dar forças, mas em vão: o pênis seguia abobado, incapaz de fazer filhos, e pela boca do rei continuavam saindo babas e hálito imundo e nem uma palavra que valesse a pena.

O malefício não vinha de certa xícara de chocolate com pó de testículos de enforcado, como tinham dito as bruxas de Cangas, nem do próprio talismã que o rei usava pendurado no pescoço, como acreditou o exorcista frei Mauro. Houve quem dissesse que o monarca tinha sido enfeitiçado pela própria mãe, com tabaco da América ou pastilhas de *benjuy*; e inclusive se rumoreou que o mordomo-mor, o duque de Castellflorit, tinha servido à mesa real um presunto misturado com unhas de mulher moura ou judia queimada pela Inquisição.

Os inquisidores tinham encontrado, finalmente, o redemoinho de agulhas, grampos, caroços de cereja e louros cabelos de Sua Majestade, que a feiticeira Isabel tinha escondido pertinho da alcova real.

Balança o nariz, balança o lábio, balança o queixo; mas agora que o rei foi desembruxado, parece que os olhos dele se acenderam um pouquinho. Um anão ergue o círio, para que o Rei contemple seu retrato, que há anos pintou Carreño.

Enquanto isso, fora do palácio faltam pão e carne, peixe e vinho, como se Madrid fosse uma cidade sitiada.

(64 e 201)

1699
Macouba

Uma demonstração prática

Para que trabalhem com vontade seus escravos nesta terra de sonolências e lentidões, o padre Jean-Baptiste Labat lhes conta que ele era negro antes de vir à Martinica, e que Deus o fez branco em recompensa pelo fervor e submissão com que tinha servido a seus amos na França.

Está o carpinteiro negro da igreja tentando talhar em uma viga uma espiga de encaixe difícil, e não consegue. O padre Labat traça umas linhas com régua e compasso e ordena:

– Corta aí.

O corte é exato.

– Agora, acredito no senhor – diz o escravo olhando-o nos olhos. – Não há homem branco que possa fazer isso.

(101)

1700
Ouro Preto

Todo o Brasil rumo ao sul

Nos velhos dias, os mapas mostravam a Bahia pertinho das recém-descobertas minas de Potosí, e o governador-geral informava a Lisboa *que esta terra do Brasil e a do Peru são tudo uma*. Para transformar as montanhas de Paranapiacaba em cordilheira dos Andes, os portugueses levaram a São Paulo duzentas lhamas e sentaram-se para esperar que brotassem a prata e o ouro.

Um século e meio depois, o ouro chegou. Estão cheios de pedras brilhantes os leitos dos rios e arroios, nos flancos da serra do Espinhaço. Encontraram ouro os mamelucos de São Paulo, quando andavam em plena caçada de índios cataguazes.

O vento esparramou a notícia por todo o Brasil, chamando multidões: para conseguir ouro na região de Minas Gerais, basta agarrar um punhado de areia ou um maço de erva e sacudi-lo.

Com o ouro chegou a fome. Por um gato ou um cachorro paga-se nos acampamentos 115 gramas de ouro, que é o que um escravo recolhe em dois dias de trabalho.

(33 e 38)

1700
Ilha de São Tomás

O QUE FAZ COM QUE AS COISAS FALEM

Lúgubres sinos e melancólicos tambores estão soando nesta ilhota das Antilhas, centro de contrabando e pirataria: um escravo caminha até o queimadouro. Vanbel, o todo-poderoso, condenou-o porque este negro desarta a chuva quando quer, ajoelhando-se ante três laranjas, e porque tem um ídolo de barro que lhe responde todas as perguntas e o salva de todas as dúvidas.

Marcha o condenado com um sorriso de orelha a orelha e os olhos pregados no poste rodeado de lenha. Vanbel corta seu passo:

– Já não poderás falar com teu fantoche de barro, negro bruxo!

Sem olhá-lo, responde o escravo suavemente:

– Posso fazer esta bengala falar.

– Parem! – grita Vanbel aos guardas. – Desamarrem-no!

E na frente da multidão que espera, atira-lhe a bengala.

– Vamos ver – diz.

O negro se ajoelha, abana com as mãos a bengala cravada na terra, dá umas voltas ao redor, torna a ajoelhar-se e acaricia a bengala.

– Quero saber – diz o amo – se já partiu o galeão que deve vir. Quando chegará, quem viaja, o que aconteceu...

O escravo retrocede uns passos.

– Aproxime-se, senhor – propõe. – Ela dirá.

Com o ouvido grudado na bengala, escuta Vanbel que o navio já partiu há tempos do porto de Helsingor, na Dinamarca, mas que ao chegar ao trópico uma tempestade rompeu sua gávea pequena e levou a vela do mastro de ré. O pescoção de Vanbel treme como papo de sapo. O público vê como ele empalidece.

– Não ouço nada – diz Vanbel, enquanto a bengala vai dizendo a eles os nomes do capitão e dos marinheiros.

– Nada! – geme.

A bengala diz em segredo: *O barco chegará dentro de três dias. Sua carga te alegrará*, e Vanbel explode, arranca a peruca e grita:

– Queimem esse negro!

Ruge:

– Queimem já!

Uiva:

– Queimem esse bruxo!

(101)

Canto do fogo, do povo banto

Fogo que contemplam os homens
na noite, na noite profunda.
Fogo que ardes sem queimar, que brilhas
sem arder.
Fogo que voas sem corpo.
Fogo sem coração, que não reconheces morada
nem tens cabana.
Fogo transparente de palmeiras:

um homem te invoca sem medo.
Fogo dos feiticeiros, teu pai, onde está?
Tua mãe, onde está?
Quem te alimentou?
És teu pai; és tua mãe.
Passas e não deixas rastro.
A lenha seca não te engendra,
não tens como filhas as cinzas.
Morres e não morres.
A alma errante se transforma em ti, e ninguém
sabe disso.
Fogo dos feiticeiros, Espírito
das águas inferiores e dos ares superiores.
Fogo que brilhas, vaga-lame que iluminas
o pântano.
Pássaro sem asas, coisa sem corpo, Espírito
da Força do Fogo.
Escute a minha voz: um homem te invoca
sem medo.

(134)

1700
Madrid

Penumbra de Outono

Nunca pôde vestir-se sozinho, nem ler correntemente, nem ficar em pé por conta própria. Aos quarenta anos, é um velhinho sem herdeiros, que agoniza rodeado de confessores, exorcistas, cortesãos e embaixadores que disputam o trono.

Os médicos, vencidos, tiraram de cima dele as pombas recém-mortas e as entranhas de cordeiro. As sanguessugas já não cobrem seu corpo. Não lhe dão de beber aguardente nem a água da vida trazida de Málaga, porque só resta esperar a convulsão que o arrancará deste mundo. À luz das tochas, um Cristo ensanguentado assiste, da cabeceira da cama, à cerimônia final. O cardeal salpica água benta com o aspersório. A alcova fede a cera, incenso, sujeira. O vento golpeia os pórticos do palácio, mal amarrados com barbantes.

O levarão à morgue de El Escorial, onde o espera, há anos, a urna de mármore que leva seu nome. Essa era a sua viagem preferida, mas há tempos que não visita a própria tumba nem mostra o nariz nas ruas. Está Madrid cheia de buracos e lixo e vagabundos armados; e os soldados, que mal e mal vivem da sopa boba dos conventos, não se preocupam em defender o rei. Nas últimas vezes em que se atreveu a sair, as lavadeiras do rio Manzanares e os rapazes da rua perseguiram a carruagem e cobriram ele de insultos e pedradas.

Carlos II, com os vermelhos olhos arregalados, treme e delira. Ele é um pedacinho de carne amarela que foge entre os lençóis, enquanto foge também o século e acaba, assim, a dinastia que fez a conquista da América.

(201 e 211)

(Fim do primeiro volume de *Memória do Fogo*)

Fontes

1. Abbad y Lasierra, Agustín Íñigo, *Historia geográfica civil y natural de la isla de San Juan Bautista de Puerto Rico*, Río Piedras, Universidad, 1979.
2. Acosta Saignes, Miguel, *Vida de los esclavos negros en Venezuela*, La Habana, Casa de las Américas, 1978.
3. Acuña, René, *Introducción al estudio del Rabinal Achí*. México, UNAM, 1975.
4. Aguirre Beltrán, Gonzalo, *Medicina y magia. El proceso de aculturación en la estructura colonial*, México, Instituto Nacional Indigenista, 1980.
5. Alegría, Fernando, *Lautaro, joven libertador de Arauco*, Santiago de Chile, Zig-Zag, 1978.
6. Alemán, Mateo, *Guzmán de Alfarache* (Ed. de Benito Brancaforte), Madrid, Cátedra, 1979.
7. Alonso, Dámaso, *Cancionero y romancero español*, Estella, Salvat, 1970.
8. Alvarado, Pedro de, *Cartas de relación*, BAE, tomo XXII, Madrid, M. Rivadeneyra, 1863.
9. Álvarez Lejarza, Emilio (Versión), *El Güegüence*, Manágua, Distribuidora Cultural, 1977.
10. Amaral, Álvaro do, *O Padre José de Anchieta e a fundação de São Paulo*, San Pablo, Secretaría de Cultura, 1971.
11. Arciniegas, Germán, *Biografía del Caribe*, Buenos Aires, Sudamericana, 1951.
12. _____. *Amerigo y el Nuevo Mundo*, México, Hermes, 1955.
13. _____. *El Caballero de El Dorado*, Madrid, Revista de Occidente, 1969.
14. Arguedas, José Maria (Versión. Incluye texto de Pierre Duviols), *Dioses y hombres de Huarochirí*, México, Siglo XXI, 1975.
15. _____. (Con F. Izquierdo), *Mitos, leyendas y cuentos peruanos*, Lima, Casa de la Cultura, 1970.
16. Arias de la Canal, Fredo, *Intento de psicoanálisis de Juana Inés*, México Frente de Afirmación Hispanista, 1972.

17. Armellada, Cesáreo de, y Carmela Bentivenga de Napolitano, *Literaturas indígenas venezolanas*, Caracas, Monte Ávila, 1975.
18. Arrom, José Juan, El teatro hispanoamericano en la época colonial, La Habana, Anuario Bibliográfico Cubano, 1956.
19. _____.*Certidumbre de América*, La Habana, Anuario Bibliográfico Cubano, 1959.
20. Arteche, José de, *Elcano*, Madrid, Espasa-Calpe, 1972.
21. Arzáns de Orsúa y Vela, Bartolomé, *Historia de la Villa Imperial de Potosí* (Ed. de Lewis Hanke y Gunnar Mendoza), Providence, Brown University, 1965.
22. Asturias, Miguel Ángel, *Leyendas de Guatemala*, Madrid, Salvat, 1970.
23. Balboa, Silvestre de, *Espejo de paciencia* (Prólogo de Cintio Vitier), La Habana, Arte y Literatura, 1975.
24. Ballesteros Gaibrois, Manuel, *Vida y obra de fray Bernardino de Sahagún*, León, Inst. Sahagún, 1973.
25. Barrera Vázquez, Alfredo, y Silvia Rendón (Versión e introducción), *El Libro de los Libros de Chilam Balam*, México, Fondo de Cultura Econômica, 1978.
26. Bascuñán, Francisco Núñes de Pineda y, *Cautiverio feliz*, Santiago de Chile, Editorial Universitaria, 1973.
27. Bataillon, Marcel, y André Saint-Lu, *El Padre Las Casas y la defensa de los indios*, Barcelona, Ariel, 1976.
28. Benltez, Fernando, *Los primeros mexicanos*. La vida criolla en el siglo XVI, México, Era, 1962.
29. _____. *La ruta de Hernán Cortés*, México, FCE, 1974.
30. _____. *Los indios de México* (tomo v), México, Era, 1980.
31. Bowser, Frederick P., *El esclavo africano en el Peru colonial* (1524/1650), - México, Siglo XXI, 1977.
32. Boxer, C. R., *Race relations in the Portuguese colonial empire* (1415/ 1825), Oxford, Carendon, 1963.
33. _____. *The golden age of Brazil* (1695/1750), Berkeley, University of Califórnia, 1969.
34. Boyer, Paul, y Stephen Nissenbaum, *Salem possessed. The social origins of witchcraft*, Cambridge, Harvard University, 1978.
35. Breen, T. H., *Puritans and adventurers. Change and persistence in early America*, Nueva York/Oxford, Oxford University, 1980.
36. Bridenbaugh, Carl, *Jamestown 1544/1699*, Nova York/Oxford, Oxford University, 1980.

37. Bruchac, Joseph, *Stone giants and flying heads*, Nova York, The Crossing, 1979.
38. Buarque de Holanda, Sérgio, «A época colonial», en *la História Geral da Civilização Brasileira* (I), Rio de Janeiro/San Pablo, Difel, 1977.
39. Cabeza de Vaca, Álvar Núñez, *Naufragios y comentarios*, Madrid, Espasa-Calpe, 1971.
40. Cadogan, León (Versión), *La literatura de los guaraníes*, México, Joaquín Mortiz, 1965.
41. Carande, Ramón, *Carlos V y sus banqueros*, Barcelona, Critica, 1977.
42. Cardenal, Ernesto, *Antología de poesía primitiva*, Madrid, Alianza, 1979.
43. Carneiro, Edison, *O quilombo dos Palmares*, Rio de Janeiro, Civilização Brasileira, 1966.
44. Carpentier, Alejo, *El arpa y la sombra*, Madrid, Siglo XXI, 1979.
45. Carvajal, Gaspar de, *Relación del nuevo descubrimiento del famoso rio Grande de las Amazonas*, México, FCE, 1955.
46. Cervantes Saavedra, Miguel de, *El ingenioso hidalgo don Quijote de la Mancha*, Barcelona, Sopena, 1978.
47. Cieza de León, Pedro de, *La crónica del Perú*, BAE, tomo XXVI, Madrid, M. Rivadeneyra, 1879.
48. Civrieux, Marc de, *Watunna. Mitologia makiritare*, Caracas, Monte Ávila, 1970.
49. Colón, Cristóbal, *Diario del descubrimiento* (Anotado por Manuel Alvar) Las Palmas, Cabildo de Gran Canaria, 1976.
50. _____. *Los cuatro viajes del Almirante y su testamento*, Madrid, Espasa Calpe, 1977.
51. Cora, María Manuela de, *Kuai-Mare. Mitos aborígenes de Venezuela*, Caracas, Monte Ávila, 1972.
52. Corona Núñez, José, *Mitologia tarasca*, México, FCE, l957.
53. Cossío del Pomar, Felipe, *El mundo de los incas*, México, FCE, 1375.
54. Cortés, Hernán, *Cartas de relación*, BAE, tomo XXII, Madrid, M. Rivadeneyra, 1863.
55. Cruz, Juana Inés de la, *Páginas escogidas* (Selección de Fina García Marruz), La Habana, Casa de las Américas, 1978.
56. Chacón Torres, Mario, *Arte virreinal en Potosí*, Sevilla, Escuela de Estudios Hispanoamericanos, 1973.

57. Chang-Rodríguez, Raquel, *Prosa hispanoamericana virreinal* (Incluye texto de Mogrovejo de la Cerda), Barcelona, Hispam, 1978.
58. Chávez, Ezequiel A., *Ensayo de psicología de Sor Juana Inés de la Cruz*, Barcelona, Araluce, 1931.
59. D'Ans, André Marcel, *La verdadera Biblia de los cashinahua*, Lima, Mosca Azul, 1975.
60. Davies, Nigel, *Los aztecas*, Barcelona, Destino, 1977.
61. Deschamps, Hubert, *Piratas y filibusteiros*, Barcelona, Salvat, l956.
62. Díaz del Castillo, Bernal, *Verdadera historia de los sucesos de la conquista de la Nueva España*, BAE, tomo XXVI, Madrid, M. Rivadeneyra, 1879.
63. Di Nola, Alfonso M., *Canti erotici dei primitivi*, Roma, Lato Side, 1980.
64. Elliott, J. H., *La España imperial*, Barcelona, V. Vices, 1978.
65. Exquemelin, Alexandre O., *Piratas de América*, Barcelona, Barral, s/f.
66. Eyzaguirre, Jaime, *Historia de Chile*, Santiago, Zig-Zag, 1977.
67. _____. *Ventura de Pedro de Valdivia*, Madrid, Espasa-Calpe, 1967.
68. Franco, José Luciano, *La diáspora africana en el Nuevo Mundo*, La Habana, Ciencias Sociales, 1975.
69. Freitas, Decio, *Palmares, la guerrilla negra*, Montevideo, Nuestra América, 1971.
70. Friede, Juan, *Bartolomé de las Casas: precursor del anticolonialismo*, México, Siglo XXI, 1976.
71. Fuentes y Guzmán, Francisco Antonio de, *Obras históricas*, Madrid, BAE, 1969 y 1972.
72. Gage, Thomas, *Viajes en la Nueva España*, La Habana, Casa de las Américas, 1980.
73. Gandia, Enrique de, *Indios y conquistadores en el Paraguay*, Buenos Aires, García Santos, 1932.
74. – *Historia de la conquista del rio de la Plata y del Paraguay (1535/ 1556)*, Buenos Aires, García Santos, 1932.
75. Garcés, Jesús Juan, *Vida y poesia de Sor Juana Inés de la Cruz*, Madrid,. Cultura Hispánica, 1953.
76. Garcilaso de la Vega, Inca, *Comentarios reales de los incas*, Madrid, BAE, 1960.

77. Garibay K., Ángel María (Selección y versiones), *Poesía indígena de la altiplanicie*, México, UNAM, 1972.
78. Gerbi, Antonello, *La naturaleza de las Índias Nuevas*, México, FCE, 1978.
79. Gibson, Charles, *Los aztecas bajo el dominio español (1519/1810)*, México, Siglo XXI, 1977.
80. Godoy, Diego, *Relación a Hernán Cortés*, BAE, tomo XXII, Madrid, M. Rivadeneyra, 1863.
81. Gómara, Francisco López de, *Primera y segunda parte de la Historia General de las Índias*, BAE, tomo XXII, Madrid, M. Rivadeneyra 1863.
82. Gómez Luaces, Eduardo, *Historia de Nuestra Senora de Regla* (Folleto), La Habana, Valcayo, 1945.
83. Gortari, Eli de, *La ciencia en la historia de México*, México, FCE, 1963.
84. Gow, Rosalind, y Bernabé Condori: *Kay Pacha*, Cuzco, Centro de Estudios Rurales Andinos, 1976.
85. Graham, R. B. Cunningham, *Pedro de Valdivia*, Buenos Aires, Inter-Americana, 1943.
86. Granada, Daniel, *Supersticiones del río de la Plata*, Buenos Aires, Guillermo Kraft, 1947.
87. Gridley, Marion E., *The story of the Haida*, Nova York, Putnam's 1972.
88. Hackett, Charles Wilson, «The revolt of the Pueblo Indians of New México in 1680, en *The Quarterly of the Texas State Historical Association*, vol. xv, nº 2, octubre de 1911.
89. Hammond, George P., y Agapito Rey, *The rediscovery of New México (1580/1594)*, Alburquerque, University of New México, 1966.
90. Hanke, Lewis, *Bartolomé de Las Casas*, Buenos Aires, EUDEBA, 1968.
91. Harris, Olivia, y Kate Young (Recopilación), *Antropología y feminismo*, Barcelona, Anagrama, 1979.
92. Henestrosa, Andrés, *Los hombres que dispersó la danza*, La Habana Casa de las Américas, 1980.
93. Hernández Sánchez-Barba, M., *Historia de América*, Madrid, Alhambra, 1981.
94. Jara, Álvaro, *Guerra y sociedad en Chile*, Santiago de Chile, Editorial Universitaria, 1961.

95. _____. Estructuras coloniales y subdesarrollo en Hispanoaméricas, en *Journal de la Société des Américanistes*, tomo LXV, Paris, 1978.
96. Jerez, Francisco de, *Verdadera relación de la conquista del Perú y Província del Cuzco*, BAE, tomo XXVI, Madrid, M. Rivadeneyra, 1879.
97. Kirkpatrick, F. A., *Los conquistadores españoles*, Madrid, Espasa-Calpe, 1970.
98. Konetzke, Richard, *América Latina (II). La época colonial*, Madrid, Siglo XXI, 19778.
99. _____. *Descubridores y conquistadores de América*, Madrid, Gredos, 1968.
100. Krickeberg, Walter, *Mitos y leyendas de los aztecas, incas mayas y musicas*, México FCE, 1971.
101. Labat, Jean-Baptiste, *Viajes a las islas de la América* (selección de Francisco de Oraá)" La Habana, Casa de las Américas, 1979.
102. Las Casas, Bartolomé de, *Brevíssima relación de la destrucción de las Índias*, Barcelona, Fontamara, 1979.
103. _____. *Historia de las Indias*, México, FCE, 1951.
104. _____. *Apologética historia de las Indias*, México, UNAM, 1967.
105. Lafone Quevedo, Samuel A., «El culto de Tonapa», en *Tres relaciones de antiguidades peruanas*, de Santillán, Valera y Santacruz Pacha cuti, Asunción, Guarania, 1950.
106. Leal, Rine, *La selva oscura*, La Habana, Arte y Literatura, 1975.
107. León-Portilla, Miguel, *El reverso de la Conquista. Relaciones aztecas, mayas e incas*, México, Joaquim Mortiz, 1964.
108. _____. *Los antiguos mexicanos*, México FCE, 1977.
109. _____. *Culturas en peligro*, México, Alianza Editorial Mexicana, 1976.
110. _____. *La filosofía náhuatl* México, UNAM, 1958.
111. Lévi-Strauss, Claude, *Lo crudo y lo cocido (Mitológicas, I)*, México, FCE, 1978.
112. _____. *De la miel a las cenizas (Mitológicas, II)*, México, FCE, 1978.
113. _____. *El origen de las maneras de mesa (Mitológicas, III)*, México, Siglo XXI, 1976.
114. _____. *El hombre desanudo (Mitológicas, IV)*, México, Siglo XXI, 1976.

115. Levin, Boleslao, *La Inquisición en Hispanoamérica*, Buenos Aires, Proyección, 1962.
116. Lesvis, D. B. Wyndhan, *Carlos de Europa, emperador de Occidente*, Madrid, Espasa-calpe 1962.
117. Leydi, Roberto, Arrigo Polillo y Tommaso Giglio, *Piratas, corsários y filibusteros*, Barcelona Maucci, 1961.
118. Lipschutz, Alejandro, *El problema racial en la conquista de América*, México, Siglo XXI, 1975.
119. __ *Perfil de Indoamérica de nuestro tiempo*, Santiago de Chile, Andrés Bello, 1968.
120. Lockhart, James, y Enrique Otte, *Letters and people of the Spanish Indies. The sixteenth century*, Cambridge, Cambridge University, 1976.
121. Lohmann Villena, Guillermo, *El conde de Lemos, virrey del Perú*, Madrid, Escuela Ele Estudios Hispanoamericanos, 1946.
122. _____. *E arte dramático en Lima durante el Virreinato*, Madrid, Escuela de Estudios Hispanoamericanos, 1945.
123. López, Casto Fulgencio, *Lope de Aguirre, el Peregrino*, Barcelona, Plon, 1977.
124. López-Baralt, Mercedes, «Guamán Poma de Ayala y el arte de la memoria en una crónica ilustrada del siglo XVII», en *Cuadernos Americanos*, México, mayo/junio de 1979.
125. _____. *La crónica de Indias como texto cultural: policulturalidad y articulación, de códigos semióticos múltiples en el arte de reinar de Guamán Poma de Ayala (inédito)*.
126. _____. *El mito taíno: Raíz y proyecciones en la Amazonia continental*, Río Piedras, Huracán, 1976.
127. Mannix, Daniel P., y M. Conwley, *Historia de la trata de negros*, Madrid, Alianza, 1970.
128. Marañón, Gregorio, *El conde-duque de Olivares (La pasión de mandar)*, Madrid, Espasa-Calpe, 1936.
129. Marchant, Alexander, *From barter to slavery*, Baltimore, Johns Hopkins, 1942.
130. Mariño de Lobera, Pedro, *Crónica del Reino de Chile*, Santiago de Chile, Editorial Universitaria, 1979.
131. Marmolejo, Lucio, *Efemérides guanajuatenses* (t. I), Guanajuato, Universidad, 1967.
132. Marriott, Alice, y Carol K. Rachlin, *American Indian mythology*, Nova York, Apollo, 1968.

133. Martínez, José Luis, *El mundo antiguo, VI. América antigua*, México, Secretaría de Educadón, 1976.
134. Martínez Fivee, Rogelio (Selección), *Poesía anónima africana*, Madrid, Miguel Castellote, s/f.
135. Martínez Peláez, Severo, *La patria del criollo*, San José de Costa Rica, EDUCA, 1973.
136. McLuhan, T. C. (Compilador), *Touch the Earth (A self-portrait of Indian existence)*, Nova York, Simon and Schuster, 1971.
137. Medina, José Toribio, *Historia del Tribunal de la Inquisición de Lima (1569/1820)*, Santiago de Chile, Fondo Histórico y Bibliográfico J. T. Medina, 1956.
138. _____. *Historia del Tribunal del Santo Oficio de la Inquisición en Chile*, Santiago, Fondo J. T. Medina, 1952.
139. _____. *Historia del Tribunal del Santo Oficio de la Inquisición en México*, Santiago, Elzeviriana, 1905.
140. _____. *El Tribunal del Santo Oficio de la Inquisición en las provincias del Plata*, Santiago, Elzeviriana, 1900.
141. Mendoza, Diego de, *Chronica de la Provincia de S. Antonio de los Charcas...*, Madrid, s/e, 1664.
142. Méndez Pereira, Octavio, *Núñes de Balboa*, Madrid, Espasa-Calpe, 1975.
143. Montoya, Antonio Ruiz de, *Conquista espiritual hecha por los religiosos de la Compañia de Jesús en las provincias del Paraguay, Paraná, Uruguay y Tape*, Bilbao, El Mensajero, 1892.
144. Morales, Emesto, *Leyendas guaraníes*, Buenos Aires, El Ateneo, 1929.
145. Morales Padrón, Francisco, *Jamaica española*, Sevilla, Escuela de Estudios Hispanoamericanos, 1952.
146. More, Thomas, *Utopía* (Ed. bilingue. Introducción de Joaquim Mallafré Gabaldá), Barcelona, Bosch, 1977.
147. Mörmer, Magnus, *Historia social latinoamericana (Nuevos enfoques)*, Caracas, Universidad Católica Andrés Bello, 1979.
148. _____. *La Corona española y los foráneos en los pueblos de indios de América*, Estocolmo, Instituto de Estudios Ibero-Americanos, 1970.
149. Mousnier, Roland, *Historia general de las civilizaciones. Los siglos XVI y XVII*, Barcelona, Destino, 1974.
150. Murra, John V., *La organización económica del Estado* inca. México, Siglo XXI, 1978.

151. __ *Formaciones económicas y políticas del mundo andino*, Lima, Instituto de Estudios Peruanos, 1975.

152. Nabokov, Peter (Selección), *Native American Testimony*, Nueva York, Harper and Row, 1978.

153. Nash, Gary B., *Red, white and black. The peoples of early America*, Nueva Jersey, Prentice-Hall, 1974.

154. Nebrija, Elio Antonio de, *Vocabulario español-latino* (Edición facsimilar), Madrid, Real Academia Española, 1951.

155. Oberem, Udo, <<Notas y documenttos sobre miembros de la família del Inca Atahualpa en el siglo XVI», en *Estudios etnohistóricos del Ecuador*, Casa de la Cultura Ecuatoriana, Núcleo del Guayas, 1976.

156. _____. *Los quijos*, Otavalo, Instituto Otavaleño de Antropologia, 1980.

157. Ocaña, Diego de, *Un viaje fascinante por la América hispana del siglo XVI* (anotada por fray Arturo Alvarez), Madrid, Stvdivm, 1969.

158. Oliva de Coll, Josefina, *La resistencia indígena ante la conquista*, México Siglo XXI, 1974.

159. Ortiz, Fernando, *Contrapunteo cubano del tabaco y el azúcar*, La Habana, Consejo Nacional de Cultura, 1963.

160. _____. *Los negros esclavos*, La Habana, Ciencias Sociales, 1975.

161. _____. *Historia de una pelea cubana contra los demonios*, La Habana, Ciencias Sociales, 1975.

162. Ortiz Rescaniere, Alejandro, *De Adaneva a Inkarrí*, Lima, Retablo de Papel, 1973.

163. Otero, Gustavo Adolfo, *La vida social del coloniaje*, La Paz, La Paz, 1942.

164. Otero Silva, Miguel, *Lope de Aguirre, príncipe de la libertad*, Barcelona, Seix Barral, 1979.

165. Oviedo y Baños, José de, *Los Bélzares. El tirano Aguirre. Diego de Losada*, Caracas, Monte Avila, 1972.

166. Oviedo y Valdés, Gonzalo Fernández de, *Historia general y natural de las Indias*, Madrid, Real Academia de la Historia, 1851.

167. Palma, Ricardo, *Tradiciones peruanas* (primera y segunda selección), Buenos Aires, Espasa-Calpe, 1938 y 1940.

168. Pané, Ramón, *Relación acerca de las antigüedades de los indios* (Ed. de José Juan Arrom), México, Siglo XXI, 1974.

169. Parry, J. H., y Philip Sherlock, *Historia de las Antillas*, Buenos Aires, Kapelusz, 1976.
170. Paz, Ramón, *Mitos, leyendas y cuentos guajiros*, Caracas, Instituto Agrario Nacional, 1972.
171. Peixoto, Afranio, *Breviario da Bahía*, Rio de Janeiro, Agir, 1945.
172. Pereira Salas, Eugenio, *Apuntes para la historia de la cocina chilena*, Santiago de Chile, Editorial Universitaria, 1977.
173. _____. *Juegos y alegrías coloniales en Chile*, Santiago, Zig-Zag, 1947.
174. Péret, Benjamin, *Anthologie des mythes, légendes et contes populaires d'Amérique*, París, Albin Michel, 1960.
175. Pérez Embid, Florentino, *Diego de Ordás, compañero de Cortés y explorador del Orinoco*, Sevilla, Escuda de Estudios Hispano-americanos, 1950.
176. Phelan, John Leddy, *The kingdom of Quito in the seventeenth century*, Madison, Univ. of Wisconsin, 1967.
177. _____. *The millennial kingdom of the Franciscans in the New World*, Berkeley, Univ. of California, 1970.
178. Plath, Oreste, *Geografía del mito y la leyenda chilenos*, Santiago de Chile, Nascimento, 1973.
179. Poma de Ayala, Felipe Guamán, *Nueva corónica y buen gobierno* (edic. facsimilar), París, Institut d'Ethnologie, 1936.
180. Portigliotti, Giuseppe, *Los Borgia*, Madrid, J. Gil, 1936.
181. Portuondo, Fernando, *El segundo viaje del descubrimiento* (cartas de Michele de Cúneo y Alvarez Chanca), La Habana, Ciencias Sociales 1977.
182. Prado Juan José, *Leyendas y tradiciones guanajuatenses*, Guanajuato, Prado Hnos., 195v.
183. Quevedo, Francisco de, *Obras completas*, Madrid, Aguilar, 1974.
184. Quintana, Manuel J., *Los conquistadores*, Buenos Aires, Suma, 1945.
185. _____. *Vida de Francisco Pizarro*, Madrid, Espasa-Calpe, 1959.
186. Ramos Smith, Maya, *La danza en México durante la época colonial*, La Habana, Casa de las Américas, 1979.
187. Real, Cristóbal, *El corsario Drake y el imperio español*, Madrid, Editora Nacional, s/f.

188. Recinos, Adrián (versión), *Popol Vuh. Las antiguas historias del Quiché*, México FCE, 1976.
189. Reichel-Doimatoff, Gerardo y Alicia, *Estudios antropológicos*, Bogotá, Inst. Colombiano de Cultura, 1977.
190. Reyes, Alfonso, *Medallones*, Buenos Aires, Espasa-Calpe, 1952.
191. Rivet, Paul, *Etnographie ancienne de l'Equateur*, Paris, Gauthier-Villars, 1912.
192. Roa Bastos, Augusto (comp.), *Las culturas condenadas*, México, Siglo XXI, 1978.
193. Rodrigues, Nina, *Os africanos no Brasil*, San Pablo, Cia. Editora Nacional, 1977.
194. Rodríguez Fresle, Juan, *El carnero de Bogotá*, Bogotá, Ed. Colombia, 1926.
195. Rodríguez Marín, Francisco, El Quixote. Don Quixote en América, Madrid, Hernando, 1911.
196. _____. *Cantos populares españoles*, Sevilla, Alvarez, 1882/3.
197. Rothenberg, Jerome, *Shaking the Pumpkin. Traditional Poetry of the Indian North Americas*, Nueva York, Doubleday, 1972.
198. Rowse, A. L., *The England of Elizabete*, Londres, Cardinal, 1973.
199. Rubio Mañé, J. Ignacio, *Introducción al estudio de los virreyes de Nueva España* (1535/1746), México, UNAM, 1959.
200. Sahagún, Bernardino de, *Historia general de las cosas de la Nueva España* (anotado por Angel M.ª Garibay K.), México, Porrúa, 1969.
201. Salas, Horacio, *La España barroca*, Madrid, Altalena, 1978.
202. Salazar Bondy, Sebastián (selección), *Poesía quechua*, Montevideo, Arca,
203. Sapper, Karl, «El infierno de Masaya», en *Nicaragua en los cronistas de Indias*, vários autores, Managua, Banco de América, 1975.
204. Segal, Charles M., y David C. Stineback, *Puritans, Indians and manifest destiny*, Nova York, Putnam's, 1977.
205. Sejourné, Laurette, *América Latina, I. Antiguas culturas precolombinas*. Madrid, Siglo XXI, 1978.
206. _____. *Pensamiento y religión en el México antiguo*, México, FCE, 1957.
207. Sheehan, Bernard, *Savagism and Civility*, Cambridge, Cambridge University, 1980.

208. Sodi, Demetrio, *La literatura de los mayas*, México, Mortiz, 1964.
209. Teitelboim, Volodia, *El amanecer del capitalismo y la conquista de América*, La Habana, Casa de las Américas, 1979.
210. Tibón, Gutierre, *Historia del nombre y de la fundación de México*, México, FCE, 1975.
211. Tizón, Héctor, *La España borbónica*, Madrid, Altalena, 1978.
212. Toscano, Salvador, *Cuauhtémoc*, México FCE, 1975.
213. Valle-Arizpe, Artemio de, *Historia de la ciudad de México según los relatos de sus cronistas*, México, Jus, 1977.
214. Vargas, José María, *Historia del Ecuador. Siglo XVI*, Quito, Universidad Católica, 1977.
215. _____. (Coordinador) *Arte colonial de Ecuador*, Quito, Salvat Ecuatoriana, 1977.
216. Velasco, Salvador, *San Martín de Porres*, Villava, Ope, 1962.
217. Vianna, Helio, *História do Brasil*, San Pablo, Melhoramentos, 1980.
218. Vicens Vives, J. (director), *Historia de España y América*, Barcelona, Vicens Vives, 1977.
219. Von Hagen, Víctor W., *El mundo de los mayas*, México, Diana, 1968.
220. _____. *Culturas preincaicas*, Madrid, Guadarrama, 1976.
221. Wachtel, Nathan, *Los vencidos. Los indios del Perú frente a la conquista española (1530/1570)*, Madrid, Alianza, 1976.
222. Wallace, Anthony F. C., «Dreams and the wishes of the soul: a type of psychoanalytic theory among the seventeenth century Iroquois», en *The American Anthropologist*, 60 (2), 1958.
223. Watt, Montgomery, *Historia de la España islámica*, Madrid, Alianza, 1970.
224. Williams, Eric, *Capitalismo y esclavitud*, Buenos Aires, Siglo XX, 1973.
225. Wolf, Eric, *Pueblos y culturas de Mesoamérica*, México, Era, 1975.
226. Zavala, Silvio, *El mundo americano en la época colonial*, México, Porrúa, 1967.
227. _____. *Ideario de Vasco de Quiroga*, México, El Colegio de México, 1941.

Sobre o autor

Eduardo Galeano (1940-2015) nasceu em Montevidéu, no Uruguai. Viveu exilado na Argentina e na Catalunha, na Espanha, desde 1973. No início de 1985, com o fim da ditadura, voltou a Montevidéu.

Galeano comete, sem remorsos, a violação de fronteiras que separam os gêneros literários. Ao longo de uma obra na qual confluem narração e ensaio, poesia e crônica, seus livros recolhem as vozes da alma e da rua e oferecem uma síntese da realidade e sua memória.

Recebeu o prêmio José María Arguedas, outorgado pela Casa de las Américas de Cuba, a medalha mexicana do Bicentenário da Independência, o American Book Award da Universidade de Washington, os prêmios italianos Mare Nostrum, Pellegrino Artusi e Grinzane Cavour, o prêmio Dagerman da Suécia, a medalha de ouro do Círculo de Bellas Artes de Madri e o Vázquez Montalbán do Fútbol Club Barcelona. Foi eleito o primeiro Cidadão Ilustre dos países do Mercosul e foi o primeiro escritor agraciado com o prêmio Aloa, criado por editores dinamarqueses, e também o primeiro a receber o Cultural Freedom Prize, outorgado pela Lannan Foundation dos Estados Unidos. Seus livros foram traduzidos para muitas línguas.

Coleção **L&PM** POCKET (Lançamentos mais recentes)

1250. **Paris boêmia** – Dan Franck
1251. **Paris libertária** – Dan Franck
1252. **Paris ocupada** – Dan Franck
1253. **Uma anedota infame** – Dostoiévski
1254. **O último dia de um condenado** – Victor Hugo
1255. **Nem só de caviar vive o homem** – J.M. Simmel
1256. **Amanhã é outro dia** – J.M. Simmel
1257. **Mulherzinhas** – Louisa May Alcott
1258. **Reforma Protestante** – Peter Marshall
1259. **História econômica global** – Robert C. Allen
1260(33). **Che Guevara** – Alain Foix
1261. **Câncer** – Nicholas James
1262. **Akhenaton** – Agatha Christie
1263. **Aforismos para a sabedoria de vida** – Arthur Schopenhauer
1264. **Uma história do mundo** – David Coimbra
1265. **Ame e não sofra** – Walter Riso
1266. **Desapegue-se!** – Walter Riso
1267. **Os Sousa: Uma família do barulho** – Mauricio de Sousa
1268. **Nico Demo: O rei da travessura** – Mauricio de Sousa
1269. **Testemunha de acusação e outras peças** – Agatha Christie
1270(34). **Dostoiévski** – Virgil Tanase
1271. **O melhor de Hagar 8** – Dik Browne
1272. **O melhor de Hagar 9** – Dik Browne
1273. **O melhor de Hagar 10** – Dik e Chris Browne
1274. **Considerações sobre o governo representativo** – John Stuart Mill
1275. **O homem Moisés e a religião monoteísta** – Freud
1276. **Inibição, sintoma e medo** – Freud
1277. **Além do princípio de prazer** – Freud
1278. **O direito de dizer não!** – Walter Riso
1279. **A arte de ser flexível** – Walter Riso
1280. **Casadas e descasadas** – August Strindberg
1281. **Da Terra à Lua** – Júlio Verne
1282. **Minhas galerias e meus pintores** – Kahnweiler
1283. **A arte do romance** – Virginia Woolf
1284. **Teatro completo v. 1: As aves da noite** *seguido de* **O visitante** – Hilda Hilst
1285. **Teatro completo v. 2: O verdugo** *seguido de* **A morte do patriarca** – Hilda Hilst
1286. **Teatro completo v. 3: O rato no muro** *seguido de* **Auto da barca de Camiri** – Hilda Hilst
1287. **Teatro completo v. 4: A empresa** *seguido de* **O novo sistema** – Hilda Hilst
1289. **Fora de mim** – Martha Medeiros
1290. **Divã** – Martha Medeiros
1291. **Sobre a genealogia da moral: um escrito polêmico** – Nietzsche
1292. **A consciência de Zeno** – Italo Svevo
1293. **Células-tronco** – Jonathan Slack
1294. **O fim do ciúme e outros contos** – Proust
1295. **A jangada** – Júlio Verne
1296. **A ilha do dr. Moreau** – H.G. Wells
1297. **Ninho de fidalgos** – Ivan Turguêniev
1298. **Jane Eyre** – Charlotte Brontë
1299. **Sobre gatos** – Bukowski
1300. **Sobre o amor** – Bukowski
1301. **Escrever para não enlouquecer** – Bukowski
1302. **222 receitas** – J. A. Pinheiro Machado
1303. **Reinações de Narizinho** – Monteiro Lobato
1304. **O Saci** – Monteiro Lobato
1305. **Memórias da Emília** – Monteiro Lobato
1306. **O Picapau Amarelo** – Monteiro Lobato
1307. **A reforma da Natureza** – Monteiro Lobato
1308. **Fábulas** *seguido de* **Histórias diversas** – Monteiro Lobato
1309. **Aventuras de Hans Staden** – Monteiro Lobato
1310. **Peter Pan** – Monteiro Lobato
1311. **Dom Quixote das crianças** – Monteiro Lobato
1312. **O Minotauro** – Monteiro Lobato
1313. **Um quarto só seu** – Virginia Woolf
1314. **Sonetos** – Shakespeare
1315(35). **Thoreau** – Marie Berthoumieu e Laura El Makki
1316. **Teoria da arte** – Cynthia Freeland
1317. **A arte da prudência** – Baltasar Gracián
1318. **O louco** *seguido de* **Areia e espuma** – Khalil Gibran
1319. **O profeta** *seguido de* **O jardim do profeta** – Khalil Gibran
1320. **Jesus, o Filho do Homem** – Khalil Gibran
1321. **A luta** – Norman Mailer
1322. **Sobre o sofrimento do mundo e outros ensaios** – Schopenhauer
1323. **Epidemiologia** – Rodolfo Saracci
1324. **Japão moderno** – Christopher Goto-Jones
1325. **A arte da meditação** – Matthieu Ricard
1326. **O adversário secreto** – Agatha Christie
1327. **Pollyanna** – Eleanor H. Porter
1328. **Espelhos** – Eduardo Galeano
1329. **A Vênus das peles** – Sacher-Masoch
1330. **O 18 de brumário de Luís Bonaparte** – Karl Marx
1331. **Um jogo para os vivos** – Patricia Highsmith
1332. **A tristeza pode esperar** – J.J. Camargo
1333. **Vinte poemas de amor e uma canção desesperada** – Pablo Neruda
1334. **Judaísmo** – Norman Solomon
1335. **Esquizofrenia** – Christopher Frith & Eve Johnstone
1336. **Seis personagens em busca de um autor** – Luigi Pirandello
1337. **A Fazenda dos Animais** – George Orwell
1338. **1984** – George Orwell
1339. **Ubu Rei** – Alfred Jarry
1340. **Sobre bêbados e bebidas** – Bukowski
1341. **Tempestade para os vivos e para os mortos** – Bukowski
1342. **Complicado** – Natsume Ono
1343. **Sobre o livre-arbítrio** – Schopenhauer
1344. **Uma breve história da literatura** – John Sutherland
1345. **Você fica tão sozinho às vezes que até faz sentido** – Bukowski